蜀学文库

王小红 主编
杜春雷 吴龙灿 副主编

蜀学研究（二）

中国社会科学出版社

图书在版编目（CIP）数据

蜀学研究．二／王小红主编．—北京：中国社会科学出版社，2020.11
（蜀学文库）
ISBN 978-7-5203-7487-3

Ⅰ.①蜀… Ⅱ.①王… Ⅲ.①文化史—四川—丛刊②巴蜀文化—丛刊 Ⅳ.①K297.1-55②K872.71-55

中国版本图书馆 CIP 数据核字（2020）第 222756 号

出 版 人	赵剑英
责任编辑	郝玉明
责任校对	张爱华
责任印制	王　超

出　　版	中国社会科学出版社
社　　址	北京鼓楼西大街甲 158 号
邮　　编	100720
网　　址	http://www.csspw.cn
发 行 部	010-84083685
门 市 部	010-84029450
经　　销	新华书店及其他书店
印　　刷	北京明恒达印务有限公司
装　　订	廊坊市广阳区广增装订厂
版　　次	2020 年 11 月第 1 版
印　　次	2020 年 11 月第 1 次印刷
开　　本	710×1000　1/16
印　　张	19
字　　数	302 千字
定　　价	99.00 元

凡购买中国社会科学出版社图书，如有质量问题请与本社营销中心联系调换
电话：010-84083683
版权所有　侵权必究

《蜀学研究（二）》编委会

主　编：王小红

副主编：杜春雷　吴龙灿

编　委：（以姓氏拼音为序）
　　　　杜春雷　郭国庆　金生杨　李东峰　李冬梅
　　　　李金玉　廖文辉　刘平中　刘小文　马泓波
　　　　潘　斌　秦际明　屈永刚　史振卿　王小红
　　　　吴龙灿　霞绍晖　夏　微　许　松　姚文永
　　　　张尚英　郑　伟　钟雅琼

顾　问：陈恩林　廖名春　舒大刚

总　　序

岷山巍巍，上应井络；蜀学绵绵，下亲坤维。

蚕丛与鱼凫，开国何茫然？《山经》及《禹记》，叙事多奇幻。往事渺渺，缙绅先生难言；先哲谭谭，青衿后学乐道。班孟坚谓："巴蜀文章，冠于天下。"谢蒿庵言："蜀之有学，先于中原。"言似夸诞，必有由焉。若乎三皇开运，神妙契乎天地人；五主继轨，悠久毗于夏商周。天皇地皇人皇，是谓三皇；青赤白黑黄帝，兹为五帝。三才合一，上契广都神坛；五行生克，下符《洪范》八政。

禹兴西羌，生于广柔，卑彼宫室，而尽力于沟洫；菲吾饮食，而致孝乎鬼神。顺天因地以定农本，报恩重始而兴孝道。复得河图演《连山》，三易因之肇始；又因洛书著《洪范》，九畴于焉成列。夏后世室，以奠明堂之制；禹会涂山，乃创一统之规。是故箕子陈治，首著崇伯；孔子述孝，无间大禹。

若乎三星神树，明寓十日秘历；金沙赤乌，已兆四时大法。苌弘碧珠，曾膺仲尼乐问；尸佼流放，尝启商君利源。及乎文翁化蜀，首立学校，建国君民，教学为先；治郡牧民，德礼莫后。蜀士鳞比，学于京藩；儒风浩荡，齐鲁比肩。七经律令，首先畅行蜀滇；六艺诗骚，同化播于巴黔。相如、子云，辉映汉家赋坛；车官、锦官，衣食住行居半。君平市隐，《老子指归》遂书；儒道兼融，道德仁义礼备。往圣述作，孔裁六艺经传；后贤续撰，雄制《太玄》《法言》。"伏牺之易，老子之无，孔子之元"，偕"扬雄之玄"以成四教；"志道据德，依仁由义，冠礼佩乐"，兼"形上形下"而铸五德。落下主《太初》之历，庄遵衍浑天之说。六略四部，不乏蜀人之文；八士四义，半膺国士之选。涣涣乎，文章冠冕天下；济济焉，人材充盈河汉。

自是厥后，蜀学统序不断，文脉渊源赓连。两汉鼎盛，可谓灵光鲁殿；魏晋弘宣，堪比稷下学园。隋唐五代，异军突起；天下诗人，胥皆入蜀。两宋呈高峰之状，三学数蜀洛及闽。蒙元兵燹，啼血西川；巴蜀学脉，续衍东南。明有升庵，足以振耻；清得张（问陶）李（调元），可堪不靦。洎乎晚清民国，文风丕振，教泽广宣。玉垒浮云，变幻古今星汉；锦江风雨，再续中西学缘。尊经存古，领袖群伦；中体西用，导引桅帆。于是乎诵经之声盈耳，文章之美绍先。蜀学七期三峰，无愧华章；蜀勒六经七传，播名国典。

　　蜀之人才不愧于殊方，蜀之文献称雄于震旦。言经艺则有"易学在蜀"之誉，言史册而有"莫隆于蜀"之称，言文章则赞其"冠于天下"，言术数则号曰"天数在蜀"。人才不世出，而曰"出则杰出"；名媛不常有，犹称"蜀出才妇"。至若文有相如、子瞻，诗有太白、船山，历有落下、思训，易有资中、梁山，史有承祚、心传，书有东坡、嗇庵，画有文同、大千。博物君子，莫如李石、杨慎；义理哲思，当数子云、南轩。开新则有六译、槐轩，守文则如了翁、调元，宏通有若文通、君毅，讲学则如子休、正元。方技术数，必举慎微、九韶；道德文章，莫忘昌衡、张澜。才士尤数东坡、升庵，才女无愧文君、花蕊，世遂谓"无学不有蜀，无蜀不成学"矣！宋人所谓"蜀学之盛，冠天下而垂无穷"云云者，亦有以哉！

　　蜀之经籍无虑万千，蜀之成就充斥简编。石室、礼殿，立我精神家园；蜀刻石经，示彼经籍典范。三皇五帝，别中原自为一篇；道德仁义，合礼乐以裨五典。谈天究玄妙之道，淑世著实效之验。显微无间，体用一源。

　　至乎身毒偎人爱人，已见《山经》；佛法北道南道，并名《丹铅》。蜀士南航，求佛法于瀛寰；玄奘西来，受具足于慈殿。若夫蜀人一匹马，踏杀天下；禅门千家宗，于兹为大。开宝首雕，爰成大藏之经；圭峰破山，肇启独门之宗。菩萨在蜀，此说佛者不可不知也。

　　至若神农入川，本草于焉始备；黄帝问疾，岐伯推为医祖。涯涯水涘，云隐涪翁奇技；莽莽山峦，雾锁药王仙迹。经效产宝，首创始于昝殷；政和证类，卒收功乎时珍。峨眉女医，发明人工种痘；天回汉简，重见扁鹊遗篇。雷神火神，既各呈其神通；川药蜀医，遂称名乎海外矣。

又有客于此者，亦立不世之名，而得终身之缘。老子归隐青羊之肆，张陵学道鹤鸣之山；女皇降诞于广元，永叔复生乎左绵；司马砸缸以著少年之奇，濂溪识图而结先天之缘。横渠侍父于涪，少成民胞物与之性；蠋叟随亲诞蜀，得近尊道贵德之染。是皆学于蜀者大，入于蜀者远也。

系曰：巴山高兮蜀水远，蜀有学兮自渊源。肇开郡学兮启儒教，化育万世兮德音宣。我所思兮在古贤，欲往从之兮道阻艰。仰弥高兮钻弥坚，候人猗兮思绵绵。

舒大刚

目　　录

"蜀学"的包容与儒释道的价值体系（代序） ………… 舒大刚（1）

蜀学论衡

金景芳先生的礼学研究述评 ………………………… 潘　斌（3）
廖平"《王制》学"思想探微 ………………………… 张晓程（17）
尊道而考实
　　——杨慎历史政治思想评述 ………………… 秦际明（28）
苏过的孝道思想及"纯孝"人生 …………………… 刘延超（43）
题杨慎著《史绪》系伪书考 ………………………… 杜春雷（58）

儒学探微

调解制度与中国社会 ………………………………… 马泓波（73）
从"人皆可以为尧舜"到"涂之人可以为禹"
　　——论孟、荀从人性论到成人观的殊途同归 ……… 高正伟（83）

经学纵横

论宋代"《周礼》学"的学术价值 …………………… 夏　微（103）
《五礼通考》中的天神祭祀系统 …………………… 霞绍晖（117）
试论陈光煦的《仪礼》研究 ………………………… 邓声国（127）

文献经纬

文献辑佚与清代考据学 ……………………………… 郭国庆　廖孟迪（141）
读苏轼《刑赏忠厚之至论》札记 …………………………… 田　君（159）
读《荀子》札记十九则 ……………………………………… 李佳喜（174）
清末巴蜀学人李滋然行述考 ………………………………… 任利荣（182）
山东任希古与成都任奉古考略 ……………………………… 汪　璐（199）

宗教情怀

诺矩罗阿罗汉信仰在中国的流传 …………………………… 哈　磊（207）
纪大奎《老子约说》儒道互释思想研究 …………………… 杨子路（228）
宋代巴蜀佛教文学的内涵、特征与影响 …………………… 戴莹莹（240）

蜀学名家

学术自述 ……………………………………………………… 舒大刚（261）
舒大刚学术论著目录 ………………………………………………（268）
附录：已发表参会论文提要 ………………………………………（281）

"蜀学"的包容与儒释道的价值体系

（代序）

舒大刚

"蜀学"是在巴蜀大地孕育、发展，并形成自己特色的地方学派，它与齐学、鲁学、关学、洛学、闽学、湘学、浙学等，共同成为中华学术的组成部分。回顾蜀学的历史，其在制度创设、学术创新、信仰体系、经典体系、核心价值等方面，都具有独特造诣，对祖国学术发展起到了重要的推动作用。

其一，是制度创新。历史上的文翁石室、周公礼殿、蜀刻石经，曾经领先全国。文翁石室是西汉景帝末年蜀守文翁在成都创办郡学，《汉书》载文翁"修起学官于成都市中，招下县子弟以为学官弟子，为除更繇；高者以补郡县吏，次为孝弟力田"[①]，这是当时全国最早的地方官学，意义重大。一是开创了地方政府办学的先河，为后来汉武帝尊崇儒术、推行教化（"令天下郡国皆立学校官"）树立了榜样；二是开启了文化入仕的先例，在一定程度上实践了"建国君民，教学为先"和"学而优则仕"的理想，对官员素质的优化、阶级隔阂的淡化，提供了重要的制度保障。"周公礼殿"是东汉末年蜀郡太守高朕在文翁石室东修复的祭祀圣君贤臣、孔门师徒、历代乡贤的场所，据李膺《益州记》中载："壁上悉

---

① （汉）班固：《汉书》卷89《循吏传》，中华书局1962年标点本，第3626页。

图古之圣贤，梁上则刻文宣及七十弟子。"① 周公礼殿的修复使石室兼具知识殿堂和精神家园的双重功能，首开"庙学合一"学校体制，比中原王朝（北魏定都洛阳后）实行相同的建制早约300年。② "蜀刻石经"由五代孟蜀宰相毋昭裔于孟蜀广政初（938）始刻，至北宋徽宗宣和五年（1123）《孟子》刻成，经注并存，"石逾千数"，是历史上规模宏大、体系最全的儒经结集，完成儒家"十三经"体系构建。以上三者皆首领全国，影响深远，宋代席益《府学石经堂图籍记》说："蜀儒文章冠天下，其学校之盛，汉称石室、礼殿，近世则石九经，今皆存焉。"③

其二，学术贡献众多。历史上蜀学的贡献是多方面的，尤其易学、文学、史学堪称独步。在易学方面，程颐即称"易学在蜀"，著名的易家有：西汉赵宾（授孟喜）、严君平（传扬雄、注《易》）、扬雄（仿《易》作《太玄》）；东汉任安（传孟氏《易》）、景鸾（传施氏《易》）；晋范长生（有《蜀才易传》）；北朝卫元嵩（仿《易》撰《元包经》）；唐李鼎祚（有《周易集解》）；宋龙昌期（会通三教，尤擅长讲《易》）、苏轼（撰《东坡易传》）、谯定（传程氏易）、冯时行（传谯定之学）、张浚（有《紫岩易传》）、张栻（有《南轩易说》）、张行成（有《皇极》诸书）、房审权（有百家《周易义海》）、李心传（有《丙子学易编》）、魏了翁（有《周易要义》《周易集义》）；元代黄泽（有《易学滥觞》）、王申子（有《大易缉说》）、赵采（有《周易程朱传义折衷》）；明代熊过（有《周易象旨决录》）、杨慎（有《经说》，中含"易说"）、来知德（有《周易集注》）。此外，清代的李调元、刘沅、何志高、范泰衡、杨国桢；民国以来的尹昌衡、廖平、段正元，以及刘子华、郭沫若等学者，皆各有易著，自成体系。

在文学方面，史称"蜀儒文章冠天下""文宗自古出巴蜀"。《诗经》

---

① （唐）李吉甫：《元和郡县志》卷32引，台湾商务印书馆文渊阁《四库全书》2008年影印本（以下简称"文渊阁《四库全书》"本），史部，第468册，第513页。

② 舒大刚、任利荣：《"庙学合一"：成都汉文翁石室"周公礼殿"考》，《四川大学学报》（哲学社会科学版）2014年第5期。又舒大刚：《"蜀学"三事：成都文翁石室丛考》，《孔学堂》2015年第3期。

③ （宋）席益：《府学石经堂图籍记》，载袁说友等《成都文类》卷30，赵晓兰整理，中华书局2011年版，第583页。

开篇即见蜀地作品,其后司马相如、王褒、扬雄,在汉赋四大家中占有三席;东汉有文史兼优的李尤、杨终;唐代有诗歌巨擘陈子昂、李白,唐宋八大家中有"三苏",南北宋之交有"小东坡"唐庚,元代有"诗歌四大家"之首的虞集,明代有"著述第一"的状元杨慎等。此外,清代还有诗词戏论俱优的李调元,以及与袁枚、赵翼唱酬齐名的张船山(问陶),他们都是当时文坛巨匠,一时豪杰。

史学亦为蜀人所擅。两晋的陈寿(有《三国志》)、常璩(有《华阳国志》),其所著书是现存唐前十余部史书中的两部;俟后五代的孙光宪(有《北梦琐言》),以及宋代的苏洵(有《谥法》《太常因革礼》)、勾延庆(有《锦里耆旧传》)、张唐英(有《蜀梼杌》)、范祖禹(助编《资治通鉴》,有《唐鉴》)、苏辙(有《古史》)、费枢(有《廉吏传》)、王称(有《东都事略》)、李心传(有《建炎以来系年要录》及《朝野杂记》《旧闻证误》《道命录》等)、李焘(有《续资治通鉴长编》)、王当(有《春秋列国诸臣传》)、杜大珪(有《名臣碑传琬琰集》)、吴缜(有《新唐书纠缪》《五代史记纂误》)等,他们的撰述多具有开创性和总结性,尤其是对宋代历史的记录和研究,蜀人的贡献独多,功不可没。故刘咸炘说:"盖唐后史学,莫隆于蜀。"①

其三,蜀学还构建了系统的信仰体系,形成"三才皇""五色帝""礼殿崇祀"等独特的祭祀系统。"三皇五帝"崇拜是中华民族古史传承和祖先崇拜的集中体现。但关于"三皇",中原通常认为是伏羲、燧人和神农,多以单个人名出现,可称为"三人皇";巴蜀的"三皇"则为天皇、地皇和人皇,以天、地、人来称名,是即"三才皇"。而关于"五帝",中原通常说法是黄帝、颛顼、帝喾、尧、舜;巴蜀则有"五色帝"(青、赤、黑、黄、白帝)的信仰,体现出蜀学"三才一统"和"五行相生"的观念,对道教的形成和汉唐王朝祭祀体系的构建都具有重要影响。蜀学自有独特的祭祀体系,文翁石室就有孔子师徒画像以供祭祀;东汉后期,高眹重绘了系列人物图画:一是贤君圣王的政统体系;二是孔子师徒的儒家体系;三是周公、萧何、张良等的贤臣体系;四是李冰、

---

① 刘咸炘:《蜀学论》,《推十书》(增补全本)戊辑,上海科学技术文献出版社2009年版,第2册,第493页。

文翁等的乡贤名宦体系，包容性极强。

其四，蜀学在儒家经典体系形成过程中也起过推动作用。文翁开办石室学宫，其教学内容即突破中央"五经"（《易》《书》《诗》《礼》《春秋》）体系而传授"七经"（"五经"加《论语》《孝经》），将倡导伦理、敦厚道德、文字浅显、便于推广的《论语》《孝经》纳入"经典"。"七经"体系到东汉被普遍承认，实现了儒家经典体系的首次突破。唐代科举考试的经典是"九经"（《诗》《书》《易》加"三礼""三传"，即使"开成石经"刻了十二部也不称"十二经"而称"九经"），而"蜀石经"却一共刻了十三部（"九经"加《孝经》《论语》《尔雅》《孟子》），并命名为"石室十三经"（或"蜀刻十三经"），①"十三经"体系由此定型。

其五，在理论创新和核心价值构建方面，蜀学亦具有创新精神。王褒提出"冠道德，履纯仁，被六艺，佩礼文"②，初步形成"道德仁艺礼"的构想。稍后严遵提出："故有道人，有德人，有仁人，有义人，有礼人。……虚无无畏，开导万物，谓之道人；清静因应，无所不为，谓之德人；兼爱万物，博施无穷，谓之仁人；理名正实，处事之义，谓之义人；谦退辞让，敬以守和，谓之礼人。凡此五人，皆乐长生。"③强调"五德并育"，各遂生理，突破了儒、道相反对立（道家贵道德，儒家重仁义），特别是老子五德相背（"失道而后德，失德而后仁，失仁而后义，失义而后礼"）的局限，将儒与道结合起来，形成"道德仁义礼"的理论体系。扬雄继之，于《法言·问道》曰："道、德、仁、义、礼譬诸身乎？夫道以导之，德以得之，仁以人之，义以宜之，礼以体之，天也。合则浑，离则散。"④提倡"五德兼修"，缺一不可。自后蜀人多继承这一模式进行演绎，如唐赵蕤《长短经·定名》强调"五德并重"，认为道即人居、行、事、动的方向；德即各得其所欲；仁即兴利除弊、兼爱无

---

① （宋）晁公武撰，孙猛校证：《郡斋读书志校正》，上海古籍出版社1990年版，第1087页。

② （汉）王褒：《四子讲德论》，载梁萧统编、唐李善注《文选》卷51，中华书局1997年版，第715页。

③ （汉）严遵：《道德指归论》卷1《上德不德篇》，文渊阁《四库全书》，子部，第1055册，第80页。又有王德友整理本，中华书局1994年版，第3—4页。

④ （汉）扬雄著，韩敬注：《法言注》，中华书局1992年版，第74页。

私;义即辨明是非、确定可否;礼即行动有准绳,尊卑有分寸——道德仁义礼是人类向善的根本保障。① 北宋张商英所传《素书·原始章》说:"夫道、德、仁、义、礼,五者一体也。"并且发为"五德普适"说:"道者,人之所蹈,使万物不知其所由;德者,人之所得,使万物各得其所欲;仁者,人之所亲,有慈慧恻隐之心,以遂其生成;义者,人之所宜,赏善罚恶,以立功立事;礼者,人之所履,夙兴夜寐,以成人伦之序。"② 可见他对赵蕤学说有所发展,使"道"增加了神秘感和玄妙感,"德"的范围扩大到了万物,"仁"被赋予了功效和价值意义,"义"更被推进到了赏罚立功成事的积极层面,"礼"又增加了调剂人际伦理的内容。蜀人"道德仁义礼"的价值体系,实现了道家与儒家、形上与形下、理论与实践、务虚与务实、本体与实用的统一,对儒道互补、知行合一新儒学体系的构建有着重要借鉴。

总体看来,"蜀学"在制度、信仰、经典、学术、核心观念等方面有创新和贡献,与中原学术形成互补互动,助力主流学术发展。当代学人正当继承这一传统,重振地方学术,重构儒家经典,重树巴蜀信仰,重推儒道合治,重阐核心价值,重新探讨新蜀学的学科体系、学术体系、经典体系、信仰体系和话语体系,实现传统文化的创造性转化和创新性发展。

---

① (唐)赵蕤:《长短经》卷8《定名》,文渊阁《四库全书》,子部,第849册,第186页。

② (旧题秦)黄石公撰,(宋)张商英注:《素书》不分卷,文渊阁《四库全书》,子部,第726册,第129页。

蜀学论衡

金景芳先生的礼学研究述评

潘 斌[*]

摘 要：金景芳在前贤之基础上，对"三礼"本经作了进一步的研究，其成就主要体现在"三礼"成书问题之研究及"三礼"所记名物制度之考证两个方面。金景芳对"礼"之概念、特点及春秋战国时期、魏晋时期和五四新文化运动时期学人之礼学做了探讨。金先生从事古史研究时对"三礼"颇为重视，其利用"三礼"从事先秦史研究的成就及透显出的学术精神主要体现在四个方面：一是据《周礼》从事井田制研究；二是从礼的角度研究中国奴隶社会的意识形态；三是据"三礼"从事宗法制度研究；四是据"三礼"从事先秦思想史研究。金先生的礼学研究，从一个侧面反映出其学术研究的路数是文献学与思想史、社会史的有机结合。

关键词：金景芳 三礼 礼学

金景芳（1902—2001年）先生是20世纪著名的文献学家、历史学家。其在易学研究、孔子研究、古代社会制度研究、古代思想文化研究、马克思主义史学理论研究、古代典籍研究等方面皆卓有成就。金先生对

---

[*] 作者简介：潘斌，生于1979年，西南财经大学人文学院教授，硕士研究生导师。主要研究方向：中国经学史、"三礼"学。

于孔子之评价、历史之分期、《周易》之学派属性的研究受到学界的普遍关注，其观点曾受到学界的热烈讨论，并产生过巨大反响。本文拟通过对金景芳先生的礼学成就加以探讨，从而更全面地展现金先生的学术成就。

一 "三礼"本经之研究

"三礼"是《周礼》《仪礼》《礼记》三部儒家经典的统称。围绕"三礼"本经所产生的问题纷繁复杂，如"三礼"之成书，"三礼"名物制度之考证，"三礼"蕴含之思想，皆受到历代学人的关注。金景芳先生在前贤之基础上，对"三礼"的成书问题及"三礼"所记名物制度等皆做了进一步的探讨。

由于古文献记载语焉不详，"三礼"的作者和成书年代问题困扰着历代学人。加之经学门户之限制，学人们于"三礼"之成书争论不休、歧见纷出。金景芳先生在《经学概论》《周礼》《中国奴隶社会史》《孔子新传》等论著中，对"三礼"的成书问题做了探讨，其观点有着重要的启发意义。

金先生突破今古文经学的门户之见，对"三礼"的成书问题做了探讨。如西汉刘歆认为《周礼》成书于西周之初，《周礼》是"周公致太平之迹"①；东汉郑玄承其说，认为"周公居摄而作'六典'之职，谓之《周礼》"②。然东汉何休指斥《周礼》为"六国阴谋之书"③，张禹、包咸等人承此说。清廖平、皮锡瑞等人持平分今古之说，认为《周礼》乃古文大宗，与《王制》为今文大宗相对应。

金景芳先生认为《周礼》并非成书于周公，其从多个角度做了考证。如金先生曰："夫《周礼》所言之制，与《书》典礼不合，也与秦以前子书不同。而为六国时博雅君子据己意所作。则非周公制度甚明。何得谓为原本周公？"④ 金先生认为，《周礼》与《尚书》等先秦所记制度不

---

① （清）阮元校刻：《十三经注疏》，中华书局1980年版，上册，第636页。
② （清）阮元校刻：《十三经注疏》，上册，第639页。
③ （清）阮元校刻：《十三经注疏》，上册，第636页。
④ 金景芳：《经学概论》第一章第三节"经之今古文"，手稿本。

合，故可知《周礼》并非周公所作。金先生又曰："若《周礼》匪特非周、孔之作，《孟》《荀》《左》《国》亦未见是书。其价值如何，自属别一问题，要非孔门所有，与经学绝不相蒙。"① 金先生认为，先秦文献《孟子》《荀子》《左传》《国语》皆未提及《周礼》，故可知《周礼》非孔门所有，更不可能是周、孔之书。

金先生并不否定"周公制礼作乐"之说，其曰："周公制礼没有？制礼，制的是什么礼？自来有不同意见。我的看法，周公肯定制过礼，而且这是周公为了进一步巩固周朝政权而采取的又一项重要措施。它的意义远远超出了周公自己所处的时代，是整个中国古代史上有重大影响的文化遗产。但是，如果认为周公所制的就是今天行世的《周礼》《仪礼》二书，则是不对的。"② 金先生认为，周公曾制礼，然而周公所制之礼并非《周礼》和《仪礼》。

又如于《礼记·王制》，司马迁、卢植等人认为其乃汉文帝时博士所作，廖平、皮锡瑞等人则视之为今文大宗。金先生认为司马迁、卢植之说可信，其曰："案《王制》之文，与诸经传多同。如公卿大夫士之制，与《昏义》同。朝聘与《左氏》同。巡守与《尚书》同。冢宰制国用，与《周礼》同。……则卢植谓'汉文帝令博士诸生作此篇'为得其实。卢氏汉季大儒，说定有据。"③ 金先生认为，《王制》与《尚书》《周礼》《礼记》《左传》文献所记制度相合，并非今文之大宗。

金景芳先生对《周礼》成书问题进行研究时，主要将《周礼》与《尚书》《左传》《国语》《孟子》《荀子》所记之文字、制度、思想加以比较，从而界定《周礼》之成书年代。此外，金先生发现《王制》与《周礼》所记制度多有雷同，二者并非水火不容。金先生所做之研究，使《周礼》为古文大宗、《王制》为今文大宗之说不攻自破。其同意卢植之说，是在尊重《史记》记载之基础上所做的独立判断，并非受古文经学家之影响，由此可见，在对《周礼》《王制》成书问题的探讨方面，金景芳先生超越了经学的门户之见，其观点是较为客观和平允的。

---

① 金景芳：《经学概论》第一章第三节"经之今古文"，手稿本。
② 金景芳：《中国奴隶社会史》，上海人民出版社1983年版，第122页。
③ 金景芳：《经学概论》第一章第三节"经之今古文"，手稿本。

金景芳先生还从孔子与"六经"关系的角度对"三礼"之成书问题做了探讨。在《孔子新传》《孔子与六经》论著中,金先生认为"六经"是孔子留给后人的宝贵遗产,他说:"六经俱孔子手定。故言经学,宜断自孔子。"① 又曰:"六艺之教,至孔子而备。六艺之文,至孔子而定。"② 金先生认为"六经"乃孔子手定之书,研究孔子的思想不能仅靠《论语》,而要重视"六经"。

金先生对"三礼"成书问题所做之研究,与他对孔子的研究是分不开的。如史籍有"礼经"之说,在金先生看来,"三礼"中唯有《仪礼》才可谓"礼经",《仪礼》成书于孔子"③,"《仪礼》十七篇为高堂生所传,信是孔氏之书"④。金先生论证曰:"孔子所修起的《礼》,今日号称《礼经》的,是指哪一本书呢?学者一般都认为是今《仪礼》。我看是对的。因为今传世的'三礼',《周礼》后出,与孔子无涉。《礼记》则是汉人辑录七十子后学遗说,都不能称为六经之一的《礼经》。《礼记·杂记下》说'恤由之丧,哀公使孺悲之孔子,学士丧礼,《士丧礼》于是乎书'。可以作为今传世《仪礼》十七篇是孔子修起之证。"⑤ 金先生认为《仪礼》乃孔子所修之依据:一是《史记》所记孔子"修起礼乐"之说;二是《周礼》后出、《礼记》乃"七十子"后学所为,皆不出自孔子;三是《礼记》所记哀公使孺悲之孔子学士丧礼之事。

金先生认为《礼记》成于"七十子"后学,不过书中有孔子的思想。其曰:"关于礼之仪节,固然重要,不知仪节,等于不知礼;但光知礼之仪节,还不能说是知礼。……如今《礼记》中的《冠义》《昏义》《乡饮酒义》《射义》《燕义》《聘义》及其他言丧言祭的诸篇皆是。这些篇都是礼的精髓所在。大抵这也是孔子所传,应同样视为孔子遗产中的一份珍贵的资料。"⑥ 金先生认为《礼记》的很多篇目讲礼之意义,实际上皆是孔子思想之反映。

---

① 金景芳:《经学概论》第一章第四节"二千年来经学变迁之大势",手稿本。
② 金景芳:《经学概论》第一章第二节"六经孕育之痕迹",手稿本。
③ 金景芳、吕绍纲、吕文郁:《孔子新传》,湖南出版社1991年版,第267页。
④ 金景芳:《经学概论》第一章第三节"经之今古文",手稿本。
⑤ 金景芳:《孔子与六经》,《孔子研究》1986年第1期。
⑥ 金景芳:《孔子与六经》,《孔子研究》1986年第1期。

金景芳先生对"三礼"所记名物制度做了一些考证。"三礼"之学是实学，名物制度之考证是"三礼"之学最重要的内容之一。金景芳先生治学主张"独立思考，实事求是，绝不人云亦云"①，其在对"三礼"所记名物制度进行考证时，多有自己的独立思考。如廖平、皮锡瑞等人认为，《周礼》是古文之大宗，《王制》是今文之大宗，因此《周礼》与《王制》所记制度格格不入。在《〈周礼〉〈王制〉封国之制平议》一文中，金先生从封国之制着眼，对《周礼》《王制》所记制度做了比较研究。如《周礼·大司徒》载"诸公之地封疆方五百里，其食者半。……诸男之地封疆方百里，其食者四之一"，金先生曰："在这段文字里，'其食者'三字，关系重要，不可忽视。这个'其食者'的'食'，同《大司马》所说的'上地食者叁之二……中地食者半……下地食者叁之一'和《礼记·檀弓上》所说的'我死则择不食之地而葬我焉'的'食'，义同，都是指有实际农产物收获的土地而言。……《周礼》《王制》二书所言封国之制，从表面上看，固然分歧很大，如果经过仔细考察，可以看到，二者相差并不太悬殊。"② 金先生据"其食者"三字，对《周礼》与《王制》所记封国制度做了考证。通过比较，金先生认为《周礼》《王制》所记封国制度看似有出入，实际上却是相同的。

在《古籍考证五则》一文中，金先生对《周礼》《仪礼》《礼记》经典中所记之名物做了考证。如《仪礼·士冠礼》之《记》文曰："以官爵人，德之杀也，死而谥，今也。古者生无爵，死无谥。"郑玄注："杀犹衰也。德大者爵以大官，德小者爵以小官。今，谓衰周，记之时也。古，谓殷。殷士生不为爵，死不为谥。周制以士为爵，死犹不为谥耳，下大夫也。今，记之时。"金先生曰："这段话是泛论爵谥，并不专为士发。郑说'古谓殷'是对的。'今'谓周，并不谓'记之时'。《礼记·檀弓上》说：'幼名，冠字，五十以伯仲，死谥，周道也。'是其确证。'德之杀'的'杀'应依隆杀之杀作解，意思说以官爵人是衰世之事。郑释杀为等衰之衰，用以说明爵是有等级的，显然不是记文的原意。记文

---

① 吕绍刚：《我师金景芳先生的学术精神》，《社会科学战线》1996 年第 3 期。
② 金景芳：《〈周礼〉〈王制〉封国之制平议》，《人文杂志》1982 年增刊。

总的意思是说殷时生无爵，死无谥。"① 金先生认为，此之"衰"字，郑玄释为"等衰"之衰有误，实际上为"隆杀"之杀，此外，郑玄以此之"今"字为"记之时"亦有误，据《檀弓》，知此"今"指周之时。

据以上所举例证，可知金景芳先生对"三礼"本经可谓烂熟于心。其从事"三礼"名物制度之考证，既不像乾嘉学派那样迷信汉注，亦不像廖平、皮锡瑞那样持有门户之见。金先生从事考证时，旧注可信者则用之，不可信者则弃之，旧注是否可以作为依据，唯一的检验标准就是可信度。金先生十分重视文献互证，其所得出的结论之所以经得起考验，是因为他对文献之记载经过了反复的比较和斟酌。因此，金景芳先生对于"三礼"本经所做之考证值得"三礼"研究者重视。

二　古礼之反思

在《论礼治与法治》《谈礼》等论文中，金景芳先生对古礼做了反思。

一是关于礼的概念之反思。许慎认为礼即"履"，"所以事神致福也"。先生认为许慎以"履"释礼之本义不够全面，遂对许慎的观点做了补充，他说："至说'所以事神致福也'，则是画蛇添足，因为礼之为用，主要是对人的而不是对神的；说'致福'尤陋，殊不似出自'五经无双许叔重'的手笔。"② 关于礼之概念，金先生曰："自今日看来，礼这个概念，应该说是一定社会，由统治阶级制定而为全体人民共同遵守的一种行为准则或规范。"③ 金先生还对"一定社会""统治阶级""一种行为准则或规范"分别做了说明。比如于"一定社会"，金先生认为礼是历史的产物，而非自初民以来就有。金先生以婚礼为例，引《礼记·昏义》《曲礼》《周易·序卦传》及恩格斯"个体婚制"理论，对"一定社会"做了进一步的阐释，他说："中国古籍所说的夫妇有义与恩格斯所说的个体婚制一样，都是文明社会的细胞形态。而中国古籍所说'君臣有正'

---

① 金景芳：《古籍考证五则》，《天津社会科学》1984年第2期。
② 金景芳：《谈礼》，《历史研究》1996年第6期。
③ 金景芳：《谈礼》，《历史研究》1996年第6期。

是'礼之本','有上下,然后礼义有所措',无疑是礼的完成,这就不能说是文明社会的细胞形态,而是成熟的文明社会了。"① 金先生认为礼是社会历史的产物,是文明社会的"细胞形态"。

二是关于古礼内涵之说明。金景芳先生据《昏义》,认为古礼有冠、昏、丧、祭、乡、射、朝、聘八种。在此基础上,金先生认为孔子所言之礼有仁义之内涵和因时而变两大特点。

《中庸》曰:"仁者人也,亲亲为大;义者宜也,尊贤为大;亲亲之杀,尊贤之等,礼所生也。"金先生认为,《中庸》此所言"礼所生也",是说由于仁有亲亲之杀,义有尊贤之等,而产生了礼,所以,"礼不是别的,它是以仁的亲亲之杀,义的尊贤之等为内容的表现形式"②。由此,"仁、义、礼三者尽管名称不同,性质不同,实际上是一个整体"③。金先生据《中庸》之记载,认为孔子所言之礼有仁、义之意涵,三者的性质虽然不同,却是一个整体。

三是关于礼与时代的关系之反思。《礼记·礼器》云:"礼,时为大。"《论语·为政》记孔子之言曰:"殷因于夏礼,所损益可知也;周因于殷礼,所损益可知也。其或继周者,虽百世可知也。"金先生据此曰:"孔子认为礼不是一成不变的,它是历史的产物,并随着历史的改变而改变。"④ 金先生认为,既然孔子认为礼随着时代的变迁而变化,故今人不可亦步亦趋地恪守古礼;正确的态度是结合今天的时代特点,对古礼加以变通采用。

金先生还对奴隶社会时期、奴隶社会向封建社会转变时期、封建社会时期的礼治、法治做了辨析和讨论。其认为中国奴隶社会在经济、政治、道德和精神方面都还有氏族社会的痕迹,故奴隶社会时期的礼法特点是"礼不下庶人,刑不上大夫"(《礼记·曲礼》)。在奴隶社会向封建社会转变时期,儒家主张以礼代刑,礼不是"不下庶人",而是下庶人;法家主张法为核心,法不是"不上大夫",而是上大夫。在封建社会时

---

① 金景芳:《谈礼》,《历史研究》1996年第6期。
② 金景芳:《谈礼》,《历史研究》1996年第6期。
③ 金景芳:《谈礼》,《历史研究》1996年第6期。
④ 金景芳:《谈礼》,《历史研究》1996年第6期。

期，统治者是礼、法并用。金先生曰："礼法是一种历史现象，脱离时间、地点、条件，只做抽象的理解，是不能认识它们的本质的。"① 由此可见，金先生对于中国古代的礼治并非仅做抽象的讨论，而是将礼与社会结合起来加以研究，从而揭示礼之特点。

　　金先生还对春秋战国时代的老庄、魏晋玄学家及五四新文化运动时期的激进人物之礼学观做了评议。老子认为"礼者，忠信之薄而乱之首"（《老子》第三章），庄子曰"纯朴不残，孰为牺尊"（《庄子·外篇·马蹄》）。金先生认为，老、庄皆大力反对孔子学说中的仁、义、礼，因此"庄子和老子一样，都是反对历史发展，不但不承认精神文明与物质文明的巨大利益，反而看成巨大的祸害"②。金先生据《晋书》《昭明文选》之记载，认为魏晋玄学家"蔑弃礼法，任达放诞"③。金先生认为，近代五四新文化运动中的陈独秀、李大钊、鲁迅、吴虞等人虽然亦反对礼教，但是他们与老庄、魏晋玄学家对待礼的态度有本质的不同。金先生曰："新文化运动时期的激进人物以陈独秀、李大钊、鲁迅、吴虞为代表，而鲁迅、吴虞二人反对礼教尤力。……他们反对礼教与春秋战国时期的老子、庄子和魏晋时期的玄学家截然不同，他们不是祖尚玄虚，而是主张民主与科学；不是使历史倒退，而是使历史前进。"④ 金先生认为，新文化运动时期的激进人物反对礼教，主张民主与科学，他们推促历史前进，与老庄、魏晋玄学家倒退的历史观有着本质的区别。

三　据"三礼"从事先秦史研究

　　金景芳先生在中国史研究方面成就卓著，其《中国奴隶社会史》《先秦思想史》《中国古代史分期商榷》《论宗法制度》《中国奴隶社会诞生和上升时期的思想》论著，在学术界产生了广泛而又深远的影响。金先生从事先秦史研究时对"三礼"之记载颇为重视，其利用"三礼"从事

---

　　① 金景芳：《论礼治与法治》，《理论学习》1978 年第 2 期。
　　② 金景芳：《谈礼》，《历史研究》1996 年第 6 期。
　　③ 金景芳：《谈礼》，《历史研究》1996 年第 6 期。
　　④ 金景芳：《谈礼》，《历史研究》1996 年第 6 期。

先秦史研究及透显出的学术精神主要体现在四个方面。

一是据《周礼》从事井田制研究。20世纪20—30年代以后的数十年间，疑古思潮风行学界，许多古史研究者对古代文献疑虑重重，不敢采用，而《周礼》首当其冲。不少学者认为《周礼》成书较晚，不可作为研究周代历史的资料。金景芳先生不同意这种观点，他说："从完整地、系统地记述有周一代的制度来看，则莫如《周礼》。"① 又说："读书贵在善于分析，悍然予以完全否定，是错误的。根据这个观点，我讲西周井田制，甘冒众议，引用《周礼》作为史料。"② 金先生认为《周礼》乃西周乱亡时某人据官方档案所作，故《周礼》可作为西周史研究的材料。

金景芳先生从事周代井田制之研究，依据之一便是《周礼》。如于《周礼》所记井田制的土地分配问题，金先生结合《公羊传》何休注曰："《周礼·地官·遂人》说：'以岁时稽其人民而授之田野。'说的就是土地实行定期重新分配。这种办法又叫作'换土易居'或'爰田易居'。《周礼·地官·均人》说：'三年大比则大均。'又《公羊传》宣公十五年何休注：'司空谨别田之高下善恶，分为三品。'从这些记载中我们看到，在井田制度下，土地每三年就要重新分配一次。其所以要定期重新分配土地，一则因为土地的不断变化必须与人口的不断变化相适应；二则为了保证'财均力平'，必须使'肥饶不能独乐，墝埆不能独苦'。"③ 金先生对《周礼·地官·遂人》《均人》所记井田制的土地分配状况做了辨析，对土地分配的原因做了说明。

二是从礼的角度研究中国奴隶社会的意识形态。金景芳先生以礼治和法治作为区别奴隶社会与封建社会的重要依据。他说："作为中国奴隶社会意识形态的重要部分，用礼治来说明，不能说不对，但不完备。其实，当时对有姓氏的，例如国人，用礼；对无姓氏的，例如野人，就不用礼，而是用刑。"④ 金先生认为，礼治是中国奴隶社会的特点之一，实质是"礼不下庶人，刑不上大夫"，有着氏族社会的痕迹。

---

① 金景芳：《中国奴隶社会史》，第131—132页。
② 金景芳：《中国奴隶社会史》，第132—133页。
③ 金景芳：《中国奴隶社会史》，第134—135页。
④ 金景芳：《中国古代史分期商榷（下）》，《历史研究》1979年第3期。

金先生认为礼是中国奴隶社会全盛时期的标志之一,他说:"礼是西周奴隶主阶级意识形态的集中表现。它鲜明地反映奴隶制的生产关系。"①在金先生看来,礼有内容和形式两个方面,礼的内容又分"亲亲"和"尊尊",他说:"'亲亲',就是亲其所亲,反映这个社会的血缘关系方面。'尊尊'就是尊其所尊,反映这个社会的政治关系,即阶级关系方面。"②金先生论"亲亲""尊尊"之本质曰:"礼是周王室维护奴隶制度的工具。……《礼记·中庸》说:'仁者人也,亲亲为大。义者宜也,尊贤为大。亲亲之杀,尊贤之等,礼所生也。'这段话正确地阐明了周礼的基本内容和仁、义、礼这三个概念之间的区别和联系"③。金先生认为,"亲亲"的立足点是血缘关系,"尊尊"的立足点是社会政治关系;"亲亲""尊尊"与礼的关系,可从《礼记·中庸》"礼所生也"一语得到解释。

三是据"三礼"从事宗法制度研究。金景芳先生对宗法制度有深入之研究,在学界产生了很大的影响。王国维在《殷周制度论》中认为宗法为大夫以下设,上不及天子诸侯,天子诸侯虽无大宗之名而有大宗之实。金先生认为王国维混淆了"宗统""君统"两个概念,他说:"'宗统'与'君统'是两个不同的范畴。其特点是:在'宗统'范围内,所行使的是族权,不是政权,族权决定于血缘身份不决定于政治身份;与'宗统'相反,在'君统'范围内,所行使的是政权,不是族权,政权决定政治身份而不决定于血缘身份。"④在对"宗统""君统"做了辨析之后,金先生又对国君与宗法的关系做了说明:"国君对族人也不是否定了天然的血缘关系。……国君同姓虽然别立宗主,也不是与国君断绝了同姓的关系。……但是,尽管这样,政权和族权是有区别的,绝不能因此相混。公子别立宗,是卑别于尊,其精神实质是,表明一国里,政治权力是唯一的、最高的。这个唯一的、最高的权力只由国君一人掌握,所有国人无论同姓、异姓,都是国君的臣属。服从国君的统治,断不容许

---

① 金景芳:《中国奴隶社会史》,第149页。
② 金景芳:《中国奴隶社会史》,第151页。
③ 金景芳:《中国奴隶社会史》,第149页。
④ 金景芳:《论宗法制度》,《东北人民大学人文科学学报》1956年第2期。

有第二种权力和政治权力平行、对抗。《大传》说：'君有合族之道，族人不得以其戚戚君位也。'就是阐明这个道理。"①金先生认为，虽然国君并没有否定与族人的天然血缘关系，但是血缘关系必须服从于政权，政治权力是唯一的、最高的。

王国维引《大传》"君有合族之道"、《诗·小雅·常棣序》"燕兄弟"、《大雅·行苇序》"周家能内睦九族"、《周礼·大宗伯》"以饮食之礼亲宗族兄弟"及《文王世子》"公与族燕则以齿"等诸多，以证天子诸侯有大宗之实。金先生则据《丧服传》"始封之君不臣诸父昆弟……封君之孙，臣诸父昆弟"，认为"不臣，依据宗法上的等级，臣，则依据政治上的等级。这里的由不臣到臣，实标志着由适用宗法到不适用宗法的过渡"②。至于贾《疏》《穀梁传》《汉书·梅福传》所言"绝宗""夺宗""不得以属通"，"实质上都是一个意思，是说明诸侯不行宗法"③。

金先生还对宗法与政权之大宗做了区别。他首先从历史的角度对宗庙、社稷和郊三类祭祀做了辨析。金先生认为，宗庙之祭起源于原始氏族的祖先崇拜，特点是以同一血统为界限；当社会进到由氏族组织变为地域组织的时候，就出现了社稷，国君是社稷主，为住在同一地域的成员所共尊，所以它可以成为宗；不过宗庙之宗是宗法上的，而社稷之宗是政权上的，二者本质不同，不可混为一谈。后来又出现了众多地域组织联合起来的王，同时也出现了新的祭祀——郊天；王乃天下之所共尊，所以他也可以称为大宗，这个宗也同国君称宗一样，不局限于血缘关系，不是宗法上的宗，而是政权上的宗。在区别宗法与政权之大宗之后，金先生曰："王国维说'天子诸侯虽无大宗之名而有大宗之实'，其错误就在于混淆了政权上的大宗与宗法上的大宗两个不同的概念。"④

金先生还对范文澜《中国通史简编》、吕振羽《简明中国通史》、李亚农《中国的奴隶制与封建制》等论著所言宗法制度有所辨析和批评。金先生根据"三礼"等古典文献对宗法制度所做之研究，对于纠正近代

---

① 金景芳：《论宗法制度》，《东北人民大学人文科学学报》1956年第2期。
② 金景芳：《论宗法制度》，《东北人民大学人文科学学报》1956年第2期。
③ 金景芳：《论宗法制度》，《东北人民大学人文科学学报》1956年第2期。
④ 金景芳：《论宗法制度》，《东北人民大学人文科学学报》1956年第2期。

以来学者们的错误认识、廓清宗法制度之本质及辨明政治与宗法的大宗之差别皆有重要意义。

四是据"三礼"从事先秦思想史研究。金景芳先生撰《先秦思想史》《中国奴隶社会诞生和上升时期的思想》《中国古代思想的渊源》等论著，对先秦思想史做了深入的研究。金先生在从事先秦思想史研究时，对"三礼"给予了充分的重视。

在《中国古代思想的渊源》一文中，金先生认为中国进入父权制社会以后，在思想方面需要注意宗庙、社稷、郊三大现象。宗庙、社稷、郊均与礼有关。如对宗庙进行探讨时，金先生主要以《礼记》为据。《礼记·中庸》曰："郊社之礼，所以事上帝也；宗庙之礼，所以祀乎其先也。明乎郊社之礼，禘尝之义，治国其如示诸掌乎。"金先生阐释曰："'禘尝'是宗庙祭名。'禘尝之义'，就是宗庙之礼。为什么说'明乎郊社之礼，禘尝之义，治国其如示诸掌'呢？可见，这个宗庙之礼，在形式上，虽然还没有摆脱宗教迷信，而在内容上，实已含有极其重要的政治意义。"① 又如关于社稷，《周礼·春官·丧祝》《秋官·士师》《公羊传》《榖梁传》《古文尚书》皆有相关记载。金先生曰："古人把卫国家称为'卫社稷'，国君殉国，称为'死社稷'，这不是没有道理的。"② "卫社稷""死社稷"均出自《礼记》。由此可见，不管是论证的过程，还是结论，金先生对《周礼》和《礼记》均多有征引。

在从事殷代思想史之研究时，金先生对"改正朔"做了讨论，其中多以《周礼》《礼记》之记载为据。如《礼记·檀弓上》曰"夏后氏尚黑……殷人尚白……周人尚赤"，《郊特牲》云"委貌，周道也；章甫，殷道也；毋追，夏后氏之道也"，《礼记·大传》曰"立权度量，考文章，改正朔，易服色，殊徽号，异器械，别衣服，此其所得与民变革者也"，金先生征引诸记载，认为"商代夏政，不但改正朔，还有'易服色，殊徽号，异器械，别衣服'"③。

金先生在从事周代思想史研究时对"三礼"亦十分看重。如金先生

---

① 金景芳：《中国古代思想的渊源》，《社会科学战线》1981 年第 4 期。
② 金景芳：《中国古代思想的渊源》，《社会科学战线》1981 年第 4 期。
③ 金景芳：《中国奴隶社会诞生和上升时期的思想》，《史学集刊》1982 年第 1 期。

据《仪礼·丧服》"斩衰三年章"、《礼记·丧服四制》《礼记·郊特牲》《孝经·士章》《春秋穀梁传·隐公二年》之记载,认为周道"尊尊"之所以区别于殷道"亲亲",是因为"尊尊"强化了阶级关系,所谓"三纲"就是周道"尊尊"之体现。金先生认为周道既有"尊尊",又有"亲亲",他说:"《礼记·大传》说:'服术有六:一曰"亲亲",二曰"尊尊"……'郑玄注说,'"亲亲"父母为首','"尊尊"君为首'。也就是说,所谓周人尊礼,这个礼里边也有一个'亲亲''尊尊'的问题。郑玄说,'"亲亲"父母为首',表明这个'亲亲'指的是血缘关系,'"尊尊"君为首'表明这个'尊尊'指的是阶级关系。当然,当时占主导地位的是阶级关系而不是血缘关系。"[①] 由此可见,金先生于此论述周道之"亲亲""尊尊",是以《礼记·大传》为思想资源而展开的。

四 余 论

古往今来,不少学者对礼学望而生畏。黄侃曾说:"礼学所以难治,其故可约说也。一曰古书残缺,一曰古制茫昧,一曰古文简奥,一曰异说纷纭。"[②] 黄侃认为,礼学难治,不仅在于礼书所记礼制难解,还在于礼学文献残缺不全,礼书文字简奥难懂,礼家观点纷繁难辨。黄侃道出了治礼学之不易,实非虚言。

自20世纪初以来,受西方学科设置之影响,传统的经学研究被史学、文学、哲学乃至教育学等学科分割,不同学科的学者根据自己的学术立场和研究视角,对礼学做了重新的审视和研究。比如有的学者从教育学的角度研究《礼记·学记》,从政治学的角度研究《周礼》,从民俗学的角度研究《仪礼》。还有的学者从社会学的角度研究《仪礼》和《礼记》,并产生了深远的影响。其中最具有代表性的,就是20世纪上半叶李安宅先生所撰的《〈仪礼〉与〈礼记〉之社会学的研究》一书。该书的研究方法和研究视角,打破了传统的经学研究方法,在现代礼学研

---

① 金景芳:《中国奴隶社会诞生和上升时期的思想》,《史学集刊》1982年第1期。
② 黄侃:《礼学略说》,载陈其泰等编《二十世纪中国礼学研究论集》,学苑出版社1998年版,第13页。

究史上具有开风气之先的意义。

  金景芳先生的礼学研究，受 20 世纪初以来学术研究范式转变的影响至为深远，也与他个人的学术研究特色密切相关。金先生是先秦史专家，在先秦史领域造诣精深，成绩斐然。金先生的礼学研究路数方法，得益于他深厚的史学素养。金先生的礼学研究着眼于先秦，其对"三礼"成书问题的研究，克服了经学的门户之见，有着历史学家强烈的求真意识。其对礼及礼学所做的反思，是建立在扎实的考据工作基础上的。其利用"三礼"从事先秦制度和思想之研究，既有精密的考证，又有义理的阐发。金先生的礼学研究，从一个侧面反映出其学术研究的路数是文献学与思想史、社会史的有机结合。金先生的助手吕绍纲说："先生的史学研究形成了两方面的特色：一是文献学与思想史结合，一是社会史与思想史贯通。文献学、思想史、社会史三者结合、贯通，造就了属于先生自己、富于个性、浑然一体的学术体系和学术精神。"[①] 金先生在礼学研究中重视文献学与社会史、思想史相结合，正是其史学研究方法之体现。也正是由于考证与义理兼备，才使得金先生能在礼学研究中提出许多新见。

[①] 吕绍纲：《我师金景芳先生的学术精神》，《社会科学战线》1996 年第 3 期。

廖平"《王制》学"思想探微

张晓程*

摘　要：廖平是清末民初时期四川地区的著名学者，治学以经学为根基，在19世纪末20世纪初的中国学术思想史中占有独特的地位。廖氏治学尤重《王制》，现存廖著《王制订》《王制集说》等书，综合表现出其"《王制》学"的思想，本文立足于廖氏研究《王制》的相关著作，分析其"《王制》学"思想的形成、内容、影响，以及在清末民初的社会、文化等背景下，学术发生的转型。

关键词：廖平　《王制》　《王制》学　思想　学术

廖平（1852—1932年），字季平，四川井研人，清末民初著名学者，其生逢晚清、中华民国之际，身处学术、思想、历史发生巨大转变的时期。廖氏治学勤勉、视野宽阔且多有独到理解，著述颇丰，其经学、史学等思想亦对同时期的康有为、梁启超等人产生了比较重要的影响，在19世纪末20世纪初的中国学术思想史中占有独特的地位。①冯友兰先生评价其为"经学时代之结束"②的标志性人物。近代中国，传统的经学学术在经历过一个发展高峰之后受到了来自多方面的冲击，进而在学术文

---

* 作者简介：张晓程，生于1990年，山东泰安人，四川大学历史文化学院2016级在读博士研究生。主要研究方向：先秦及秦汉儒学文献。

① 参见廖平著，舒大刚、杨世文主编：《廖平全集·前言》，上海古籍出版社2015年版，第1册。

② 冯友兰：《中国哲学史》（下），华东师范大学出版社2000年版，第343页。

化、知识体系、研究方法等领域发生变化和转型，渐趋脱离旧有的研究范式与知识体系。在这一过程中，廖氏学术以经学为根基，从多个方向提出了自己的思考，以面对现实社会及学术环境的变化，其学术思想亦不断演进，力图从传统文献中寻找可以治理现实的制度资源。《礼记·王制》经清末诸儒研究升格之后占据相当的地位，并且开始独立于《礼记》全书的研究，在廖平学术体系中，《王制》则是其分今古、孔子改制等思想的重要理论支撑。可以说，廖平的"《王制》学"思想不仅具有学术史上的意义，同样具有一定的政治思想意义。①

廖平学术研究尤重《王制》，廖氏关于《王制》的研究及代表性观点在其学术思想中占据非常重要的基础性地位，也涉及其治学领域中的绝大部分。光绪十一年（1885）春，以《王制》有经、传、记、注之文，旧本淆乱失序，于是考订改写，为《王制定本》一卷，以备作《王制义证》之用。②是书即以经、传、记、注的格式排列，充分体现了廖氏"《王制》学"之特色。《王制定本》即《王制订》。③这是目前所见廖氏关于《王制》最早的著述，但在之前，光绪九年（1883），《六译先生年谱》云"赴京会试，不第。舟车南北，冥心潜索。于《春秋》得素王、二伯大义"④。似为廖氏"《王制》学"之肇始。光绪十年（1884），《廖平年谱》即载"先生以《王制》说《春秋》……"⑤，这在其《穀梁春秋经传古义疏》自序中得到印证，"甲申（1884）初秋，偶读《王制》，恍有顿悟，于是向之疑者尽释，而信者愈坚，蒙翳一新，豁然自达，乃取旧稿重录之"⑥。据此当知，其对《王制》的系统研究当不晚于光绪十年

---

① 按：应当加以补充的是，晚清今古论争虽然是关于学术的争论，其背后亦有不同政治主张的色彩，与晚清民初知识分子群体存在的一种"制度的焦虑"关系紧密，这在当时学者对《王制》的研究中得以体现。

② 按：《今古学考》下云："乙酉春，将《王制》分经、传钞写，欲作《义证》。"详见廖平著，舒大刚、杨世文主编《廖平全集》，第1册，第81页。

③ 按：光绪二十三年（1897）成都尊经书局刻《四译馆经学丛书》收录此书，中华民国十二年（1923）四川存古书局印入《六译馆丛书》。

④ 廖宗泽：《六译先生年谱》，载廖平著，舒大刚、杨世文主编《廖平全集》，第15册，附录第449页。

⑤ 廖幼平：《廖平年谱》，巴蜀书社1985年版，第31页。

⑥ 廖平：《穀梁春秋经传古义疏·自叙》，载廖平著，舒大刚、杨世文主编《廖平全集》，第6册，第17页。

(1884），亦不至于太早，次年即著述成《王制订》一书。时值廖氏之学初变期，依《六译先生年谱》云"初变起光绪六年庚辰（1880），讫十三年丁亥（1887），凡八年，平分今古时期"①。廖平又撰《王制集说》一卷，是书认为孔子以匹夫制作，其行事具于《春秋》，复推其意于五经，孔子已殁，弟子记其制度，以为《王制》。今学《礼》以《王制》为主，六经皆素王所传，此为正宗。② 此外还有若干著作存佚情况不明，如《王制订本要注》四卷、《王制义证》一卷、《王制注疏》（卷数未详）、《王制会通》四卷、《经学王制课本》（卷数未详）、《王制学凡例》一卷（详见《群经凡例》）、《王制图表》十卷。③ 廖氏关于《王制》的研究还见于《今古学考》《知圣篇》等篇章中。所以综上而言，廖氏《王制》研究的著作当数量颇丰，但目前我们能看到的完整的本子仅有《王制订》《王制集说》两书，二书以《王制订》成书稍早，《王制集说》后成，可以以此管窥其"《王制》学"研究的学术特点及趋向。

廖平的"《王制》学"思想素有源头，光绪二年（1876），廖平因受张之洞赏识选调成都尊经书院学习，从目录学入门，以文字学为根基，有小学通经学，由博而返约，上升至明理通经的经学之路。④ 其后，王闿运（1833—1916年）于光绪五年（1879）任院长至光绪十二年（1886）离开成都，是年46岁，廖平此年27岁。这期间，廖从王受学，学术深受其影响。王氏精于《春秋》学，主专《公羊》学，以礼制考三代制度，廖平亦学《春秋》，精《穀梁》学，这也为廖平后来研究"《王制》学"，撰成著述，提供了思想和学术的源头。

《王制》是《礼记》的第五篇，全文共4339个字⑤，是《礼记》诸篇中篇幅稍大的一篇。《正义》引郑玄《目录》云："名曰《王制》者，以其记先王班爵授禄祭祀养老之法度，此于《别录》属制度。"廖平以

---

① 廖平：《穀梁春秋经传古义疏》，载廖平著，舒大刚、杨世文主编《廖平全集》，第6册，第445页。
② 参见廖平《穀梁春秋经传古义疏》，载廖平著，舒大刚、杨世文主编《廖平全集》，上海古籍出版社2015年版。
③ 参见郑伟《廖平著述考》，四川大学出版社2014年版。
④ 参见舒大刚《经学大师廖平评传》，《宜宾学院学报》2010年第1期。
⑤ 参见（清）阮元校刻《十三经注疏（附校勘记）》，中华书局1983年版，上册，第1351页下。

《王制》为制度之书,并云"周制到晚末积弊最多,孔子以继周当改,故寓其事于《王制》"①。任铭善先生在《礼记目录后案》中把此篇所记之事归纳为"班爵、禄田、任官、巡守、朝聘、教学、养老、国用、丧祭、职方"十事。②王锷先生则精简为五个部分:爵禄制度,封国制度,职官制度,巡守、祭祀、丧葬、田猎制度,养老制度。③

廖平以《王制》为制度之书,言"周制到晚末积弊最多,孔子以继周当改,故寓其事于《王制》"已显示其改制立场,与今人任、王等人之析离制度的观点及研究路径有显著的差异。廖平的《王制》研究在《礼记》研究史上有独特的地位,提供了很多思路和启发,这当然应立足于廖氏学术体系自身的指向,我们可以称之为廖平的"《王制》学"思想。廖氏"《王制》学"思想以其《今古学考》为纲领,分以《王制订》《王制集说》为具体之言,是为其"今古学"思想的落实贯彻,其中《王制集说》书前又载《凡例》,具有明确的研究预设与架构,博采古说经义,以明《王制》,凡古礼与《王制》相异处,则附存异义。④因《王制》所载之事,言礼制之异,说今古之别,进而承载其研究旨趣与政治思想。《王制集说》统辑传记、经纬、诸子、史志之说,以为长编,所辑材料以东汉为时间下限,分经传、子、史的类别及顺序整理。综合其著作来看,整体的学术特点,是以"尊孔尊经"为基调,以"孔子素王"为核心,以"用夏蛮夷为立场",以"推演进化"为精神的今文经学的研究范式,而从内孔而外鲁,到内鲁而外诸夏,再到内诸夏而外夷狄,再到内中国而外全球,最后到内全球而外宇宙,由近及远,由卑推高,渐次演进,则成为廖平经学"六变"之精神与内在逻辑。其由宋学而古文学,由古文学而今文学,由今文学而复先秦的学术轨迹,恰好是清代学术发展过程的缩影,与清代学术思想发展存在着惊人的一致。⑤蒙文通先生则综括廖氏之学云:"由清儒复古之学观之,其由唐宋而魏晋,以进于东汉,而

---

① 廖平:《今古学考》卷下《经话》,载廖平著,舒大刚、杨世文主编《廖平全集》,第1册,第66页。
② 任铭善:《礼记目录后案》,齐鲁书社1982年版,第11页。
③ 参见王锷《〈礼记〉成书考》,中华书局2007年版。
④ 参见廖平《王制集说·凡例》,载廖平著,舒大刚、杨世文主编《廖平全集》,第5册。
⑤ 参见黄开国《廖平评传》,百花洲文艺出版社2010年版。

西汉，而周秦。"① 在这一过程之中，廖平关于《王制》的研究渐成体系，起到了非常关键的作用。

《王制》单篇的研究在晚清时期成为一个焦点，其中以廖平、皮锡瑞、康有为、刘师培、程大璋、章太炎、刘咸炘等人的研究最为突出。② 应该指出的是，康乾时期早有研究《王制》单篇者，如耿极《王制管窥》、谈泰《王制里亩算法解》《王制井田算法解》《礼记义疏算法解》等，但这些研究并未像清末诸儒一样把《王制》推高到一个更高的层次。③ 皮锡瑞在《王制笺自序》中引"朱子谓《周礼》《王制》皆制度之书，以二书说制度最详"，④ 自然可证朱子以《王制》与《周礼》并列，并言"制度之书"，但宋代的改革者仍像汉人改革一样，据之《周礼》。我们清楚地看到，自清人廖季平以来，《王制》的地位有一个较为急剧的抬升趋势，廖氏以礼制说今古⑤，直接触动的就是经学史上的大问题。晚清今文学家们带有现实政治意图的《王制》提升运动，却刺激了对《王制》来源、礼制等问题更深入的讨论，间接地促生了经学的"边缘化"

---

① 蒙文通：《井研廖季平师与近代今文学》，原载1932年《大公报·文学副刊》，后有重要增补，1933年再载于《学衡》第97期。转引自《经学抉原》，上海人民出版社2006年版，第102页。

② 按：廖平《今古学考》二卷，《王制学·凡例》一卷，《王制订》一卷，《王制集说》一卷；皮锡瑞《王制笺》一卷；康有为《王制义证》《王制伪证》《新学伪经考》《孔子改制考》，其中《王制义证》《王制伪证》两书实际是拟议而未成之书，特此说明；刘师培《王制篇集证》，章太炎《王制驳议》，刘咸炘《周官王制论》，又有程大璋《王制通论》一卷、《王制义按》一卷，两书出版于中华民国十九年（1930），据卷首邬庆时《程先生传》所说，两书成稿于清末。

③ 更早的比如宋人亦有专著研究，如阮逸《王制井田图》一卷、余希文《王制井田图》一卷、邵囦《王制解》一卷、陈埴《王制章句》一卷，今皆亡佚，元明时有李黼《王制考》四卷、陈际泰《王制说》一卷、钱棨《王制说》一卷，李书未见，陈、钱二书存。因此我们不能清楚地知道元宋及以前的具体情形。所引书目见朱彝尊撰、林庆彰等主编《经义考》，上海古籍出版社2010年版，第6册，第2739、2740页。

④ 皮锡瑞著，吴仰湘编：《王制笺》，载《皮锡瑞全集》，中华书局2015年版，第4册，第555页。

⑤ 按：廖平系统的提出，以礼制分今古有其学术的来源，廖氏之学深受当时学术大环境与自身学术发展水平之影响。陈寿祺通过辑佚整理，著《五经异义疏证》，即以礼制作为区分。宋翔凤认为今文学"十四博士"为一派，所主制度同于《王制》《孟子》，古文学为一派，所主制度同《周礼》。又俞樾以《王制》说春秋，三者对廖氏之说有启发之功。俞氏赞《今古学考》为不刊之书。

和史学的上升。这是近代经学转型中富有代表性的一个例子。① 经此学术论争,学术界思想活跃,随后产生了声势浩大的维新变法运动,加速了中国社会制度变革的进程,也影响了传统学术的转型之路。当然,《王制》之学素有研究传统,在面对这种社会及学术转型之时往往有抬升之势,两汉之际的王莽于始建国四年(12)所定改革之法即据《周官》《王制》综合而定。② 单就《王制》单篇的研究固然没有这么大影响,当其附之于政治思想之时,背后涵盖的诸种因素及学术转型的内在动力及趋势是值得我们思考的。

在《王制》一篇地位的问题上,廖平在《今古学考》中有以下叙述:

> 孔子初年问礼,有"从周"之言,是尊王命、畏大人之意也。至于晚年,哀道不行,不得假手自行其意,以挽弊补偏;于是以心所欲为者,书之《王制》,寓之《春秋》,当时名流莫不同此议论,所谓因革继周之事也。后来传经弟子因为孔子手订之文,专学此派,同祖《王制》。其实孔子一人之言,前后不同。予谓从周为孔子少壮之学,因革为孔子晚年之意者,此也。……知今学同祖《王制》,万变不能离宗;《戴礼》今、古杂有,非一家之说;今、古不当以立学不立学为断;古学主《周礼》,隐与今学为敌;今礼少,古礼多;今礼所异皆改古礼等说,则西汉大儒均不识此义矣,何论许、郑乎!……群经之中,古多于今,然所以能定其为今学派者,全据《王制》为断。……《王制》即所谓继周之王也。……《王制》改周制,皆以救文胜之弊,因其偏胜,知其救药也。年岁不同,议论遂异。春秋时诸君子皆欲改周文以相救,孔子《王制》即用此意,为今学之本旨。何君解今礼,以为《春秋》有改制之文,即此意也。特不知所改之文,全在《王制》耳。③

---

① 参见章可《〈礼记·王制〉的地位升降与晚清今古文之争》,《复旦学报》(社会科学版)2011年第2期。
② 参见黄彰健《经今古文学问题新论》,载《中央研究院历史语言研究所专刊》之七十九,1982年版。
③ 廖平:《今古学考》卷下《经话》,载廖平著、舒大刚、杨世文主编《廖平全集》,第1册,第56页。

从以上文本可以看出，《王制》在廖平的叙述中拥有非常高的地位，孔子晚年"假手自行其意，以挽弊补偏"，富有改制的意味，改制之目的，即"因革继周之事也"，《王制》是孔子改制之纲领，自然具有非同寻常的意义。① 又其云"群经之中，古多于今，然所以能定其为今学派者，全据《王制》为断……孔子《王制》即用此意，为今学之本旨"，把《王制》抬到了一个极高的位置，不仅是分今古之依据，显然具有更多的思想和政治内涵。

廖平通过"《王制》学"及后续的研究，尊经尊孔，力主"素王改制"，将孔子的《春秋》及先师解读《春秋》的《三传》②统统用来作为"素王改制"的经典支持，立志重建崭新的孔经体系，用孔子为万世立法的政治大纲试图挽救日益衰败的晚清政局，对抗来势汹涌的西方文化。③其所尊之孔，是托古改制的孔子，其所尊之经，是为后世制法、因时制宜、为时损益之经，从传统文化中，寻求改革的立足点④，无论是在学术领域还是当时的政治局势中，都有非常重要的作用或意义。

与此相比，同时代的"《王制》学"研究者皮锡瑞（1850—1908）要比廖季平更融通和偏重纯粹的学术研究一些，其在《王制笺自序》如是说：

> 朱子谓《周礼》《王制》皆制度之书，以二书说制度最详，举以并论，初无轩轾。说这以《周礼》为周公作，则扬之太高；以《王制》为汉博士作，则抑之太甚。则惟何劭公以《周礼》为六国时书，郑康成以《王制》在赧王之后，当得其实。据二君说，则二书时代不甚远，而古今说异，当各由记所闻。汉主今文博士说，多与《王制》合。《白虎通》引《王制》最多，是其明证。郑君以《王制》

---

① 崔海亮：《廖平"今古学"研究》，博士学位论文，武汉大学，2010年。

② 按：应做出说明的是，廖氏说"《左传》今学也，旧误以为古，不知大纲全与《王制》同，无异说。此例不明，则与本说相忤"。详见廖平著，舒大刚、杨世文主编《廖平全集》，第5册，第136页。

③ 参见赵沛《廖平的〈王制〉研究》，《四川大学学报》（哲学社会科学版）2006年第6期。

④ 参见舒大刚《经学大师廖平评传》，《宜宾学院学报》2010年第1期。

为孔子之后大贤所记，则亦知其书出孔门；惟过信《周礼》出周公，解《王制》必引以为证，则昧于家法，而自生葛藤，今考郑注，其失有六：一曰土地……二曰封国……三曰官制……四曰征税……五曰祀典……六曰学制……《周礼》《王制》，皆详制度，用其书可治天下。《周礼》详悉，《王制》简明。《周礼》难行而多弊，《王制》易行而少弊。王莽、苏绰、王安石强行《周礼》，未有行《王制》者，盖以《周礼》为出周公而信用之，《王制》出汉博士而不信用之耳。今据俞樾说《王制》为素王所定之制，疏通证明其义……①

《王制笺》是皮氏治《王制》系统之作，从以上材料，我们可知其以《王制》为制度之书，对郑玄得失有中肯的评价，又简要考述了成书年代，其间亦有升格的倾向，但不若廖平泾渭分明，观点基本全据俞樾"素王"之说，笔者粗读此书，于不可解或抵牾之处，多见皮氏言"盖素王改制"之语，一些解释难以自洽。吴仰湘先生对其有精当的评价：其一，力主《王制》独立；其二，重新考证《王制》的成书时代及性质；其三，比较《王制》与《周礼》的异同优劣；其四，对《王制》郑注的态度沿而未改。② 同时亦列其失。综合来看，廖氏、皮氏之《王制》研究，正是清末经学演进的一个缩影，深刻地体现出那个时代学人的治学方法及特色，但还是可以清楚地看到，皮氏"《王制》学"并未形成廖平那样相对完整的论述体系。这也可以从侧面说明廖平"《王制》学"研究的水准及价值。

从前文所述，笔者推论廖平关于《王制》的研究始于光绪九年（1883）前后，且不晚于光绪十年（1884），光绪十二年（1886），廖平主讲于井研来凤书院，是年其《今古学考》出版，时值廖氏学术初变之期，正是此期，廖平开始尤重《王制》，力主《王制》升格。《古学考》云：

---

① 皮锡瑞著，吴仰湘编《皮锡瑞全集》，第4册，第555—557页。
② 参见吴仰湘《皮锡瑞〈王制〉研究评析》，《湖南大学学报》（社会科学版）2013年第1期。

> 旧以《王制》为《春秋》而作。崧师云:"此弟子本六艺而作,未必专为《春秋》与自撰。"按:旧说误也。……凡《王制》所言,皆六艺之纲领,仲尼没,弟子乃集录之。六经制度,全同此书。当删定时,不审其为旧文新义。但六艺皆明王法,而此乃王者之制,无宜不同。圣作为经,此篇在记,自系弟子推本孔经,作为大传,以为诸经纲领,不必定为孔笔。……《王制》既不为经,则是群经大传,出于弟子无疑。①

从这段叙述中,我们可以得到以下信息:廖氏以《王制》为六艺纲领,实际上抬升了《王制》的地位,进而需要解决的是《王制》在传统上并不被认为是经的问题,他的思路是"王者之制,无宜不同","弟子推本孔经,作为大传,以为诸经纲领,不必定为孔笔",这么一来便把《王制》不是经的原因讲通了,即便为传,则是群经大传,为六艺之纲领。故此一段叙述,目的明确,意在升格《王制》,所以其在廖氏"今古学"上的意义就体现出来了,其以礼制分今古,《王制》便是其中重要的一环。

廖氏在《王制集说·凡例》一篇,其中一条有云:"先秦两汉子书,皆七十子流派,故多用《王制》说。""史志、史汉范书多用《王制》说。"② 从这一点来看,廖平无疑把《王制》的适用范围扩大了。我们知道,《王制》全文不过四千余字,所叙制度详略不同,或论之尤细,或一语带过,显得非常简略,廖平自己也说"《王制》但言大略,节目未详"③。又云"《王制》于制度大纲,可云包括略尽。然一王大法,不能不求详备。……始以《王制》统诸书,继以诸书补《王制》"④。这么一来,廖氏一方面抬升《王制》的地位,用以统摄诸书,又用诸书补充《王制》一篇的简略,力图形成一套较为完整的"《王制》学"体系。在

---

① 廖平:《古学考》,载廖平著,舒大刚、杨世文主编《廖平全集》,第1册,第105—106页。
② 廖平:《古学考》,载廖平著,舒大刚、杨世文主编《廖平全集》,第1册,第134—135页。
③ 廖平:《古学考》,载廖平著,舒大刚、杨世文主编《廖平全集》,第1册,第135页。
④ 廖平:《古学考》,载廖平著,舒大刚、杨世文主编《廖平全集》,第1册,第135页。

《王制》的研究上，廖氏采取了比较综合的方法，明确研究体例，以《王制》有经、传、记、注之文，随后建立自身的研究体系，《义证》《注疏》《图表》综而论之。总的来说，从目前可见的《王制订》《王制集说》两书中，研究说经的路径主专传统经学的范式，对《王制》文本做了充分深入的探讨，比较充分地体现并贯彻了廖平学术初变时期的"《王制》学"思想。

笔者认为，廖平的"《王制》学"研究，首先基于以礼制分今古的出发点，要解决经学史上的关键问题，由先秦经学的地域差异，打破文本壁垒，做跨文本式研究，进而区分汉代今古文的源流，升格《王制》篇与《周礼》并立作为分今古的两个脉络，在学术史的意义上完成了对中国经学的溯本求源式的学术总结。① 廖平以《王制》为起点，"尊今抑古"，以《王制》为"素王新制"，更多具有政治思想的意味。这固然与廖平自身的治学有很大的关联，同时也不得不关注清末民初的学术转型，与廖平"《王制》学"思想有着深刻的互动关系。同时，这种思维理路也对蒙文通先生及蒙先生的学生产生了非常深刻的影响，有鲜明的学派与师承的特征。②

王汎森先生认为，晚清经学的面相非常繁复，不能轻易论断。廖平的经学研究，综合了晚清经学的两个特色："一是超越个别名物度数或一部一部经典，对各经之间相互关系做跨文本的综览与比较，综观整个经学的轮廓，同时特别重视还原家法、条例，努力弄清楚某书究属何派，而某派学术在不同时代持说究竟有何不同。这其实是一种相当具有学术史眼光的工作。……二是为了经学响应世事之需求，经学意识高高地凌驾在史学意识之上，反对把经书本身的内容当成古史来研究。"③ 两点实则解释并评价了廖氏之"今古学"与其以孔经为基的天人经学理论的思想，《王制》在其中的位置尤为显明。当然，现在批评反对把经书本身的

---

① 参见赵沛《也论廖平与传统经学在近代的终结》，《河南师范大学学报》（哲学社会科学版）2008年第6期。
② 参见蒙默《蒙文通学记》（增补本），生活·读书·新知三联书店2006年版。又可参见蒙文通《经学抉原》，上海人民出版社2006年版。
③ 王汎森：《从经学向史学的过渡——廖平与蒙文通的例子》，《历史研究》2005年第2期。

内容当成古史来研究的观点,主要还是将经作为一种历史文献来研究,可以从中提取相关的历史信息,这也符合学者所说的"经学边缘化"而"史学走向中心"。① 还应值得重视的是,廖平学术是不断更新变化的,并不固守一理。在复杂的学术环境与历史背景下,学者个人亦有自身的研究兴趣,其研究充满着变化与复杂性,廖平的"《王制》学"思想自然深受多方面因素的影响。

---

① 罗志田:《清季民初经学的边缘化与史学走向中心》,载《权势转移:近代中国的思想、社会与学术》,湖北人民出版社1999年版,第302—341页。

尊道而考实

——杨慎历史政治思想评述

秦际明[*]

摘　要：杨慎论历史政治的特点有二，一是尊道统，强调儒家的伦理与礼制；二是考史务实，指出儒家理想在三代并未实现，国家与社会的治理需以时势与社会条件的转变为根据。传统儒家尊崇经典，以三代政治为尚，杨慎则带着敏锐的政治实践眼光，通过对历史的深入考证，认为三代政治为尚，指出三代圣贤之言具有超越时代的理想价值，对后世政治具有重要的指导意义，但在三代之时并未能实现，亦不足以为后世所模仿。本文通过对杨慎的正统论、封建论、选贤制度、历史政治评价等方面的研究，阐释杨慎社会政治思想的内涵与意义所在，深化对儒家经史关系、政治理想、政治价值与政治实践之关系的理解。

关键词：经史关系　儒家政治　道统　封建　井田

引　言

在杨慎研究中，一向以文史考据与诗词研究为重，纵观杨慎经史评论，其对社会政治的见解亦有不少突破宋明儒学的地方。程朱理学论治

---

[*] 作者简介：秦际明，生于1986年，广西全州人，中山大学哲学系（珠海）副教授。主要研究方向：中国哲学、儒学与蜀学。

道，以三代为尚，尊崇经典。杨慎凭借其历史考证工夫，察觉到儒家经注所记载的政典礼制在三代亦未必收到了理想的治理效果，所以杨慎之论儒家经典的政治思想富有实证的精神。这与杨慎之父杨廷有执政多年的政治经验是分不开的。

正是出于对儒家典制与政治实践经验相参校验证的思想方法，杨慎非常重视史学在辨清政治得失方面的重要意义，认为经学中包含着历史经验，史学亦须以经学为纲纪。并从蜀学前贤的论述中提炼出"经史相表里"的主张。

> 苏老泉曰："经以道法胜，史以事辞胜。经不得史，无以证其褒贬；史不得经，无以要其归宿。"言经史之相表里也。元儒山东云门山人张绅士行序、定宇陈氏《通鉴续编》衍其说，云："史之为体，不有以本乎经不足以成一家之言；史之为体，不有以本乎经不足以为一代之制。故太史公之史，其体本乎《尚书》。司马公之《通鉴》，其体本乎《左氏》。朱子之《纲目》，其体本乎《春秋》。杜佑之《通典》，其体本乎《周礼》。惟《易》《诗》之体未有得之者，而韩婴之《韩诗外传》、邵雍之《皇极演易》可谓杰出矣。"①

杨慎在这一条中说经言其道理，史载其事情，经史相资为用，然后得事理之实。因此杨慎非常看重史学所载的治世经验与扬善惩恶的作用，编著历史地理类著作多部，对政制、政事的演变历史，对历史人物的道德节操，都详加考察。杨慎以诗文著称，其出仕之职守是史官。24岁中进士后即任翰林修撰，参与修订《文献通考》，纂修《武宗实录》，世以翰林修撰杨升庵相称。贬谪云南之后陆续完成《南诏野史》《云南通志》《云南山川志》《滇程记》《滇载记》《南中记》等舆地类著作。并受四川巡抚刘大谟之邀参与纂修《四川总志》，主持其中的《全蜀艺文志》。并著有《廿一史弹词》，将儒家严正的历史观改编为通俗流行的曲艺形式。今天家喻户晓的《三国演义》题词"临江仙·滚滚长江东逝水"即出自

---

① （明）杨慎：《升庵集》卷47《经史相表里》，文渊阁《四库全书》本，集部，第1270册，第368页。

该书中的《评秦汉》一段。杨慎《升庵集》《丹铅录》《升庵经说》等著作中也包含了大量的政治历史考论，兹述其思想的大要。

一 选贤制度

儒家一般以"二帝三王"为理想的治世，以尧、舜、禹、汤、文、武、周公为无瑕疵的圣王，但杨慎并不简单地接受这一点，他认为历史的变化与发展是有条件的，先王的治理也是以当时的历史条件为基础的，并非所有的制度都是完美的，值得后世效仿。《孟子·离娄下》云："汤执中，立贤无方。"杨慎认为事实上先秦都没有做到这一点，他在"立贤无方"条中论述道：

> 孟子言"汤执中，立贤无方"者，亦何取其义，至于穷旦夜之思而汲汲若是乎？盖尝考之虞、夏，用人止于世族。《左传》八元八凯，则高阳辛之才子。《史记》禹、稷世系，同所自出。孔安国《书传》：以益为皋陶之子，皋陶则高阳氏才子庭坚也。周之家法，以亲亲为重，以异姓为后。武王兄弟九人，若鲁、卫、管、蔡、霍、曹、郕、郜，皆列为显诸侯。召、毕亦以同姓为上公。虽凡民之俊秀，论于王朝，不过州闾族党之官，出长入治之职。如三公吕望、六卿苏公、诸侯三恪之外，异姓仅此矣。逮至春秋，孔门高弟，仕者不过家臣，一有所进，则谓之"远间亲，新间旧"矣。①

杨慎以其精审的历史眼光洞察到先秦立官以世袭为主，庶人难有进身之阶。但这并不意味着先秦的圣贤没有看到这一点，杨慎认为三代之圣贤无疑是知道这一点的，只是有其历史条件性，难以一时革除。

> 盖其一时之弊，周公谅亦知其未广矣。故日夜之所思，惟以汤之立贤无方为中道。今观《商书》，一则曰"敷求哲人"；二则曰

---

① （明）杨慎：《升庵经说·孟子》"立贤无方"条，载王文才、万光治主编《杨升庵丛书》，天地出版社2002年版，第390页。

"旁招俊义"。伊尹、莱朱、巫贤、傅说诸大臣,非以亲旧,以其贤也。盖主于立贤,则有德是亲,固不间亲之情;主于亲,则未必皆贤,且妨贤之路矣。信矣,立贤无方为不易之中道。而周公往往言之,亦未得尽行其志也。何以知其然也?管、蔡之叛虽未发,而周公明哲,岂不能逆知之?周公知之,而亦难于言。盖言之,必不用管、蔡。当时习俗已久,必谓周公间亲间旧,而忠言反为薄论。孟子所谓"周公之过,不亦宜乎"者,正此之谓也。武王数纣之恶,曰:"官人以世。"此岂独纣之罪?自唐、虞以来,已如此矣。武王虽恶纣之"官人以世",而已不能改。积习之常,久则难变也。故曰:周公亦未得尽行其志也。①

武王数纣之恶曰"官人以世",而周礼亦"官人以世",这无疑有其矛盾处。杨慎认为"当时习俗已久","周公亦未得尽行其志也"。周礼"疏不间亲""贱不妨贵",是较为典型的宗法社会与贵族制的等级社会,春秋诸侯竞争,礼崩乐坏,这样的社会格局才逐渐打破,至战国,则彻底崩溃。世家大族联盟的统治有利于稳定,但其子弟未必皆贤,而士人也没有上进的积极性,这样的社会不以治理绩效为导向,是难以产生优良治效的。因此,这样的体制越来越不能适应于诸侯国之间的竞争,终于退出历史舞台。我们如若再做推论,杨慎既然认为周礼因"时俗已久"而未尽善者,连周公这样的圣人都不能改变,那么,其实杨慎对儒家一直所信奉的三代理想是有疑虑的,对孔子所维护的礼恐怕亦将有微词。只不过杨慎就事论事,未将他的观点做更进一步的展开。

> 孟子曰:"国君进贤,如不得已,将使卑逾尊,疏逾戚。"以今言之,国君用贤,亦何不得已之有?盖尊者亲者未必贤,必进疏远之贤而用之,则尊与戚之党嚣然而议。是其时积习使然也。若在今日,则朝释未耜,暮登槐袞,人亦安之矣。又通论之,鲁之三桓,郑之七穆,楚之昭、屈、景,其子孙盘踞,苗裔婵嫣,虽贪如狼,

---

① (明)杨慎:《升庵经说·孟子》"立贤无方"条,载王文才、万光治主编《杨升庵丛书》,第390—391页。

狼如羊，蠢如豕，虣如虎，皆用之。而当时秀民才士屈于族姓，而老死田野者，不知其几矣。惜哉！至秦用客卿，汉用刀笔，而此弊始除。迨东晋六朝，又踵其弊，南之王、谢，北之崔、卢，虽贪狼蠢虣，皆据显位，谓之"华腴膏粱"。南之井韶，北之侯景，亦愤族姓之下而至于作乱。景在江南求娶于王、谢不得，乃按剑曰："会须令吴儿女作奴。"虽其凶悍出于天性，致乱亦有由矣。然则汤之立贤无方，岂非万世君人相国之第一义乎？①

杨慎的议论没有向上追溯，而是以"立贤无方"作为原则论及后世。经过春秋战国的大动荡，先秦社会的种种积习已经改变，在秦汉时代庶人获得了更多的进身途径，社会观念也不再严格区别贵族与庶人，在杨慎看来，这显然是时代的进步。东晋六朝复兴门阀制度，世家大族把控着政权，家国之利益相冲突，以致衰亡，即是深刻的历史教训。杨慎由此得出结论"立贤无方，岂非万世君人相国之第一义乎"。

《左传·隐公三年》载石碏之言云："贱妨贵，少陵长，远间亲，新间旧，小加大，淫破义，六者乱之本也。"柳宗元驳之曰："无所谓贱妨贵者，盖斥言择嗣之道，子以母贵者也。若贵而愚，而圣且贤，以是而妨之，其为理本大矣，而可舍之以从斯言乎？此其不可固也。夫所谓远间亲、新间旧者，盖言任用之道也。使亲而旧者愚，而新者圣且贤，以是而间之，其为理本亦大矣，又可舍之从斯言乎？此其不可固也。必从斯言而乱天下，谓之师古训可乎？此又不可者也。呜呼！是三者，择君置臣之道，天下治乱之大本也。"② 杨慎引用柳宗元此文，文辞略有出入，其立官用法的含义与杨慎"立贤无方"之论是一致的。

柳宗元在《六逆论》中由此进一步论述立言要慎重："古之言理者，罕能尽其说。建一言，立一辞，则觥觥而不安，谓之是可也，谓之非亦可也，混然而已。教于后世，莫知其所去就。明者慨然将定其是非，

---

① （明）杨慎：《升庵经说·孟子》"立贤无方"条，载王文才、万光治主编《杨升庵丛书》，第391页。
② （唐）柳宗元：《柳河东集》卷3《六逆论》，上海古籍出版社2008年版，上册，第60页。

则拘儒瞽生相与群而咻之,以为狂为怪,而欲世之多有知者可乎?夫中人可以及化者,天下为不少矣,然而罕有知圣人之道,则固为书者之罪也。"① 杨慎则指出在当时的历史条件下,石碏并未失言:"柳子此言是矣,然未究其事与时矣。盖卫将立州吁,而州吁乃贱嬖之子,贱妨贵之一言,专指州吁此事之不同也。若远间亲、新间旧,则周之用人尚亲,亲先宗盟而后异姓,鲁之大圣如孔子,亚圣如颜回,固不得先三桓,此时之不同也,石碏之言未失也。呜呼,'世胄蹑高位,英俊沈下僚',地势使之然,由来非一朝,为此诗者,其知道乎?此周公所以思成汤之立贤无方,而畎亩版筑鱼盐之事,孟子特称之,以为千古之希遇也。"②

稍晚于杨慎的明代著名政治家张居正主张:"采灵菌于粪壤,拔姬、姜于憔瘁。王、谢子弟,或杂在庸流,而韦布闾巷之士,化为望族。昔之侈盛竞爽者,溺于今之世矣。夫隆替靡常,而泽施有限。"③ 张居正以底层军户出身而居内阁,杨慎家世本微,到祖父辈才读书中举。由此可见,明代科举制度给下层才俊出人头地提供了非常宝贵的机会,促进了阶层流动,从而使明代社会保有生机,举国上下皆能为国所用。杨慎之论立官选贤用人之原则结合了历史社会的演变,有见于当世较之前代的社会进步,其所论"立贤无方"比柳宗元《六逆论》更为明确与完备。

二 封建与井田

三代之政往往被儒者视为后世施政的典范,然而杨慎正是要挑战这样的观念。一般的儒家视封建为三代之美制,犹有许多儒者欲复封建于后世。柳宗元在《封建论》中提出一个重要命题:"封建非圣人之意也,势也。"④ 不唯封建如此,郡县亦如此。也就是说,基本政治制度的演进有其客观的条件因素,并非人可以随意选择的。柳宗元在《封建论》一

---

① (唐)柳宗元:《柳河东集》卷3《六逆论》,第60页。
② (明)杨慎:《升庵集》卷52《柳子六逆论》,文渊阁《四库全书》本,集部,第1270册,第449—450页。
③ (明)张居正:《西陵何氏族谱序》,载张舜徽主编《张居正集》卷36,文集八,湖北人民出版社1987年版,第3册,第512页。
④ (唐)柳宗元:《柳河东集》卷3《封建论》,第43—48页。

文中论述了公共政治权力的起源在于君长能够解决争端，维持一定的政治秩序。而当君长的权威丧失，便不能维持秩序，遂沦为春秋战国之乱世。这样的政治秩序并不是圣人所设计的，也不是圣人所能够选择的，而是历史社会演进的结果，柳宗元称之为"势"。至战国以后，封建之弊端影响到政权的稳定，历史社会的演进自然会选择郡县制。

柳宗元的论述是深刻的，观察到社会制度演变的社会条件之客观因素。不过，柳宗元以一个"势"字来概括社会制度的选择，未能阐明人对社会制度的思考究竟能起到什么作用。柳宗元说："夫殷、周之不革者，是不得已也。盖以诸侯归殷者三千焉，资以黜夏，汤不得而废；归周者八百焉，资以胜殷，武王不得而易。狥之以为安，仍之以为俗，汤、武之所不得已也。夫不得已，非公之大者也，私其力于己也，私其卫于子孙也。秦之所以革之者，其为制，公之大者也；其情，私也，私其一己之威也，私其尽臣畜于我也。然而公天下之端自秦始。"① 在殷、周之时，商汤、文武因受限于政治条件，只能因袭封建制，"狥之以为安，仍之以为俗"，选择封建制是其利所在。而在秦时，封建制的社会基础已然瓦解，可以施行郡县制，则利在于郡县制。

杨慎大体上赞成柳宗元的观点，认为封建不是圣人主动设计的制度，也不是圣人心目中的理想之制，而是不得已的权宜之制。所不同的是，柳宗元突出以利导"势"的自然之理，殷、周"狥之以为安，仍之以为俗"。封建虽不是圣人的理想之制，"非公之大者也"，而是"私其力于己也，私其卫于子孙也"②，但这似乎有利于诸侯国，因而历史选择了封建制。柳宗元认为，人有相争，立君长而为之仲裁，建立秩序；诸侯国相争，则有连帅、方伯为之仲裁，维持秩序；天子于是乎得立。这个过程宛如英国哲学家霍布斯、洛克所假设的从自然状态到国家的产生。但杨慎所怀疑的是，这只是解释封建制度存在之合理性的一种推论，而非历史社会的实情。杨慎不承认柳宗元所构造的封建制的历史合理性，他写道：

---

① （唐）柳宗元：《柳河东集》卷3《封建论》，第47页。
② （唐）柳宗元：《柳河东集》卷3《封建论》，第47页。

> 封建始于黄帝，不得其利，已受其害矣。蚩尤亦诸侯也，上干天纪，下肆民残，以帝之神圣，七十战而仅胜之，亦殆哉岌岌乎矣。其余画野之君、分城之主，虽有蚩尤之心，而未露蚩尤之迹，帝固不得而废之也。嗣是九黎乱德矣，防风不朝矣，有扈叛逆矣，夷羿篡弑矣，昆吾雄伯矣，皆诸侯之不靖者。其余尚多有之，而载籍散亡，不可以悉。至周，则其事又可睹矣，大封同姓以及异姓，谓之万国。其初建之意，亦曰藩屏京师也，夹辅王室也，使民亲于诸侯，而诸侯自相亲也。成、康继世，未百年间，昭王南巡而胶舟溺死矣，穆王西巡而徐偃煽乱矣，藩屏焉在乎？夹辅焉在乎？至于春秋战国，干戈日寻，迄无宁岁，肝脑涂地，民如草菅，乌在其为亲也？①

杨慎认为，即便在先秦，自黄帝至商周，封建制都存在极大的弊病，封建制本身就是不合理的，而先圣先王之所以因袭不改，因为在其历史条件下，他们无法改变。杨慎不仅否认了为一般儒家所推崇的三代封建的理想性，也否认了柳宗元在"势"的名义下所提出的封建在三代时的相对合理性。杨慎进一步认为，封建本来就不是圣人所推崇的制度，他引《易传》"君一民二"与《孟子·见梁襄王》"定于一"来证明孔子、孟子皆不欲行封建。

不仅于此，杨慎还根据他在西南地区对"改土归流"的亲身经验来佐证他的看法：

> 腐儒曲士，是古非今，犹言封建当复，予折之曰：欲目睹封建之利害，何必反古，今有之矣，川广云贵之土官是也。夫封建起于黄帝，而封建非黄帝意也；土官起于孔明，而土官非孔明意也，势也。封建数千万年至秦而废，土官历千百年，川之马湖安氏弘治中以罪除，广之田州岑氏正德中以罪除，而二郡至今利之。有复言复二氏者，人必群唾而众咻之矣。封建之说，何以异此？然欲复土官则人知非之，而复封建人不之非，是知一方之利害，而不知天下之

---

① （明）杨慎：《升庵集》卷48《封建》，文渊阁《四库全书》本，集部，第1270册，第389页。

利害，知今之势，而不知古之势也，非腐儒而何哉？①

西南之有土司，并非土司制度之为利，只是国家力量所未逮，教化所未及，权宜之制。若论利国利民，土司制绝非所宜。杨慎对于制度的考虑有着清醒的历史感与现实感，与腐儒之食经不化、唯古是截然不同的。与此类似的，还有对井田制的看法：

> 孟子引龙子之言，必欲滕君复井田。是时也，坏未及半，犹可复焉。至秦开阡陌已久，虽孟子复生，亦必因时立法，不为此论矣。后之欲复井田者，必迂儒曲士也。②
>
> 中郎区博谏莽曰："井田虽圣王法，其废久矣。周道既衰，而民不从，秦知顺民之心，可以获大利也。故灭庐井而置阡陌，遂王诸夏，迄今海内未厌其敝。今欲违民心，追复千载绝迹，虽尧舜复起，而无百年之渐，弗能行也。天下初定，万民新附，诚未可施行。"区博之言，特告王莽非其人，而其实至论也。后世儒者必欲行井田，何哉？③

杨慎不否认历史上曾有井田制的存在，但他认为历史的演进是不可逆转的，井田不再适用于后世。对于政治制度的运用，杨慎强调变通。他能够将制度放在具体的历史情境中去考察，故而较之他人有更为深刻的认识。杨慎虽然政治实践的机会不多，但其父杨廷和执政多年，在正德、嘉靖之间除弊开新、定国安邦，这使杨慎更多地看到制度在实践层面的问题，从而使他对历史政治具有更为通透的实践感。

---

① （明）杨慎：《升庵集》卷48《封建》，文渊阁《四库全书》本，集部，第1270册，第390页。

② （明）杨慎：《升庵集》卷48《汉文帝重农》，文渊阁《四库全书》本，集部，第1270册，第391—392页。

③ （明）杨慎：《升庵集》卷78《井田》，文渊阁《四库全书》本，集部，第1270册，第779页。

三　正统论

正统是立国与帝王之位传承的合法性，是国家政治的核心问题。何统为正，为不正？这是事关国家政治原则与政治地位的根本问题，历代对此问题反复辨析。饶宗颐先生曾撰《中国史学上之正统论》一书，对中国古往今来的正统论有较为系统的阐述。该书附录收录杨慎所作的《广正统论》，并论曰："杨升庵继方正学撰《广正统论》，以为国之统犹道之统，不以道统轻与人，则道犹尊而统犹在也。则取韩愈《原道》之说，以道统与史统合而为一。"① 饶氏但举其要，兹叙其详。

方孝孺作《释统》与《后正统论》，在欧阳修《正统论》的基础上进一步严格政统的道德要求，批评朱子以晋有天下即为正统之说，他写道："朱子之意曰，周、秦、汉、晋、隋、唐皆全有天下矣，固不得不与之以正统。苟如是，是仁者徒仁，暴者徒暴，以正为正，又以非正为正，而可乎？吾之说则不然。所贵乎为君者，岂谓其有天下哉？以其建道德之中，立仁义之极，操政教之原，有以过乎天下也。有以过乎天下，斯可以为正统，不然非其所据而据之，是则变也。"② 得国有正与不正，治天下有仁与不仁，方孝孺认为，二者皆得方为正统，否则便是变统，对变统的肯定是有条件的，即视其立仁义、操政教如何，这也是对在位者的激励。

方孝孺之论正统可谓完备，较欧阳修与朱子之说又进了一步。杨慎对方孝孺的观点基本上是赞成的，方孝孺较前人之说强调了道德因素的重要性，而杨慎则又在这个方向上推进一步，提出只有符合道德要求的才是正统，否则阙如焉，而不能以前人所说霸统、变统之名以窃正统之位。杨慎在其《广正统论》中批评了王通奉北魏为正统的做法，指出元魏无论是出身夷狄，还是其所施之政，皆不合于正统，并指出唯有德者治平天下，方能谓之正统。而符合这个条件的，自然是少之又少，因此

---

① 饶宗颐：《中国史学上之正统论》，上海远东出版社1996年版，第59页。
② （明）方孝孺著，徐光大校点：《逊志斋集》卷24《释统中》，宁波出版社2000年版，第54页。

朱子、方孝孺认为天下固不可无统，或正或有偏。杨慎则认为，不必时时有统。他写道：

> 夫万代之统，犹一代之宗。商之贤者十余君，而太甲称太宗，太戊称中宗，武丁称高宗，为宗者三而已。降而至汉，上之自尊，下之媚上，世已非商比矣，而其称宗者，曰太宗者文，曰世宗者武，曰中宗者宣而已。同姓一代不皆宗，则易姓承代不皆统，一也。至唐则无贤不肖，淫僻夭昏者，皆宗矣。无贤不肖，淫僻夭昏皆宗，则无惑乎夷狄、篡弑、女主皆统也。国之统也，犹道之统也。尧以是传之舜，舜以是传之禹，禹以是传之汤，汤以是传之文、武、周公，周公以是传之孔子，孔子以是传之孟轲。轲之死，不得其传，则如荀如杨者，不敢轻以道统与之。夫不以道统轻与之，则道犹在也。①

正统一如道统，道统之所在，在乎圣人而已。圣人不常有，因此道统不常在，如是，则无损于道之名。同样地，圣王不常有，正统亦不常在，不以正统许秦、晋、隋等，则无损于正统之名。唐以下为所有皇帝建宗，则宗之义泯然矣。若以在位者皆为正统，则统之义亦不存焉。

道统之说盛行于宋后，以程朱上接孔孟，杨慎无疑是反对的。先秦以后诸儒虽有得，但不得以圣人许之，杨慎认为，为维护道统之名的权威性，不可轻易以道统许人。同样地，杨慎反对轻易以正统许人，宁缺毋滥。不过，杨慎需要考虑的问题是，对于朱子与方孝孺来说，天下之君或不正，但国不可无统，虽不配于严格的正统之名，但仍须择优而许之，以建立相对正当的政治秩序。如若以不正而皆斥之，恐怕现实的政治秩序难以建立。因此，虽然在道德上严正如方孝孺，亦以变统之名而许晋、隋之有统。杨慎对正统、道统之名的重视，自然也是正当的，是更为严格的儒家的态度。

---

① （明）杨慎：《升庵全集》卷5《广正统论》，商务印书馆1937年版，第70页。

四　严于道德的历史评判

杨慎历史评价与政治评价的一大特色就是严于道德评判。这一点与程朱理学的时代思潮是分不开的，不是理学，胜似理学。杨慎历史评判的代表性观点为贬伯、恶秦，极力表彰诸葛亮，严厉批评王导、王安石。

春秋五霸虽所指不同，但多有贤名。杨慎作《二伯论》，认为所谓伯，必须是"中国陵，四夷竞，有能联诸侯、同会盟以役社稷，以固维城"①者，通常所称的"春秋五伯"，是拉了几个滥竽充数的，真正称得上伯的只有齐桓、晋文二人而已。杨慎写道："彼秦、宋、楚何为者哉？秦伯之缪也，宋伯之虏也，楚伯之寇也。"②秦穆公"殉三良"，之穆实为缪；宋襄公"一会而虐二国之君，是酗之健嗔也，一战而见执于盂，是婴之抗虎也，再战而夷于泓，以放乎死，是卵之斗石也，是僇人耳，夷俘耳"③；至于楚庄以夷狄寇中国，是皆不当称伯者。

杨慎对秦穆公、宋襄公、楚庄王之评判不可谓不严，考之事实，有是者，有近是者，不可一概而论。"春秋五伯"之称，其来有自。如《尚书》以《秦誓》终篇，可见秦穆公之称伯是有经典之依据的。杨晓宇有《秦穆公与秦缪公称谓解纷》一文，认为秦穆公应为美谥，先秦"穆""缪"二字相通，"缪"字当理解为"穆"字。他提出《史记》所论秦穆公死后以多人陪葬，乃秦国贯有之野蛮习俗，不会以此为秦穆公立恶谥。又认为先秦无以庙号称呼的习惯，"穆"亦不当为昭穆之"穆"。④杨文以秦穆公为美谥论证详明，再资以《尚书》《孟子》及后世对秦穆公的美誉，皆可说明这一点。杨慎之特恶穆公，其由有二：一是秦穆公以三良殉，《诗·黄鸟》讥之，更主要原因是杨慎对秦国持严厉的批评态度，以至于他对《秦誓》理解异于众人，认为《秦誓》乃讥穆公而非褒扬穆公。杨慎引赵鹏飞之言曰："秦缪之誓，特其词有足观，圣人取其词而已。缪

---

① （明）杨慎：《升庵全集》卷5《二伯论上》，第67页。
② （明）杨慎：《升庵全集》卷5《二伯论上》，第67页。
③ （明）杨慎：《升庵全集》卷5《二伯论上》，第67—68页。
④ 参见杨晓宇《秦穆公与秦缪公称谓解纷》，《理论观察》2013年第12期。

公之悔,非其道也。悔其败而益阻兵,是岂圣人所望哉?故书于《春秋》,皆挤之九泉之下,无只字之褒也。若楚庄者,尤中国之害,又非秦缪之比。秦缪斗私忿于晋而已,实不敢陵诸侯也。"①

其解《诗》"寺人之令"句云:"华谷严氏曰:'秦兴而帝王之影响尽矣,《车邻》其滥觞也。'夫未见而寺人传令,与三代侍御仆从,罔匪正人,纳牖遇巷,略无间隔,气象何如也?既见而并坐鼓簧,与三代赓歌喜起,警戒丛脞,气象何如也?秦之为秦,非一日矣"。②

又其史论有"秦之恶"条:

> 秦之恶,天下之所同恶也。故曰强秦,言其不德也。曰暴秦,甚矣。曰嫚秦,言其无礼义也。曰孤秦,言天下所不与也。曰犷秦,以犬况之也,抑又甚矣。曰无义秦,曰无道秦,恶之至矣,尽矣。孔孟不如其邦,所以为圣,为大贤。鲁仲连不肯帝之,所以为高士也与。古之奸臣,何代无之,其恶未有如秦桧之甚者也,人之恶之亦未有如恶桧之甚者也,至其子若孙不肯祖之,是其余殃百世犹未斩也。③

杨慎少时即撰《过秦论》,此皆可见杨慎对秦国的憎恶,以至于解穆公如此。杨慎之论史之严,还可见于他对王导、赵普、王安石的评价。

> 余尝反复《晋书》,知王导心事与王敦一间耳,真贼臣也。元帝永昌元年,敦称兵向阙,人臣无将,非反而何?而导于敦伏诛之后,犹谓其义同桓文,不知桓文何尝称兵伐周,何尝戮周之大臣乎?敦问周顗于导,三问而三不对,是借剑于敦而杀顗也。非敦反,乃导反也。又与王含书云:昔年佞臣乱朝,人怀不宁。其曰佞臣,指刁协、刘隗,协与隗不合于敦而欲诛之者也。导于明帝太宁二年敦反迹大

---

① (明)杨慎:《升庵经说·论语》,载王文才、万光治主编《杨升庵丛书》,第363页。
② (明)杨慎著,王大淳笺证:《丹铅总录笺证》,浙江古籍出版社2013年版,第490页。
③ (明)杨慎:《升庵集》卷48《秦之恶》,文渊阁《四库全书》本,集部,第1270册,第392页。

彰而犹为此言，非贼臣而何？晋朝姑息不振，王导族党大盛，是以一时反以逆贼为忠贞，千载而下人犹不悟，世亦易欺哉。①

宋之多奸臣始于赵普，宋之兵屡国弱亦始于赵普，何也？曹翰欲取幽州，承周世宗一日取三关之余威，而辽国多隙，取之必矣。赵普亦知翰能之，而嫉媚之心蓄于内，阻抑之巧形于口。太祖亦承五代之弊，畏难苟安，玩时愒日，故从其言。②

弘治中，余杭有周德恭评王安石为古今第一小人。又曰："神宗之昏惑，合赧、亥、桓、灵为一人者也；安石之奸邪，合莽、操、懿、温为一人者也。"此言最公最明矣。予尝谓王安石之为相大类商鞅。③

王安石之误国极矣，死而从祀于孔子庙，并其子雱，以其小人之党盛也。④

杨慎道德感极为强烈，爱憎分明。其举王导为贼臣，确属于洞察。东晋门阀深重，皇室赖以安宁，而世家大族又岂能尽心为国？对于他们来说，家族利益还是国家利益优先，这往往引起政治动乱。在杨慎看来，君无权威，臣不忠贞，与现代历史研究的结果是一致的。⑤至于赵普之阻曹翰取幽州事，未必完全出于压制武将的私心。其时南方未平，贸然攻取幽云，过早地与辽国为敌，兵力、财力将被牵制在北方防线，南下统一势必受到影响。宋太祖智勇过人，并非杨慎所称"畏难苟安，玩时愒日"之人，未必不能虑及此间，而为赵普所蔽。世人皆贤赵普，杨慎特恶之，明末王夫之亦从杨慎，指赵普压抑武将，造成宋代积弱之弊。

---

① （明）杨慎：《升庵集》卷49《王导贼臣》，文渊阁《四库全书》本，集部，第1270册，第413页。

② （明）杨慎：《升庵集》卷49《赵普》，文渊阁《四库全书》本，集部，第1270册，第416页。

③ （明）杨慎：《升庵集》卷51《宋人议论不公不明》，文渊阁《四库全书》本，集部，第1270册，第434页。

④ （明）杨慎：《升庵集》卷51《王安石庙祀》，文渊阁《四库全书》本，集部，第1270册，第439页。

⑤ 参见田余庆《东晋门阀政治》"释王与马共天下"章，北京大学出版社2012年版。

至于王安石，理学以程朱为宗，而以王氏新学为敌，对王安石的学术思想与政治改革全盘否定。杨慎之骂王安石比朱子有过之而无不及。贤者亦有过处，小人亦有是处，历史总是复杂的。是耶？非耶？后世评说纷纭，莫衷一是。不过，此见杨慎以道德评判人的尺度是极为严格的。

综　论

杨慎研究历史长于考证，能够综合运用墓志、碑刻、地理、方志等多方面的文献资料，并能清醒地意识到社会演进的条件性与阶段性，从而能够较为准确地识别历史记载的虚与实。如其考辟雍泮宫非学校（《升庵经说·诗》），《玄鸟》为神话（《升庵经说·诗》），高宗梦傅说为神道设教（《升庵经说·尚书》），微子面缚自相矛盾（《升庵集》卷47），及以《月令》"冬祀行"证井田制存在（《升庵集》卷44），如此等等，可见杨慎历史考证方法的高明与成果的丰富。

更难得的是，杨慎具有明确的历史意识。他通过历史考证，敏锐地觉察到社会历史演进的条件性与阶段性。他指出儒者所推崇的三代之治只是相对的良善之制，并不是绝对的善治，尤其是三代的礼制，如井田制、封建制，有其历史条件的制约，绝不可照搬到后世。因此，杨慎批评主张复古的理学家为俗儒、腐儒。杨慎在儒学历史实践方面的理解具有超越时代的意义，深化了对儒家经史关系、政治理想、政治价值与政治实践之关系的理解。

杨慎论历史政治的另一特点是严于道德评判，是对理学道德要求的绝对化。杨慎论正统着眼于尊重道德的权威性，提出宁缺毋滥，不必在每一时代都要寻出正统。他论"春秋五伯"与历史上的政治人物，无不著微发幽，指出其在道德上的缺陷。杨慎本人以激烈的方式与嘉靖皇帝争礼仪，以致遭到廷杖，流放致死。但杨慎从不后悔，可见其道德准则不唯见之于史论、政论，也是他一生刚直严正的写照，典型的明代士大夫的风范。

苏过的孝道思想及"纯孝"人生

刘延超*

摘　要：北宋眉山苏氏家族出了很多名人，尤以"三苏"名满天下。在苏氏后人中，苏轼的幼子苏过不仅才华出众，且以至纯至孝闻名于世。他无论是在人品、个性上，还是在学术、思想上，都受到苏轼最重要和最直接的影响，儒、释、道三教思想融汇于其中。由于受到良好家教、家学的影响，以及独特的人生经历，其不仅在思想上非常重视孝道，而且其至孝行为历来为世人所称道。正是因为如此，才有"纯孝"之称。

关键词：苏过　苏轼　孝道思想　人生

北宋眉山苏氏家族既是一个政治家族，更是一个学术家族。该家族绵延上百年，出了很多名人，其中尤以"三苏"（苏洵、苏轼、苏辙）名满天下，而苏轼的第三子苏过（字叔党，号斜川居士）也才学过人，与"三苏"合称为"四苏"，人称"小坡"。苏轼三子苏迈、苏迨、苏过，时称"三虎"，"苏氏三虎，叔党最怒"[①]。在苏轼、苏辙众多子嗣中，独苏过得此殊荣，是因为他不仅善文善画，且以至纯至孝闻名于世，其叔

---

* 作者简介：刘延超，生于1980年，四川巴中人，历史学博士，乐山师范学院教师。主要研究方向：中国儒学。

① （金）元好问：《题苏氏宝章》，载施国祁《元遗山诗集笺注》卷12，人民文学出版社1958年版，第583页。

父苏辙"每称其孝,以训宗族"①。考察苏过的孝道思想和孝行事迹,对于进一步研究苏氏家族学术及思想、蜀学和弘扬巴蜀孝道文化具有积极意义。

一 苏过的思想特点及成就

由于苏过长时间侍奉于苏轼之侧,因此,无论是在人品、个性上,还是在学术、思想上,都受到苏轼最重要和最直接的影响,儒、释、道三教思想融汇于其中。实际上,苏过自小就深受儒学浸润。苏轼被贬儋州时仍不忘告诫诸子"春秋古史乃家法,诗笔《离骚》亦时用"②。即要将经史之学和文艺之学相济并用。同时,苏轼还认为:"儿子到此,抄得《唐书》一部。又借得《前汉》欲抄。若了此二书,便是穷儿暴富也。"③为克服谪宦之地书籍匮乏的困难,苏轼鼓励苏过以抄书的方式进行学习,《唐书》《汉书》等书籍都是儒家史籍代表作。正是在如此的家学和家教下,苏过具有扎实的儒学功底,骨子里还潜藏着儒家经世济民之心。他认为儒学、儒术于修身、治国有利,在《送孙海若赴官河朔叙》中云:"大略出于孔孟者,虽无能,世必称为长者;出于申商,虽奇才,世必称为薄夫","国家专用儒术,政尚宽简,风俗日趋于厚。刑名之学,缙绅先生绝口不论,以经术润饰吏事,彬彬然稍出矣"④。运用儒术治理国家,可以使"政尚宽简",与以申不害、商鞅为代表的法家人物治理国家有明显的区别。专习儒学者,即使无大才能,但亦能具有良好的道德品性,于政风、民风向善有利。但令人惋惜的是,因为长期随父漂泊的人生经历,仕宦亦坎坷,让他充分体验了人情冷暖和世道的险恶,他的意志变

---

① (宋)晁说之:《嵩山文集》卷20《宋故通直郎眉山苏叔党墓志铭》引,《四部丛刊续编》影印旧钞本,第389册,第24页。

② (宋)苏轼:《苏轼诗集》卷42《过于海舶,得迈寄书、酒。作诗,远和之,皆粲然可观。子由有书相庆也,因用其韵赋一篇,并寄诸子侄》,载张志烈等《苏轼全集校注》,河北人民出版社2010年版,第7册,第4967页。

③ (宋)苏轼:《苏轼文集》卷55《与程秀才》(三),载张志烈等《苏轼全集校注》,第17册,第6071页。

④ (宋)苏过原著,舒大刚等校注:《斜川集校注》卷8《送孙海若赴官河朔叙》,巴蜀书社1996年版,第561页。

得愈发消沉和悲观，缺少了其父的豪迈和洒脱，却多了浓重的道、释的隐逸心态，尤其向往陶渊明式的人生态度和生活状态。这从他诗文中可以看出，处处展现出"余幼好奇服，簪组鸿毛轻。羽人倪招我，携手云间行"①的出世心态和"平生冠冕非吾意，不为飞鸢跆堕时"②般傲视官宦、富贵的超逸、洒脱。

虽然苏过的成就远没有其父那样博通经史、文学、艺术，成就辉煌，但在苏轼兄弟子侄辈中，他无疑算是最有才学之人。他不仅诗文造诣高，文学成就突出，留传《斜川集》一部，而且擅长书画艺术，堪称一代大家，正如有学者言"苏过的文学成就是多方面的，首先就体裁来说，诗中五言、六言、七言、杂言，古体、近体、骚体皆备，文则赋、论、表、启、碑志、祭文、序、跋等应有尽有"③，无怪乎常常获得其父和叔父的称许，苏轼在文中赞道"然幼子过文益奇"④。"过甚有干蛊之才，举业亦少进，侍其父亦然。"⑤另在苏过所作《送昙秀诗》中题跋道："儿子过粗能搜句，时有可观，此篇殆咄咄逼老人矣。"⑥其自豪、慈爱之情溢于言表。苏辙也道："吾兄远居海上，惟成就此儿能文也。"⑦将对苏过的德行、才学的成功培养被视为苏轼贬谪期间最大的成就，可谓评价甚高。

二 苏过的孝道思想探析

目前对苏过开展研究的著述并不多。舒大刚先生等编著的《斜川集

---

① 苏过原著，舒大刚等校注：《斜川集校注》卷2《北山杂诗十首》（二），第124页。
② 苏过原著，舒大刚等校注：《斜川集校注》卷2《椰子冠》，第68页。
③ 蒋宗许、舒大刚：《苏过的生平行事与文学成就考论》，《西南科技大学学报》（哲学社会科学版）2012年第6期。
④ （宋）苏轼：《苏轼文集》卷49《答刘沔都曹书》，载张志烈等《苏轼全集校注》，第16册，第5331页。
⑤ （宋）苏轼：《苏轼文集》卷52《答张文潜四首》（一），载张志烈等《苏轼全集校注》，第17册，第5767页。
⑥ （宋）苏轼：《苏轼文集》卷68《书过〈送昙秀诗〉后》，载张志烈等《苏轼全集校注》，第19册，第7742页。
⑦ 《宋史》卷338《苏过传》，中华书局1985年标点本，第10818页。

校注》是研究苏过的最重要参考资料。蒋宗许、舒大刚先生的《苏过的生平行事与文学成就考论》对苏过人生轨迹和文艺成就有厘定廓清之功。庞明启的硕士学位论文《苏过研究》对苏过的仕隐心态、漂泊意识、"诗歌创作观"进行了较为全面的考察。其他学术文章如王小兰的《苏过诗歌创作中的隐逸情结及其成因》、陈素娥的《论苏过及其创作的审美内涵》、张海鸥的《苏过斜川之志的文化阐释》、丁沂璐的《前身庄生只君是，信手拈来俱天成——试论苏过诗歌中的庄哲意蕴》和严宇乐的博士学位论文《苏轼、苏辙、苏过贬谪岭南时期心态与作品研究》等都对苏过作品中体现的思想内涵进行分析考察，而李景新的《惠、儋瘴地上的特殊逐臣——岭海时期之苏过论》则对苏过的"纯孝"背景、情操、才学和政治才能进行了综合考察，但总体来看比较简略。丁沂璐、庆振轩的《舐犊之情与反哺之义——论苏轼、苏过的感情传递与诗意诠释》则直接从孝慈的角度做了论述，直入孝道思想，但也多是对史实的梳理、阐述。可见，专门对苏过孝道思想及孝道人生进行详细研究的学术文章还是非常有限。

  在宋代众多知名的学术家族和政治家族中，眉山苏氏家族尤为耀眼，成长于如此显赫的家族中，如果不出变故的话，苏过的未来原本可以出第入仕，再凭借父祖辈的声名，成就一番功名不是难事。但"乌台诗案"让苏轼九死一生，也终结了苏轼的大好仕途，彻底改变了他的人生命运，之后一直处于仕途坎坷、颠沛流离之中。覆巢之下安有完卵，"乌台诗案"发生时，苏过年仅7岁，父亲不幸的遭遇和其坚韧正直的人格在其幼小的心灵上留下了难以磨灭的影子，并直接影响到他的性格特征、人生旨趣和创作风格，甚至影响到他的人生观、价值观。对世俗的憎恶、对官场的厌倦、对人生的无奈和对隐逸出世生活的向往融汇于其诗文之中。虽然也不乏如《飓风赋》等超迈豪放和《海南论黎事书》等经世致用之作，但却并不多见。在苏轼人生低谷时期，苏过对其精神上给予莫大安慰，生活上给予无微不至的照料，才使得苏轼在贬谪期间走出人生低谷，在逆境中得享一些天伦之乐。

  苏过在思想上非常重视孝道，他在《读〈楚语〉》中批驳了柳宗元的观点。柳宗元以《礼记》中"齐之日……思其所乐，思其所嗜"之言，认为屈建的做法违背其父临终之言，因而是不孝。对此，苏过认为屈建没有遵从其父屈到希望以芰祭祀的遗言是抛弃孝的细枝末节，因而是符合义、礼的行为。所以，他认为即使是在践行孝道时，都要向曾子、孟僖子、管仲那样"皆笃于大义，不私其躬也如是"①。可以说，苏过与其父"明天下之分，严君臣、笃父子、形孝弟而显仁义"②的礼义观点是一致的。

苏过虽不否认孝悌是人之天性，但他认为践行孝悌忠信之道与读书治学有莫大关系，他说："是以有国有家者，尝刻意于此，而孝悌忠信必由是而出。古之人躬行不逮者多矣，余不复论。"③即读三坟五典、礼乐文章，可以深化对人、事的认识，达到修身立言、垂训百世的目的。很显然，孝悌忠信等大道是寓于典籍之中的。苏过认为，仁、义、礼、诗、书"五福"居其一可传家于后，其中仁更是"惟仁则荣"，因此他缅怀其舅王元直云："公天资仁孝，遇物以诚，与人子言必以孝，与兄弟言必以睦。"④高度肯定其舅在修身治家方面表现出的仁孝德行。因为苏过一生随父漂泊的经历和淡泊于功名的心境，他尤其敬佩那种"孝悌称于其家，厄穷守道称于朋友，抑无愧于古之士矣"⑤。因为信佛的缘故，苏过是相信佛教的善恶有报的，因此他不否认孝感的存在。他说："有子曰会，亦以孝谨称。葬亲之三年，事死如生。朝夕必临，时物必荐，家事必告。芝生其墓，或采以献，乡人惊异之，曰：'此杨氏父子为善之报，彼愚夫不知其为祥也'。"又云："《诗》所谓'孝子不匮，永锡尔类'，岂不谆谆然命之乎？"⑥也就是相信上天会恩赐福祉给秉承孝道之人。在《祷雨忏文》中认为"不忠不孝""昧其本心"等行为都是造成上天惩罚的原因所在，所以应"易虑而洗心"地"一意悔过"，才能求得福田，免去灾厄。可以看出，苏过与其父一样，其孝道思想亦深受儒、释、道三家思想共同影响的。

---

① （宋）苏过原著，舒大刚等校注：《斜川集校注》卷7《读〈楚语〉》，第518页。
② （宋）苏轼：《苏轼文集》卷2《礼以养人为本论》，载张志烈等《苏轼全集校注》，第10册，第201页。
③ （宋）苏过原著，舒大刚等校注：《斜川集校注》卷9《夷门蔡氏藏书目叙》，第682页。
④ （宋）苏过原著，舒大刚等校注：《斜川集校注》卷9《王元直墓碑》，第663页。
⑤ （宋）苏过原著，舒大刚等校注：《斜川集校注》卷9《襄城程先生美中墓志铭》，第621页。
⑥ （宋）苏过原著，舒大刚等校注：《斜川集校注》卷10《芝堂记》，第709页。

三 苏过的孝道践行

苏过的至孝行为历来为世人所称道。晁说之云:"使叔党以其屋岣嵝、桴溟渤之纯孝,而一旦忠尽于九德俊乂之朝,则先生之立言者,叔党之功业也"①,赞其"纯孝",父子"忠孝两全",为苏过的早逝无尽惋惜。苏辙也甚是喜爱这个侄儿,二人在诗文上多有唱和。苏叔党随父迁谪,孝思不变,而家学渊源名震天下,陆游也非常推崇苏过之德、学,著有《读苏叔党汝州北山杂诗次其韵十首》,其诗与苏过《北山杂诗十首》一样具有强烈的忧国爱民情怀和现实意蕴。"'焚香细读《斜川集》',可想见其为人。"② 最有说服力的当是苏轼本人的评价,他说:"过子不眷妇子从余此来,其妇亦笃孝。"③ 并表示"廉州若得安居,取小子(过)一房来,终焉可也"④。意谓能让苏过养老送终是自己的心愿。《论语》云:"父在观其志,父没观其行,三年无改于父之道,可谓孝矣。"(《论语·学而》)苏过无论身处何方何时,其践行孝道始终如一,真正做到了志行合一。《孝经》也道:"孝子之事亲也,居则致其敬,养则致其乐,病则致其忧,丧则致其哀,祭则致其严。"(《孝经·纪孝行章第十》)。

一是尽力事亲,承尽父欢。对于苏轼来说,经"乌台诗案"后,他遭遇到人生的重大挫折,先是被贬到黄州,再被贬到惠州。惠州条件尚可以,其风土食物不差,当地官吏、民众对待他都还宽厚,正如苏轼所言:"某到惠已半年,凡百粗遣,既习其水土风气,绝欲息念之外,浩然无疑,殊觉安健也。儿子过颇了事。寝食之余,百不知管。亦颇力学长

---

① (宋)晁说之:《嵩山文集》卷20《宋故通直郎眉山苏叔党墓志铭》,《四部丛刊续编》影印旧钞本,第389册,第23页b。

② 王铭新等修,杨卫星、郭庆琳纂:中华民国《眉山县志》卷5《典礼志·祀典》,载中国地方志集成编委会《中国地方志集成·四川府县志辑》,巴蜀书社1992年版,第39册,第565页。

③ (宋)苏轼:《苏轼诗集》卷43《追和戊寅岁上元》,载张志烈等《苏轼全集校注》,第7册,第5060页。

④ (宋)苏轼:《苏轼文集》卷52《答秦太虚七首(之七)》,载张志烈等《苏轼全集校注》,第17册,第5763页。

进也。"① 由此可见,在惠州时苏过的悉心照顾和奋学上进让苏轼精神上初步挺过了难关。但三年后再次被贬谪于海南儋州,其条件恶劣非人之所想象,更是让苏轼父子在身体和精神上遭受到重大考验。"某与幼子过南来,余皆留惠州。生事狼狈,劳苦万状,然胸中亦自有翛然处也"②,苏轼之所以能达到"胸中亦自有翛然处也"的境地,其重要原因之一应是苏过在生活上的无微不至的关怀和在精神上给予的极大宽慰。贬谪之地条件艰苦,物质匮乏,甚至还为衣食发愁。如苏轼在惠州时,就住在一个小村院子里,"罨糙米饭吃",并为没有医药而苦恼。在儋州时,苏轼言:"某与儿子粗无病,但黎、蜒杂居,无复人理,资养所给,求辄无有。"③ 又言:"元符二年,儋耳米贵,吾方有绝粮之忧,欲与过子共行此法。"④ "此法"指辟谷之法,实际上就是在食物极端匮乏的情况下锻炼忍饥挨饿的能力。在此恶劣环境下,苏过想尽办法,从生活上极尽照料。他与其父一同垦田种菜,共同劳作,苦中作乐,"吾借王参军地种菜,不及半亩,而吾与过子终年饱饫。夜半饮醉,无以解酒,辄撷菜煮之。味含土膏,气饱风露,虽粱肉不能及也"⑤。为照料好父亲的生活,他还忽出新意,将山芋捣烂做成玉糁羹,苏轼称其"色香味皆奇绝。天上酥陀则不可知,人间决无此味也"⑥,并作诗盛赞。物质上的缺乏倒不是最重要的,而精神上的缺失却是致命的,在此情况下,苏过陪同其父游玩散心,从阴影中摆脱出来,这从苏轼的一些诗文中的描述可以看出。尽管苏轼并不十分懂棋,但旁观幼子苏过与友人下棋时,竟有无穷乐趣,"优

---

① (宋)苏轼:《苏轼文集》卷57《答徐得之二首》(一),载张志烈等《苏轼全集校注》,第17册,第6310页。

② (宋)苏轼:《苏轼文集》卷59《与杨济甫二首》,载张志烈等《苏轼全集校注》,第18册,第6533页。

③ (宋)苏轼:《苏轼文集》卷55《与程全父十二首》(九),载张志烈等《苏轼全集校注》,第17册,第6063页。

④ (宋)苏轼:《苏轼文集》卷73《学龟息法》,载张志烈等《苏轼全集校注》,第20册,第8356页。

⑤ (宋)苏轼:《苏轼诗集》卷40《撷菜(并引)》,载张志烈等《苏轼全集校注》,第7册,第4765页。

⑥ (宋)苏轼:《苏轼诗集》卷42《过子忽出新意,以山芋作玉糁羹,色香味皆奇绝。天上酥陀则不可知,人间决无此味也》,载张志烈等《苏轼全集校注》,第7册,第5006页。

哉游哉","竟日不以为厌也"①,同时,苏过的陪伴和勤学苦读也给了其父莫大的精神安慰。当苏过不在身边时,哪怕是短暂的,苏轼都会感到强烈的孤独和落寞。如苏过受儋守之召而去赴约,苏轼一人在家,感受到的是"静看月窗盘蜥蜴,卧闻风幔落伊威。灯花结尽吾犹梦,香篆消时汝欲归"②的孤独和期盼。"六子岂可忘?从我屡厄陈"③,苏轼对这个懂事的儿子怀有深厚的感情,因文字获罪的苏轼本不愿儿子重蹈其中,但贬谪生活的无趣和苦闷,又不得不让他把心血倾注到对儿子诗文学习的指导上。他说:"轼穷困,本坐文字,盖愿刳形去皮而不可得者。然幼子过文益奇,在海外孤寂无聊,过时出一篇见娱,则为数日喜,寝食有味。以此知文章如金玉珠贝,未易鄙弃也。"④正是因为苏过以文章承父欢心,才让苏轼更快地度过人生最艰难的时期。苏轼为苏过在青春年月没有举业入仕的机会而感到无尽的愧疚,云:"使君有令子,真是石麒麟。我子乃散材,有如木轮囷。"⑤ "散材"即不为世所用的意思,喻无用之人。"如木轮囷"比喻跌宕起伏、坎坷不定之意,由此可见苏轼的心理。尽管如此,他对苏过的懂事和学业上的成就感到很宽慰,苏过带给父亲的是一种精神上的满足。不仅如此,苏过还陪伴父亲游玩、诗文唱和,父子之间温情融融,也抚平着苏轼心灵上的忧伤。苏辙言"东坡先生谪居儋耳,置家罗浮之下,独与幼子过负担渡海,葺茅竹而居之。日啖荼芋,而华屋玉食之念不存于胸中"⑥。苏轼还在与友人程天侔的书信中描述自己与儿子苏过结茅屋几间居住,仅能遮蔽风雨之苦境,虽然生活境遇如此,但让人感受到的是一种恬静和坦荡。一同游白水佛迹院、

---

① (宋)苏轼:《苏轼诗集》卷42《观棋·并引》,载张志烈等《苏轼全集校注》,第7册,第4985页。

② (宋)苏轼:《苏轼诗集》卷42《上元夜过赴儋守召,独坐有感》,载张志烈等《苏轼全集校注》,第7册,第4957页。

③ (宋)苏轼:《苏轼诗集》卷45《和犹子迟赠孙志举》,载张志烈等《苏轼全集校注》,第8册,第5265页。

④ (宋)苏轼:《苏轼文集》卷49《答刘沔都曹书》,载张志烈等《苏轼全集校注》,第16册,第5331页。

⑤ (宋)苏轼:《苏轼诗集》卷44《徐元用使君与其子端常邀仆与小儿过同游东山浮金堂戏作此诗》,载张志烈等《苏轼全集校注》,第8册,第5162页。

⑥ (宋)苏辙撰,曾枣庄、马德富校点:《栾城集·栾城后集》卷21《子瞻和陶渊明诗集引》,上海古籍出版社1987年版,下册,第1401页。

罗浮山等地,一同饮酒作诗,甘苦与共,苏过在陪同苏轼游山玩水中消解苦闷,陶冶心情的同时,父子二人也才留下了众多脍炙人口的诗篇。"独与幼子过处,著书以为乐,时时从其父老游,若将终身"①,是苏过父子在相与治学、生活中深厚感情的写照。长期相处,二人秉性喜好不但非常相似,而且思想上也有高度共鸣。"归卧既觉,闻儿子过诵渊明《归园田居》诗六首,乃悉次其韵"②,"过子诗似翁,我唱而辄酬。未知陶彭泽,颇有此乐不"③。可以说,二人既是父子情深,又是一对忘年知音。

在苏轼贬谪生活的晚年,贫病交加,归心似箭,苏过充分体会到父亲的这种感情,他在《五色雀和大人韵》中,利用苏轼信佛信道的心理哄他开心,正所谓"叔党和诗,发明父意,排解得体,孝子苦心,充盈其间。宜乎谓叔党之谓孝也"④。可以看出,苏过尽心事亲体现在身、心、志等全方面。其不仅对父母如此,对其他长辈亦是如此。在海南期间,他用椰子壳做出一顶帽子,苏轼非常喜欢,被人称为"子瞻帽"。又做了一顶寄给远方的伯父苏辙,苏辙在《过侄寄椰冠》中道:"垂空旋取海棕子,束发装成老法师。"⑤ 其喜悦之情溢于言表。"三苏"唱和"椰子冠"成就一段佳话。苏过称其父与舅父王元直"相与论契阔,谈仁义",有布衣之交,盛赞舅父仁孝之德,表达了对舅父的深切怀念。

二是服丧守孝,终身不悔。苏轼在逝前病中,苏过和两位兄长能做到晓夜服侍,不离左右。苏轼病逝后,与兄长从安徽到河南千里扶灵柩,并根据苏轼的遗愿将其葬在形似故乡的河南郏城小峨眉山,将亡母同葬于此。不久,其兄苏迨、苏迈投奔苏辙到许昌,而苏过与侄苏符仍留郏城小峨眉山守丧。在近三年服丧期间,"苏过、苏符在北山结茅为庐,凿

---

① 《宋史》卷338《苏过传》,第10817页。
② (宋)苏轼:《苏轼诗集》卷39《和陶归园田居六首》,载张志烈等《苏轼全集校注》,第7册,第4509页。
③ (宋)苏轼:《苏轼诗集》卷42《和陶游斜川》,载张志烈等《苏轼全集校注》,第7册,第5011页。
④ (宋)苏过原著,舒大纲等校注:《斜川集校注》卷2《〈五色雀和大人韵〉校注》,第93页。
⑤ (宋)苏辙撰,曾枣庄、马德富校点:《栾城集·栾城后集》卷2《过侄寄椰冠》,中册,第1131页。

墙为牖，掘地穴作炉，掘井以分甘邻里"①，居住环境十分恶劣，自言茅屋破烂欲坠，布被冷如水，甚至达到寒冬季节以纸被御寒，拿仅有的短袖上衣换汤饼充饥的潦倒贫困境地，但他仍能做到"柴门任轩吼，晓梦方清美"②的超脱和安然。他在许多诗文中充分表达出对父亲深深的孝思。在《北山杂诗》十首中，开篇即言："恸哭悲素秋，言登北山脚。"③文字之间可谓蕴泪泣血。即使其父去世多年后，苏过仍在字里行间表达出对父亲的无限敬意和怀念，并且坚定地捍卫父亲的声名，他在《书先公字后》文中对苏轼文墨"贾人伪赝以逐利，官宦宝藏而炫珍"的现象备感不满，哀而痛哭，自言道："过侍先君居夷七年，所得遗编断简皆老年字，落其华而成其实。如太羹玄酒、朱弦疏越。将取悦于妇人女子，难矣哉！"④可谓知父念父甚深，其情令人唏嘘。

不仅对父如此，对母亲也是如此。在其母王闰之46岁亡故后，苏轼云："过未免丧，而从轼迁于惠州，日以远去其母之殡为恨也。"⑤此时苏过才22岁，为表达自己的无限哀痛，他不仅亲画阿弥陀佛像，奉安于金陵清凉寺，还亲书《金光明经》四卷，"手自装治，送虔州崇庆禅院新经藏中，欲以资其母之往生也"⑥。"不足以望丰报，要当口诵而心通，手书而身履之，乃能感通佛祖，升济神明"，希望母亲神灵早日超脱的愿望，一片孝子之心彰显无遗。

三是谙熟经史，弘扬家学。苏过在苏轼兄弟子辈中最具才学，直接原因在于苏轼长期的亲传面授。苏轼对苏过寄有厚望，苏过也没有让其父失望，苏轼屡次在诗文中表现出对儿子勤学深思的赞赏，"小儿耕且养，得暇为书绕"⑦，"清明日闻过诵书，声节闲美。感念少时，怅然追怀

---

① （宋）苏过原著，舒大纲等校注：《斜川集校注·附录》，第761页。
② （宋）苏过原著，舒大纲等校注：《斜川集校注》卷2《北山杂诗》（三），第125页。
③ （宋）苏过原著，舒大纲等校注：《斜川集校注》卷2《北山杂诗》（一），第123页。
④ （宋）苏过原著，舒大纲等校注：《斜川集校注》卷8《书先公字后》，第547页。
⑤ （宋）苏轼：《苏轼文集》卷66《书金光明经后》，载张志烈等《苏轼全集校注》，第10册，第7478页。
⑥ （宋）苏轼：《苏轼文集》卷66《书金光明经后》，载张志烈等《苏轼全集校注》，第10册，第7478页。
⑦ （宋）苏轼：《苏轼诗集》卷44《将至广州，用过韵，寄迈、迨二子》，载张志烈等《苏轼全集校注》，第8册，第5170页。

先君宫师之遗意,且念怀、德二幼孙","孺子卷书坐,诵诗如鼓琴"①,这给苏轼带来的心理满足是任何其他都不能比拟的,因为他对幼子怀有太多的愧疚和期望。正是如此,苏过才在诗文造诣、学术成就上高人一筹,并将苏氏家学继承和弘扬,这也体现了"立身行道,扬名于后世,以显父母"的孝道。一方面表现在对经史、诗文的有力继承。苏轼夸赞他如"诗翁"一样与己相唱酬。被贬谪到惠州后,即使衣食渐窘,也与儿子苏过同作和渊明《贫士》等诗,给苏过在诗文上更多的指点,也表现出他们不惧困苦贫穷,安于平淡的气节。苏洵、苏轼对《周易》研究均有较深造诣,在苏过26岁时,因很久没收到苏辙的书信,苏轼感到心中忧虑,便以《周易》相筮得一卦,"吾考此卦极精详,口以授过,又书而藏之"②。可以看出,苏轼在学问上对苏过真正做到了毫无保留。"幼子过相随,甚干事,且不废学。"③ 苏过也不负父之所望。东坡对苏过的诗文成就予以了充分肯定,多处流露出欣慰之情。苏过每有佳句,都必交父亲以求教诲,父子二人屡有唱和。正是因为这种朝夕相侍,苏过从父亲那里得到了真才实学的传授,不仅辞章如此,在思想上也大受影响。"东坡居士饮醉食饱,默坐思无邪斋,兀然如睡,既觉,写渊明诗一首,示儿子过。"④ 苏过思想中有着较强的"渊明式"的田园隐逸情结,在一定程度上亦是受苏轼影响。

另外,苏过还继承了其父的艺术天赋,擅长丹青,尤长于画石。苏轼将其善画石与大画家文与可善画竹并列,可见其绘画造诣之深。善画石既体现了苏过高洁的情操,画风中又透着一股禅意。父子同有雅好,可谓相映成趣,正如魏了翁言:"斜川侍坡翁至儋耳,父子相对如霜松雪

---

① (宋)苏轼:《苏轼诗集》卷43《和陶郭主簿二首·并引》,载张志烈等《苏轼全集校注》,第7册,第5074页。

② (宋)苏轼撰,王松龄点校:《东坡志林》卷3《记筮卦》,中华书局1981年版,第64页。

③ (宋)苏轼:《苏轼文集》卷53《答钱济明三首》(五),载张志烈等《苏轼全集校注》,第17册,第5814页。

④ (宋)苏轼:《苏轼文集》卷67《书渊明东方有一士诗后》,载张志烈等《苏轼全集校注》,第19册,第7567页。

竹，坚劲不摇。而作诗结字乃尔润丽……"① 除了绘画，苏过在书法艺术上也受到其父的影响，并一展自身所长。苏轼书法作品《元丰八年遗过子尺牍》如行云流水，飘逸潇洒，既然是写给苏过的，苏过当不少于临习。事实也正是如此，从苏过的《贻孙贴》《赠远夫诗贴》等书法作品来看，大有其父之风，丰润秀逸，左顾右盼，神采飞扬。可以说，苏过很好地继承和弘扬了家学。

苏轼贯通儒、释、道思想，对佛、道之理深有参悟，这种思想特征影响到其文艺创作，这也直接对苏过的文艺思想产生影响。父子二人或者与佛、道人士往来交游，或者苏轼直接对其进行教诲，或者让苏过代己处理一些事务，这种经历让苏过受益终身。如在海南期间，苏轼在民间偶得蜀金水张氏的十八大阿罗汉像，"如见师友。乃命过躬易其装标，设灯涂香果以礼之"②，并作诗以颂。在苏过十多岁时，他收藏有一枚"圜径数寸，光明洞澈"的乌铜鉴，后来捐献给登州延洪禅院造释迦文像之用，苏轼题偈"心花发明照十方，还度如是常法众"③，表现出苏轼的清净坦然的心情，这些都无疑影响着苏过。总体来看，苏轼的作品体现出风格多样的特征，既有志得意满时的豪迈潇洒，又有被贬谪时的旷达超然，这与他的佛、道思想有关。苏过虽然有时也有如其父的活脱灵动、气势如虹的作品，如《飓风赋》，但大多数作品体现出的仍是愤懑、抑郁、隐逸的感情，老庄意蕴更浓，显然，这是与他的人生经历密切相关的。

四是继承父志，忧国忧民。苏过对父亲心意的揣摩非常精准，可谓善解父心。他既能理解父亲被贬谪时的失落和苦闷，并适时排解，更重要的是，他能从诗文中展现出自己对父亲心情和志向的理解，同时也表现出自己的志向，父子二人宛如一对知音，在困境苦难中肝胆相照。这在苏过所作的几篇辞赋中表现得很充分。"余少时常见彦辅所作《思子台赋》，上援秦皇，下逮晋惠，反复哀切，有补于世。盖记其意而亡其辞。

---

① （宋）魏了翁：《鹤山集》卷62《跋斜川贴》，文渊阁《四库全书》本，集部，第1173册，第44页。

② （宋）苏轼：《苏轼文集》卷20《十八大阿罗汉颂》，载张志烈等《苏轼全集校注》，第12册，第2247页。

③ （宋）苏轼：《苏轼文集》卷22《佛心鉴偈》，载张志烈等《苏轼全集校注》，第13册，第2560页。

乃命过作补亡之篇，庶几君子犹得见斯人胸怀之仿佛也。"① 正是在父亲的授意下，苏过领会到苏轼"借古讽今深意，希望君王遥鉴既往，亲贤臣而远佞人"②的意图，这种在文学作品中展示出的心灵相通和契合非常人所能及。"东坡旷达坦荡，莫不因遇而安；穷通得失，常能随缘自适。叔党侍亲弥年，自得其中三昧。"③ 他在《飓风赋》中将父亲临危不惧、超脱生死祸福的胸襟显露无遗。谁不想自己的子女成龙成凤、飞黄腾达？当苏轼看到幼子跟随自己抛弃前程、历尽磨难，悲哀、失落、痛苦、愧疚、亏欠的心理俱有之。苏过理解父亲的这种心理，但作为孝子，他又不愿意父亲背负这种自责心理，于是，他在海南期间写下《志隐赋》，以疏解父亲愧疚自责之心。他谈及自己写《志隐赋》的目的时道："效昔人《解嘲》《宾戏》之类。将以混得丧，忘羁旅，非特以自广，且以为老人之娱。"④ 果不其然，苏轼看后"欣然嘉焉"。简言之，让老人开心、释然就是他写作的目的。尽管字里行间未必完全是自己真实的想法，但为了父亲，能达到"今置身于遐荒……想神仙于有无，此天下之至乐也"⑤的境地，以苦作乐，这种孝心常人难以企及。他对功名利禄无所求，看透人情冷暖，能以其至孝让父亲感叹"吾可以安于岛夷矣"⑥，其情其行令人千古嗟叹。

由于长期侍奉于其父左右，目睹了苏轼遭受到的坎坷曲折，苏过充分体会到官场的黑暗和争斗，因此对入仕、功名心灰意冷，在风华正茂之时本应大展宏图，但他不仅自己早有归隐田园之心，还劝解赴官就任的兄长"白首折腰，当念盍为求田问舍之策"⑦。尽管如此，这并不能抹杀其一腔忧国爱民之志。他在许多诗文中表达出对百姓艰辛困苦的生活

---

① （宋）苏过原著，舒大纲等校注：《斜川集校注》卷7《〈思子台赋〉校注》，第458页。
② 蒋宗许、舒大刚：《苏过的生平行事与文学成就考论》，《西南科技大学学报》（哲学社会科学版）2012年第6期。
③ 蒋宗许、舒大刚：《苏过的生平行事与文学成就考论》，《西南科技大学学报》（哲学社会科学版）2012年第6期。
④ （宋）苏过原著，舒大纲等校注：《斜川集校注》卷9《志隐跋》，第619页。
⑤ （宋）苏过原著，舒大纲等校注：《斜川集校注》卷7《志隐赋》，第481页。
⑥ 《宋史》卷338《苏过传》，第10818页。
⑦ （宋）苏过原著，舒大纲等校注：《斜川集校注》卷8《送仲豫兄赴官武昌叙》，第551页。

的无限同情，正如他诗中感叹的那样："天公固念民，已兆丰年悦。不知贫与富，苦乐相悬绝。"① 在郏城小峨眉山守丧期间，在寒冬见一八十多岁的老妇人缺衣少食，"余偶见而哀之，默谓犹子符：'天寒甚，是且冻死，当制纸被与之'"②。他这种时刻以百姓冷暖系于心的仁爱品质令人敬仰。他在《论海南黎事书》中道："仆侍亲海南，实编于民，所与游者，田父野老、闾阎之民耳，道不足以相休戚，而言之者又忘其忌讳，故所得为最详。若默而不言，孰为执事者论之？"③ 他在文中分析了当政者针对黎民所采取以武力为主的政策的弊端，提出了治黎"三策"：整饬吏治，严惩奸商；许之以官，以黎治黎；岁与其禄，民兵可用。他提出的这些建议无疑是切合当地实际的，体现出忧国爱民之志，而这也正是其父苏轼一生"使吾君为尧舜之君，而吾民为尧舜之民"④ 政治理想的真实体现。苏过于贬谪期间，借书熟读了《汉书》《唐书》，因此在《书〈田布传〉后》《书周亚夫传后》《萧何论》《书张骞传后》等文中一方面抒发对历史上忠臣良将被疑忌倾轧的不满和同情，借古讽今；另一方面也表现出他自身的一腔忠义之志。他在《书〈田布传〉后》感叹田布虽有忠君爱国之心，但既不能完成朝廷的使命，又不能报父仇，田布"能不爱死，而不知死所也"⑤，与蜀守杨怀忠之忠义、勇谋平定叛乱形成对比，因此他认为为君愚忠却不能建功立业的做法并不可取，若能忠义两全，懂得变通，则不负君父。可以说，这充分体现了苏过移孝作忠、忠孝两全的思想。

结　语

苏过在孝道践行上是始终不渝的，也是不带任何功利、不计任何个

---

① （宋）苏过原著，舒大纲等校注：《斜川集校注》卷 2《送仲豫兄赴官武昌叙》，第 135 页。

② （宋）苏过原著，舒大纲等校注：《斜川集校注》卷 2《送仲豫兄赴官武昌叙》，第 134 页。

③ （宋）苏过原著，舒大纲等校注：《斜川集校注》卷 7《论海南黎事书》，第 492 页。

④ （宋）苏轼：《苏轼文集》卷 2《学士院试孔子从先进论》，载张志烈等《苏轼全集校注》，第 10 册，第 166 页。

⑤ （宋）苏过原著，舒大纲等校注：《斜川集校注》卷 7《书〈田布传〉后》，第 499 页。

人得失的，正是因为如此，才获有"纯孝"之称。苏轼被贬到惠州后，曾为苏过"画寒松偃盖为护首小屏"作赞道，"燕南赵北，大茂之麓。天僵雪峰，地裂冰谷。凛然孤清，不能无生。生此伟奇，北方之精。苍皮玉骨，硗硗齾齾。方春不知，冱寒秀发。孺子介刚，从我炎荒。霜中之英，以洗我瘴"①，表面是赞画中之景，实则自拟父子俩的风骨节操，尤其是"孺子介刚，从我炎荒。霜中之英，以洗我瘴"。更是对儿子品行尤其是孝行的最高评价。

---

① （宋）苏轼：《苏轼文集》卷21《偃松屏赞·并引》，载张志烈等《苏轼全集校注》，第13册，第2397页。

题杨慎著《史绪》系伪书考

杜春雷[*]

摘 要：中国台湾"国家图书馆"藏杨慎著《史绪》，由《史论》《说史隽言》《晋五胡指掌》《唐藩镇指掌》《随笔》《支离漫语》六书汇编而成。经考察，该书是用剜改书版后重新刷印的方式，改窜、删节明万历年间四川眉山人张大龄所著《玄羽外编》而来，是一部托名杨慎的伪书。

关键词：杨慎 《史绪》 张大龄 《玄羽外编》 伪书

中国台湾"国家图书馆"藏有一部明刊本《史绪》（索书号216.2 05273），作者署杨慎，全书四十四卷，分装为六册。版式方面，每半叶十行，行二十字，四周单边，白口，单黑鱼尾，版框19.2厘米×13.7厘米。细察其篇章，由《史论》四卷、《说史隽言》十七卷、《晋五胡指掌》六卷、《唐藩镇指掌》六卷、《随笔》八卷、《支离漫语》三卷组成，分条缕述，体似笔记；内容则以品评人物，议论史事为主，系一部史评类著作。

一 问题的提出

明代学者杨慎（1488—1559年）以才高学博、著述饶富享有盛名。

---

[*] 作者简介：杜春雷，生于1984年，山东高青人，四川大学古籍整理研究所副研究员。主要研究方向：宋元文学文献、巴蜀典籍整理与研究。

《明史》本传称："明世记诵之博，著作之富，推慎为第一。"① 类似的评价，王世贞、焦竑、顾起元等明清学者也多有论及。对于杨慎著述之富，可谓史有定评，世所推尊。杨慎殁后，对其著述进行搜集编目、整理刊传者，代不乏人，文献丰硕。李贽、焦竑、何宇度、李调元、杨守敬等编纂杨著目录，所收都在百种以上。前辈学者王文才先生曾撰《升庵著述录》，广征博引，条分缕析，对杨慎存佚著述"各为解题"，进行细致爬梳和考辨，共得三百四十余种，可谓集大成之作②，其中未见载录《史绪》及内中六种书目的信息。丰家骅先生《杨慎评传》附录二《杨慎现存著述收藏情况》，曾著录萍乡市图书馆所藏《支离漫语》三卷、《随笔》八卷两种③，具体情况未详。总的来看，中国台湾"国家图书馆"所藏《史绪》鲜见著录，也未见有学者记述论及。这一方面说明了该书的稀见；另一方面也颇启人疑窦，令人不禁对这部"凭空冒出"的杨慎著作的真伪产生怀疑。

细读《史绪》内各书，在表述作者个人见解时多以"用修逸史曰""用修外史曰"发端，杨慎有月溪、升庵、逸史氏、远游子、华阳真逸、博南山人、博南山戍、博南逸史、博南戍史、金马碧鸡老兵、洞天真逸等别号④，却从未见以表字"用修"加"逸史""外史"的自称出现。查核全书三百余处此类自称，唯独在《说史隽言》卷17"史谣"条，作"玄羽逸史"⑤，殊为奇怪。而这一点怪异，无疑增加了我们对该书系作伪而成的疑虑。

查考之下，《史绪》中的《史论》《说史隽言》《晋五胡指掌》《唐藩镇指掌》《随笔》《支离漫语》六种，皆为明人张大龄所作，汇编于《玄羽外编》，"玄羽逸史"正是张大龄的自称。《玄羽外编》四十六卷与《史绪》四十四卷内容几乎全部相同，所谓杨慎著《史绪》，不过是由

---

① 《明史》卷192《杨慎传》，中华书局1974年标点本，第5083页。
② 据王先生记述，此数包括重出、互见、伪托、传误、合撰、未成及单刻诗文篇章、他人选抄、杂编之书，其中"传世无疑之著"二百二十种，去其重，所余堪称著述者一百六十种。参见王文才《杨慎学谱》，上海古籍出版社1988年版。
③ 参见丰家骅《杨慎评传》，南京大学出版社1998年版。
④ 参见倪宗新《杨升庵年谱》，中央文献出版社2013年版。
⑤ 按：本文所引《史绪》内容，皆据中国台湾"国家图书馆"藏明刊本（索书号216.2 05273），下文不再赘述。

《玄羽外编》"改头换面"、割裂增删而成的一部伪书。

二 张大龄与《玄羽外编》

张大龄其人,康熙《岳州府志》卷22、康熙《临湘县志》卷4同载小传:

> 张大龄,字铉羽,四川眉州人。贡士。博学鸿词,名噪一时,多所著述,有《铉羽文集》若干卷。都门公卿争为器重。万历庚子授湘令,专以德化民,咸颂岂弟。尤雅意作人,捐俸修辑学官,湘人士请于汉阳萧汉冲太史,撰文立碑,以纪其盛。岁大旱,祷于宋刘公锜,甘霖大沛。详请春秋二祭,昭垂祀典,至今祠额犹存公手泽。湘人景仰循良者,每称前张、后张,前即阳湖,后即谓公也。①

据此小传可知张大龄的生平大概。其字"铉羽",所见其他文献皆作"玄羽",疑"铉"为误字。张大龄是四川眉山人,这在相关文献中皆有记载可作为佐证(说详下文),黄虞稷在《千顷堂书目》中言其为"临湘人",曾任"阳朔知县"②,当是将知县任职地"临湘"错记为籍贯地,"阳朔知县"一说则不知何据。

小传提及张大龄"多所著述",却只列举了其文集③。检阅明清两代公私书目,尚可察知他的其余多种著述。如明祁承㸁《澹生堂藏书目》著录《说史隽言》十八卷、《玄羽史论》四卷、《五胡指掌录》六卷、《支离漫语》四卷。④ 明徐𤊹《徐氏家藏书目》著录《张元〔玄〕羽史论

---

① 康熙《岳州府志》卷22《名宦》,第24页b;康熙《临湘县志》卷4《官师志》,第22页a-b。

② (清)黄虞稷撰,瞿凤起、潘景郑整理:《千顷堂书目》,上海古籍出版社2001年版,第661页。《明人室名别称字号索引》也误以张大龄为临湘人,参见杨廷福、杨同甫编《明人室名别称字号索引》,上海古籍出版社2002年版,下册,第353页。

③ 按:张大龄的文集,清初周亮工曾阅及,并抄录《四异人传》(参见《因树屋书影》卷9),今未见传本。杜应芳《补续全蜀艺文志》卷41收张大龄作《黄白君传万历庚辰作》《花奴解》,《玄羽外编》中亦透露其曾作《酒中太古解》《虱赋》《漂母传》,可资参考。

④ 参见祁承㸁《澹生堂藏书目》,上海古籍出版社2015年版。

外编》二十卷、《说史隽言》十八卷、《东坡遗迹》一卷、《胜迹纪略》三卷、《唐藩镇指掌》一卷、《玄羽随笔》八卷、《知希园诗文集》三十卷。① 清初黄虞稷《千顷堂书目》著录《五胡指掌录》六卷、《晋唐指掌》四卷、《唐藩镇指掌》一卷、《支离漫语》四卷、《说史隽言》十八卷、《玄羽史论》四卷、《元〔玄〕羽随笔》八卷、《知希园集》三十卷。② 另据张养正为《玄羽外编》所作序文，张大龄还著有《搜奇琐语》《汗青碎玉》《止止亭杂言》，共八十卷。

清修《四库全书》，收得浙江巡抚采进本《元〔玄〕羽外编》四十六卷，入存目，其提要云：

> 《元〔玄〕羽外编》四十六卷，明张大龄撰。大龄，眉州人。凡《史论》四卷，首正统论，次杂论延陵季子、晏平仲等二十余人。又《说史隽言》十八卷，分二十四类，杂采史文，断以己说。又《晋十六国指掌》六卷、《唐藩镇指掌》六卷，皆钞撮《晋书》载记、《唐书》藩镇传而成。《随笔》八卷、《支离漫语》四卷，评骘史事，大都穿凿附会，无所发明。其论正统，欲以汉配夏，以唐配商，以明配周，而尽黜晋与宋元，尤为纰缪。③

提要中所言《玄羽外编》四十六卷，今国家图书馆、上海图书馆、浙江图书馆、中国台湾"国家图书馆"藏万历三十九年（1611）张养正刻本，《四库全书存目丛书》据国家图书馆藏本影印出版。该书为《史论》四卷、《说史隽言》十八卷、《晋五胡指掌》六卷、《唐藩镇指掌》六卷、《随笔》八卷、《支离漫语》四卷的合编。提要中说"《说史隽言》十八卷，分二十四类"，今传本十八卷，实有三十二类。《玄羽外编》卷前有

---

① 参见徐𤊹《徐氏家藏书目》，上海古籍出版社2014年版。此外，《徐氏家藏书目》于《知希园诗文集》后有附注云：张大龄，字元羽，眉州人，万历辛卯岁贡，官临湘知县，著作甚富，更有《读史随笔》《说史隽言》《萧寺谈吟》《胜迹纪略》《唐藩镇指掌》诸杂著，皆属说部别载。
② 参见黄虞稷撰，瞿凤起、潘景郑整理：《千顷堂书目》，上海古籍出版社2001年版。
③ （清）永瑢等：《四库全书总目》卷90《元羽外编》提要，中华书局1965年版，第2册，第764页。

曹学佺《张玄羽集序》、张养正《合刻玄羽外编序》二序文。曹序作于万历三十九年（1611），云：

> 眉州张玄羽，盖学焉而仕矣，不离乎隐者也。其所著述甚富，而于史学，尤为崇门，如外史集，如五胡指掌图，其一斑也。张囧思侍御，同学相契，刻诸金陵而广布之……予过眉中，适玄羽抱病，不获候之门。①

同作于万历三十九年（1611）的张养正序云：

> 余里中张玄羽先生，淹贯史部，而有所得辄著为书，有《论》、有《隽言》、有《随笔》、有《漫语》，有《指掌》诸种。先是有刻之者，种各自为名。其刻在余里，西南一隅，无能流布宇内。余承乏陪京，属义兴俞羡长联各种而贯之，合名之为玄羽外编，捐俸重梓之……余忝与先生同地，更与先生通家，自垂髫时，已蒙辟咡之交，定许人伦之鉴。②

曹学佺与张大龄有交往，其诗集中有《访张玄羽》诗一首（《石仓诗稿》卷19），序文中亦有拜访张大龄的记载。曹序中的"张囧思侍御"即张养正（字囧思），据二序文，张养正与张大龄同为眉山人，且有同学之谊，刻书时官任南京贵州道监察御史；《玄羽外编》乃张养正请俞安期（字羡长）编纂成书，其中所收各著作，在蜀中已先有刊本传世，俞氏做了汇编的工作。

三 《史绪》对《玄羽外编》的伪造

题杨慎撰《史绪》与张大龄《玄羽外编》皆由《史论》《说史隽言》

---

① "国立中央图书馆"编印：《国立中央图书馆善本序跋集录·史部四》，1993年版，第429页。

② "国立中央图书馆"编印：《国立中央图书馆善本序跋集录·史部四》，1993年版，第429—430页。

《晋五胡指掌》《唐藩镇指掌》《随笔》《支离漫语》六书汇编而成。①《玄羽外编》是内容完整的全帙，《史绪》则与其大同小异——大部分内容相同的同时，有小部分字句有差异、文本有阙失。复核之下，可以基本确认这些小异之处是人为删改造伪的结果——《史绪》是一部通过改窜、删节张大龄《玄羽外编》伪造而来的"稀见"的杨慎著作。下文将从改窜、删节两方面介绍二书的差异，并揭示其中的造伪情况。

（一）改窜

《史绪》对《玄羽外编》内容的改窜，主要集中于卷端题名、著者、校刻者、版心、序跋等图书出版信息，以及正文内容中暴露作者身份的相关信息。这些信息是判定一部著作归属权的核心依据，如需对一部书进行著作归属权的伪造，这些是首先要被修改的内容。

1. 卷端题名、著者、校刻者、版心、序跋等图书出版信息

《玄羽外编》的出版信息：每卷首行上题书名卷次（如"史论卷一"），下题该卷在《玄羽外编》中的卷次（如"玄羽外编一"），次题"眉州张大龄玄羽著，里人张养正同思订"；版心上题"玄羽外编"及分书卷次，下题页码、分书名（见图1）；全书卷首有曹学佺、张养正二序。

《史绪》的出版信息：封面题"杨升庵先生著/史绪/毓秀斋张宾宇重梓"，每卷首行仅上题书名卷次（如"史论卷一"），次题"新都杨慎用修著，古鄞曾所能肩说订"；版心上题分书名及其卷次，下题页码（见图2）；全书卷首为曾所能《刻杨用修史绪序》。

相较之下，《史绪》对《玄羽外编》的出版信息进行了全面的改窜，且花"才思"伪造了一篇序文。序文介绍《史绪》的编刊情况说："明兴，史学大著，而用修杨先生则以才、学、识兼到之儒，崛起武宗之朝，所著有《史论》《隽言》，有《随笔》，有《漫语》，有《晋五胡指掌》《唐藩镇指掌》六种，先是次第刻于蜀地，予偶于一缙绅收贮之笥，得尽启而读之，则见言言衮钺，字字风霜。美非随声附和，直可令正人吐气

---

① 按：《说史隽言》，《史绪》本十七卷，《玄羽外编》本十八卷；《支离漫语》《史绪》本三卷，《玄羽外编》本四卷。

于九原，毁非逐影诋呵，复可令奸邪寒心于地下，洄麟经继响之书，读史者当急为寓目者也，因总题曰'史绪'，鸠工刻之以行。"序末署"古鄞曾所能肩说父题于尚论精室"。① 据该文，《史绪》的编刊者即为作序者曾所能，其字肩说，古鄞（今浙江宁波）人。关于此人的其他生平信息不详，是否真有其人还待考察。

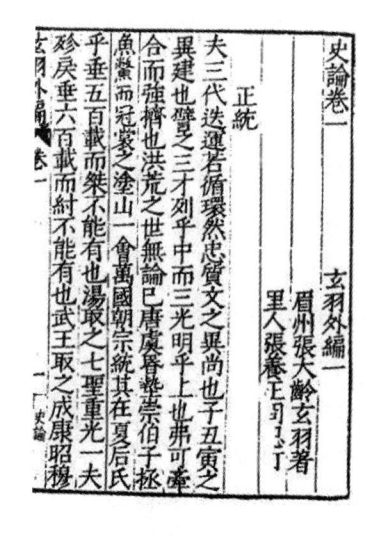

图1 《玄羽外编》正文首页　　**图2** 《史绪》正文首页

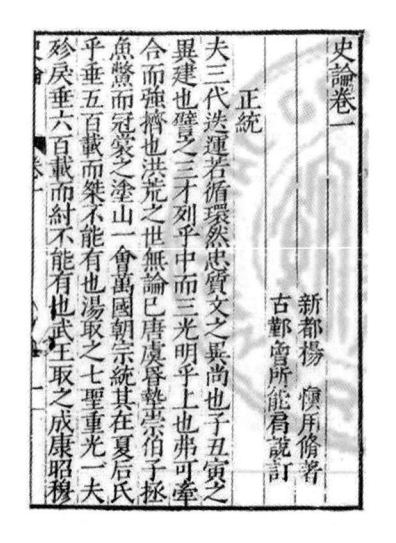

2. 正文内容中暴露作者身份的相关信息

为了掩人耳目，使读者对《史绪》的真伪不至于产生怀疑，造伪者对《玄羽外编》正文内容中暴露张大龄身份的相关信息，进行了改窜和删节。

最明显的改窜出现在对作者自号的修改上。《玄羽外编》述说人物史事，断以己意，多以自号开端发表个人意见。其中《史论》《说史隽言》《晋五胡指掌》《唐藩镇指掌》用"玄羽逸史"，《随笔》用"玄羽外史"，共计三百余处。《史绪》把这些表述相应地改为了"用修逸史""用修外史"。前文曾提及，只有在《说史隽言》卷17"史谣"条中，"玄羽逸史"未改为"用修逸史"，这处遗漏应该是造伪者的"百密一

---

① 《刻杨用修史绪序》，《史绪》卷首。

疏"，从而留下了作伪的痕迹。

其他改窜尚有两处。一处出现在《晋五胡指掌》卷首《题晋唐指掌卷首》的文末题署，《玄羽外编》题为"万历辛丑长至眉山张大龄书于简端"①，而《史绪》改为了"正德丁丑长至日新都杨慎书于简端"。还有一处出现在《随笔》卷8第四条，张大龄在该条述说巴蜀隐士时评道："玄羽外史曰：吾蜀多异人，吾生长于蜀，往来青城、峨眉间，踪迹多矣，未曾一见此等辈，今挂冠芒屩，出入于缁黄之中，庶几一遇之，而卒无有神交而意合者，抑又何也？"②张大龄是眉山人，往来青城、峨眉间再正常不过，他虽然"学焉而仕矣"，却也"不离乎隐者"，曾作《四异人传》，记叙道家仙隐之流③，康熙《眉州属志》卷12记载他"精于飞升黄白之术"，曾说过"九载遨游挂铁船，十读楞严不学仙"的话。这些正与《随笔》中"挂冠芒屩，出入于缁黄之中"的自述相合。而《史绪》此条改为了："用修外史曰，吾蜀多异人，吾生长于蜀，往来青城、峨眉间，踪迹多矣，未曾一见此等辈，今戍遣滇南，希望于缁黄之中，旦暮一遇之，而卒无有神交而意合者，抑又何也？"用杨慎戍遣云南的经历代替张大龄的事迹，以图达到欺瞒读者的目的。

（二）删节

《史绪》相较《玄羽外编》，内容多有残阙，这应是作伪者删节的结果。

1. 《史论》卷4"大节细事"条，《玄羽外编》于条目下、条文后，皆有双行小字注。条目下注云："万历六年，文宗郭公梦菊岁考第一名卷。"④条文后注则是郭棐的评语；《史绪》此条无两处小字注文。据注文，知此条内容是万历六年（1578）郭棐（1529—1605年，号梦菊）主持岁考，获得第一名的卷文。万历六年（1578），杨慎已经去世（杨慎卒于1559年），自然不可能撰写此条，为避免读者因此生疑，《史绪》删除

---

① （明）张大龄：《玄羽外编》，《四库全书存目丛书》，史部，第287册，第736页。
② （明）张大龄：《玄羽外编》，《四库全书存目丛书》，史部，第287册，第854页。
③ 参见周亮工《因树屋书影》第9卷引述《书影》，上海古籍出版社1981年版。
④ （明）张大龄：《玄羽外编》，《四库全书存目丛书》，史部，第287册，第628页。

了两处小注。

2.《说史隽言》卷3，《玄羽外编》包括"冲英"类内容八条，"骤贵"类内容七条；《史绪》包括"冲英"类前五条，"冲英"类"东晋成帝立年五岁"之后三条及"骤贵"类七条皆阙。

3.《说史隽言》卷6，《玄羽外编》包括"立义"类内容十四条，《史绪》包括前十条，"唐武阳公李大亮"之后四条皆阙。

4.《说史隽言》卷7，《玄羽外编》包括"立后"类内容十四条，《史绪》包括前十条，"周武帝太子赟"之后四条皆阙。

5.《说史隽言》卷8，《玄羽外编》包括"奉史"类内容十五条，《史绪》包括前十一条，"高宗建炎三年遣徽猷阁待制洪皓使金"之后四条皆无。其中末条言家铉翁奉使事，有"玄羽外史"评语曰："我眉山家铉翁挺挺大节，文、江、陆、谢之下一人。"① 称"我眉山"，也可证明作者张大龄为眉山人。

6.《玄羽外编》本《说史隽言》卷9的内容，包括"典丧"类六条、"囗后"类十条，《史绪》全无。《史绪》本《说史隽言》卷9的内容，是将《玄羽外编》本《说史隽言》卷16的部分内容移编而成——《玄羽外编》本《说史隽言》卷16包括"纳诲"类内容十八条、"贤戚"类内容八条，《史绪》本《说史隽言》卷9截取了"纳诲"类全部、"贤戚"类第一条、第六条后半部分、第七条、第八条等内容，第二条至第六条前半部分付阙。由于《史绪》本《说史隽言》卷9未录《玄羽外编》本卷9内容，而是以后者的卷16改充，致使原为十八卷的《说史隽言》在《史绪》中阙卷16。为充足本，《史绪》将《说史隽言》卷17、卷18分别改为了卷16、卷17。

7.《玄羽外编》本《晋五胡指掌》卷1"羯石氏"条，"守之，太子真胜残去杀之主也"至"无贵贱，皆敬之，虎"，整两页版面，《史绪》本皆阙。

8.《玄羽外编》本《随笔》卷7末条最后云："善乎！我圣祖时，有人持朱熹画像来叙宗派者，圣祖曰：'我所知者仁祖、熙祖，朕何敢慕前

---

① （明）张大龄：《玄羽外编》，《四库全书存目丛书》，史部，第287册，第675页。

贤而强所不知，以蹈郭崇韬之辙乎？'卓哉见高千古，惜不令唐诸帝闻之。"①《史绪》本，此句阙。

9. 《玄羽外编》本《随笔》卷8共十条内容，《史绪》本阙第八、九、十条。第八条提及明孝宗时辅臣刘希贤（刘健，1433—1526年，字希贤）之事，并有"少年新进之辈为才所役"之类的话。刘健与杨慎之父杨廷和曾为同僚，且杨慎即是以"少年新进"高中状元的，因此这条内容颇不类杨慎所撰。又第九条有云："昔汉至元成已丁三七之厄，我圣朝三八已过，而海宇清宁，过汉之历，所不必言。"② 所谓"三八"指二百四十年，以明代1368年建国算起，历二百四十年，已至1608年，知此条断非杨慎可以写出。《史绪》对本卷的删节应是为了清除能够表明作者年代的证据，以欺瞒读者。

10. 《玄羽外编》本《支离漫语》卷2末二条"西蜀文章""著作之难"，《史绪》本阙。

"西蜀文章"条历数秦汉以来西蜀文章之盛，论及明代时，举出宋濂、王祎、"前七子"等代表人物，云"不闻有一蜀士与之抗衡，独杨用修严步武，耀旌旗，期以驰骋中原"③，此条既然举出杨慎为明代西蜀文章代表人物，则撰者绝非杨慎本人。《史绪》的删节应是为了避免读者察觉"《史绪》的作者非杨慎"。

11. 《玄羽外编》本《支离漫语》共四卷，其中卷4收录十三条内容，《史绪》本《支离漫语》分为上、中、下三卷，全阙《玄羽外编》本卷4。察卷四中也有暴露写作时间的内容。"中国夷狄"条有云："我太祖高皇帝驱逐胡元而纯为中国者，已二百三十余年。"④ 以明代1368年算起，历二百三十余年，应在1598—1608年，与上文第九条所论及的时间相仿，足以说明这一条也绝非杨慎可以写出。又同卷"所见偶同"条，作者自称"僻居西蜀者"，且"年二十始读《道德》《南华》诸书"⑤，这与杨慎生平也不相符。杨慎早年在京师，回乡居蜀的时间并不多，他以

---

① （明）张大龄：《玄羽外编》，《四库全书存目丛书》，史部，第287册，第852页。
② （明）张大龄：《玄羽外编》，《四库全书存目丛书》，史部，第287册，第857页。
③ （明）张大龄：《玄羽外编》，《四库全书存目丛书》，史部，第287册，第869页。
④ （明）张大龄：《玄羽外编》，《四库全书存目丛书》，史部，第287册，第879页。
⑤ （明）张大龄：《玄羽外编》，《四库全书存目丛书》，史部，第287册，第880页。

博学高才见称一代，7岁从母学，8岁就傅学，14岁从李东阳学，20岁乡试第三，21岁入国学，24岁状元及第，依常理推断，应不会在20岁才接触老庄著作。

综观上述，可推知作伪者对《玄羽外编》进行删节，一方面是为了删除暴露真实作者的相关信息，以便售欺成功（如上文1、9、10等条）。一方面可能和作伪所据《玄羽外编》原书（原版）残阙有关，如7中提及的《晋五胡指掌》有整两页版面全阙，致使凑在一起的上下文根本无法卒读，察阙页中并无表明作者信息的内容，《史绪》存阙很可能是因为所据《玄羽外编》原书（原版）本身就阙此两页。当然，作伪者也有可能随意地对有些内容进行了删节，并没有特殊原因可循。

四 余 论

古籍刊印，有原刻、翻刻、初印、后印之别。《玄羽外编》与《史绪》虽然书名不同，内容有异，但因为《史绪》是据《玄羽外编》伪造而成的，两者的版本仍具有递承关系。那么，《史绪》是作伪者根据《玄羽外编》窜修翻刻而来，还是在得到《玄羽外编》书版后剜改重印而来？经比勘，在内容相同处，二书字体完全无异，在剜改窜修处，则时有字体大小不一的现象，如图3中，"卷十六"的"六"，《玄羽外编》作"七"，《史绪》剜改后，字体明显小很多；如图4中，"用修"二字，是由"玄羽"二字剜改而来，字形也小很多。据此可以推断，《史绪》是作伪者据《玄羽外编》书版剜改重印而成。至于作伪者，是在《刻杨用修史绪序》中自称是编刊者的曾所能，还是封面题署"毓秀斋张宾宇重梓"里提及的张起鹏（字宾宇，崇祯年间人），抑或另有其人，已难以确考。

杨慎在明代享有博学多才的盛名，并以著述极富称雄一代，当时书贾为射利计，托名杨慎编撰点评，伪造相关著述，给后人认识杨慎著作真貌，制造了不少麻烦。藏于中国台湾"国家图书馆"的明刊本《史绪》就是这样一部托名杨慎的伪书。它通过剜改书版后重新刷印的方式，改窜、删节明万历年间四川眉山人张大龄所著《玄羽外编》，最终伪造了这部"杨慎的"史评之作。

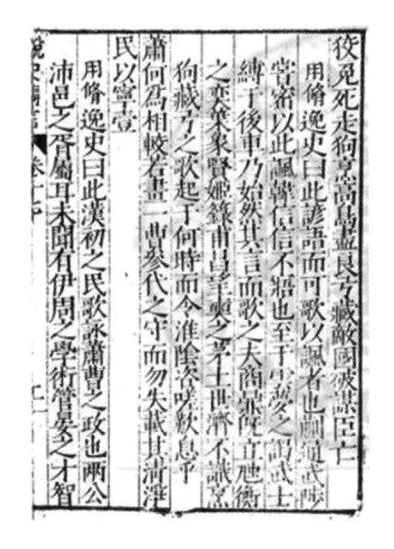

图3 《史绪》本
《说史隽言》卷16首页

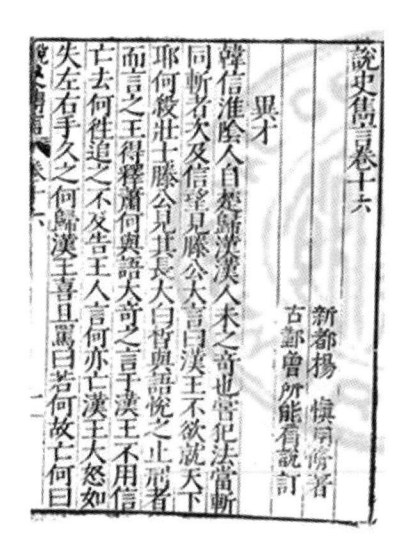

图4 《史绪》本《说史隽言》
卷17第二页

儒学探微

调解制度与中国社会

马泓波

摘 要：调解制度作为解决一般民间纠纷的有效途径之一，被我国传统社会广泛采用，是传统社会实现治理的一个重要机制，也是当今社会调解和处理矛盾的手段之一。调解制度之所以盛行于中国的传统社会，在当代社会也有一席之地，与中国的国情密切相关。但相较古今而言，传统社会的调解带有强制色彩，主要依据儒家精神、民间习俗及族长意志，依靠官员、长者的威望，不注重对当事人法律权利的保护，在某种程度上阻碍了民事实体法与程序法的发展和完善；当今社会的调解中坚持平等、自愿的原则，对于当事人诉讼权利和实体权利都予以保护，有利于矛盾纠纷的解决和社会的安定团结。

关键词：调解 息讼 传统社会

调解，是指双方当事人以外的第三者，以国家法律、法规和政策及社会公德为依据，对纠纷双方进行疏导、劝说，促使他们相互谅解，进

---

* 本文系教育部规划基金项目（18YJA820011）、司法部专项项目（15SFB5007）、西北大学哲学社会科学繁荣发展计划项目、西北大学青年学术骨干支持计划资助项目的阶段性成果。

** 作者简介：马泓波，生于1974年，山西大同人，西北大学法学院副教授。主要研究方向：中国法制史、宋史、中国教育史、中国家训史。

行协商，自愿达成协议，解决纠纷的活动。调解制度在我国传统社会被广泛采用，成为解决一般民间纠纷的有效途径之一，是我国传统社会实现治理的一个重要机制，也是当今社会调解和处理矛盾的手段之一。以下就传统社会调解制度的演变与发展，当代社会调解的状况及古今调解的异同加以分析。

一　中国传统社会中的调解制度

中国古代的调解源远流长，最早起源于何时，已无资料可考。曾宪义先生认为尧舜时期就已经出现了调解制度的萌芽。[①]

有史料可考、考古发现可证的是，西周时期已经有了调解。西周时期的官职中已有"调人"之职，专门负责调解事务，《周礼》记载其职能为"掌司万民之难而谐和之。凡过而杀伤人者，以民成之，鸟兽亦如之"（《周礼·地官·调人》）。无难则调之于未然，有难则调之于已然。"谐之而后和也。"西周的铜器铭文中已有对"调处"的记载。

秦朝乡下设置乡啬夫，对民事纠纷调解息讼。汉代，调解已被作为一项诉讼制度普遍应用到处理民事纠纷上。在汉代地方上十里一亭，十亭一乡，乡中有"三老、有秩、啬夫、游徼。三老掌教化；啬夫职听讼，收赋税"[②]。啬夫，负有调私之责，验问调解以息讼。调解不成才能起诉。但乡啬夫只调解争讼，不具有初审性质。汉代司法调解程序比较复杂，首先由受理诉讼的司法机关依据原告诉状写成爰书，并将爰书发往被告所在地的县廷或戍所侯官，请求调查验问。如被告是地方居民，则由县廷将爰书交由乡啬夫负责验问。汉代司法调解的方式比较灵活，一般都按不同情况采取不同的措施。债务调解的目的就是讨债，只有实施债务清偿才能实现息讼的。为此，汉代在调解过程中采用各种方法以求得债务的清偿和双方当事人的和解。最常见的方法是司法机关借用司法权力直接向债务人催债，汉简中不少债务纠纷就是如此调解息讼的。由于汉代的民事调解与验问同时进行，所以调解时间只限定在验问开始判决之

[①] 参见曾宪义《关于中国传统调解制度的若干问题研究》，《中国法学》2009年第4期。
[②] 《汉书》卷19上《百官公卿表第七》，中华书局1982年标点本，第742页。

前。这种调解由司法机关负责,与判决一样具有法律效力。①

三国两晋南北朝时期,官府大多根据礼的内容,调解民事纠纷。唐代的民事诉讼主要靠民间基层官吏的调解,调解不成,才向官府提起诉讼。唐代在县政权以下乡村基层社会设置两类组织:一个是乡、里,一个是村、坊。前者是准基层政权;后者属于居民社区自治组织。② 这些基层组织的长官有权处理地方的轻微刑事案件,并对民事纠纷进行调解仲裁,不能裁决时,方才交与府县处理。在唐代随着礼与法的逐渐融合,调解的含义逐步扩大,即一般的社会秩序维持也需要调解或劝和。所以唐代也留下了许多调解成功的案例。如韩思彦巡查剑南,益州高赀兄弟相讼,累年不决,"思彦敕厨宰饮以乳。二人寐,齿肩相泣曰:'吾乃夷獠,不识孝义,公将以兄弟共乳而生邪!'乃请辍讼"③。又如韦景骏为贵乡令时,有母子相讼。景骏谓之曰:"吾少孤,每见人养亲,自恨终天无分。汝幸在温清之地,何得如此?锡类不行,令之罪也。"因垂泣呜咽,仍取《孝经》付令习读之。于是母子感悟,各请改悔,遂称慈孝。④

宋代商品经济迅速发展,土地不抑兼并,买卖频繁,好讼之风却盛行于民间。⑤ 然而宋代仍然注重调解,首先是地方官员的积极调解,这可从宋代的《名公书判清明集》中窥见一斑。此外,宋代家训也在孜孜不倦地倡导息讼的理念,如陆九韶认为争讼是"居家七病"之一,是破家的行为。陆游诫子孙"诉讼一事,最当谨始"。而刘宰《戒陈外弟诸子》载:"勿恃有理,易兴牒诉。"⑥ 可见对诉讼是慎而又慎。他们认为讼狱之事,败坏斯文、亏礼违义;连年争讼,易妨废家务;诉讼费的开支,如果遇上贪婪、舞弊的官员或猾吏,再花钱打通关节、行贿等,家庭经济则无法承受;讼狱连年不决,耽误生产,打乱正常生活,甚至家破人亡。

---

① 参见孔庆明等《中国民法史》,吉林人民出版社1996年版。
② 参见张国刚《唐代乡村基层组织及其演变》,《北京大学学报》(哲学社会科学版)2009年第5期。
③ 《新唐书》卷112《韩思彦传》,中华书局1975年标点本,第4163页。
④ 《旧唐书》卷185《韦景骏传》,中华书局1975年标点本,第4797页。
⑤ 按:沈括、欧阳修、司马光、郑克等人的著作,《宋会要辑稿·刑法》《名公书判清明集》等都有很多记载。
⑥ (宋)刘宰:《漫塘集》卷25《戒陈外弟诸子》,文渊阁《四库全书》本,集部,第1170册,第631页。

这些都是狱讼之弊。

元代时调解制度有了进一步发展,广泛运用调解方式解决民事纠纷,是元代诉讼的一大特色。元朝时,还将该调解程序写入法典之中,据《通制条格》卷16"理民"条云:"诸论诉婚姻、家财、田宅、债负,若不系违法重事,并听社长以理谕解,免使妨废农务,烦扰官司。"

明代调解制度有了很大发展,有关调解的制度已经相当完备。明初有里老之制。洪武二十七年(1394)命有司择民间高年老人、公正可任事者理其乡之词讼,若户婚、田宅、斗殴者,则会里胥决之,事涉重者始白于官。若不由里老处分而径诉县官,谓之越诉。当时各州县皆建立申明、旌善二亭,民有善恶则书之以示劝惩,凡户婚、田土、斗殴常事,里老于此判决。"凡民间应有词讼,许耆老里长准受于本亭剖理。"《大明律》规定申明亭受法律保护,"凡拆毁申明亭房屋及毁板榜者,杖一百,流三千里"①。《日知录》记载:"今亭宇多废,善恶不书,小事不由里老,辄赴上司,狱讼之繁,皆由于此。"② 明代的教民榜文规定:"凡民间户婚、田土、斗殴相争一切小事,不许辄便告官,务要经由本管里甲老人理断,不问虚实,先将告人杖断六十,仍发回里甲老人理断。"③ 明中后期,各地又推行"乡约"制度,每里为一约,设"圣谕""天地神明纪纲法度"牌位,每半月一次集合本里人,宣讲圣谕,调处半月来的纠纷,一般由约正、约副主持,约吏记录,如当事人同意和解,记入"和簿",不同意者可起诉至官府。

清律并没有规定调解息讼是必经程序,但在实践中,调解在民事诉讼中总是处于被优先考虑的地位。清代民事纠纷的调解分为诉讼外调解和诉讼内调解两大类。诉讼外调解又称民间调解,其主要由宗族调解和乡邻调解,族内纠纷先由族长或乡邻调解,不得轻易告官。④ 族中有口角小愤及田土差役账目等项,必须先经投族众剖决是非,不得径往府县逞

---

① 《大明律》卷26,法律出版社1999年标点本,第201页。
② (明)顾炎武著,黄汝成集释,栾保群、吕宗力校点:《日知录集释》卷8《乡亭之职》,上海古籍出版社2014年版,第185页。
③ (明)朱元璋钦定:《教民榜文》卷9,载杨一凡主编《古代乡约及乡治法律文献十种》,黑龙江人民出版社2005年版,第1册,第89—90页。
④ 参见刘婷婷《浅议清代的调解制度》,《云南大学学报》(社会科学版)2005年第6期。

告滋蔓。可见，宗族调解是民事纠纷的必经程序。诉讼内调解是在州县官员的主持下对民事纠纷带有一定强制性的调解，将调解息讼作为州县官员"消弭讼端"的政绩，所以清代地方官府对民事案件的调解可谓不遗余力。清代的乡约里正都负有解讼之责，清朝《户部则例》则规定族长有查举该族良莠之权，即包括对宗族内部纠纷的调处权，族内纠纷调解，不得轻易告官。而其他中央和地方的立法中涉及民间调解的内容就更多。① 清代州县官的调解，以儒家伦理道德、民间习俗为依据，对双方当事人晓以切身利害关系。清人陆陇其审理案件听讼时，往往劝导双方当事人："尔原被非亲即故，非故即邻，平日皆情之至密者，今不过为户婚、田土、钱债细事，一时拂意，不能忍耐，致启讼端。殊不知一讼之兴，未见曲直，而吏有纸张之费，役有饭食之需，证佐之亲友必须酬劳，往往所费多于所争。且守候公门，费时失业，一经官断，须有输赢。从此乡党变为讼仇，薄产化为乌有，切齿数世，悔之晚矣。"② 正因为调解有利于减少诉讼和维持封建统治秩序的稳定，故到清末制定《大清民事诉讼律》时，仍有以调解结案的规定。

在清末民初的法制改革中，调解制度仍被保留下来；其后在根据地及1949年之后的人民调解制度更是继承了传统纠纷解决中的合理制度和理念，对调解解决纠纷的传统更新改造，形成了与现代社会相匹配的纠纷解决机制并在实践中行之有效。③ 1929年公布并施行的《乡镇自治施行法》《区自治施行法》规定了乡镇、区设立调解委"办理民间调解事项，及依法得撤回告诉之刑事调解事项。凡乡镇调解委员会未曾调解或不能调解之事项，均得由区调解委员会办理"④。1935年颁布的《民事诉讼法》更是明确地对调解组织、调解事项、调解期日、调解方式和调解结果等做了规定。与此同时，根据地政权有关调解制度，尤其是"人民调解制度"的立法更是走向完善。"从1937年到1940年，各抗日根据地

---

① 参见张晋藩《中国古代民事诉讼制度通论》，《法制与社会发展》1996年第3期。
② （清）吴炽昌著，石继昌校点：《续客窗闲话》卷3《陆清献公遗事》，时代文艺出版社1987年版，第183—184页。
③ 参见曾宪义《关于中国传统调解制度的若干问题研究》，《中国法学》2009年第4期。
④ 谢振民编著，张知本校订：《中华民国立法史》，中国政法大学出版社2000年版，下册，第700页。

民主政府广泛推行调解制度,积累了丰富的实践经验,为调解工作的制度化和法律化提供了有利的条件和实际可能。从1941年起,各抗日根据地政府相继颁布了适用本地区的有关调解工作的单行条例和专门指示,其中主要有:《山东省调解委员会暂行组织条例》《晋西北村调解暂行办法》《晋察冀边区行政村调解工作条例》《陕甘宁边区民刑事件调解条例》《苏中区人民纠纷调解暂行办法》,等等。"① 这些立法标志着调解制度已经进入了近代化的转折。"马锡五审判方式"② 是审判与调解相结合的审判模式。它在很多方面也体现了司法能动的理念,其两大核心要义是群众路线和诉讼调解。"马锡五审判方式"的特点为:深入农村、调查研究,实事求是地了解案情。依靠群众,教育群众,尊重群众意见,依法合理判决案件;经常巡视各地,方便群众诉讼,手续简便。诞生在陕甘宁边区的"马锡五审判方式"是对特定历史条件下产生的司法审判模式理念、方法、经验的总结,是我国革命根据地时期法制建设的典型代表。

二 当代社会的调解

当代社会调解依然盛行。《人民调解手册》中记载了大量的人民调解委员会成功解决纠纷,化解矛盾的案例。2004年以来,"全国各地人民调解组织共调解各类矛盾纠纷1580多万件,调解成功率达到95%;防止民间纠纷转化为刑事案件16.4万件,涉及60.6万人"③。

2010年8月28日,第十一届全国人大常委会第十六次会议审议通过了《中华人民共和国人民调解法》,自2011年1月1日起施行。这部法

---

① 韩延龙:《人民调解制度的形成和发展》,《中国法学》1987年第3期。

② 按:马锡五(1899—1962年),男,陕西志丹人。民主革命时期历任陕甘宁苏维埃政府主席、陕甘宁边区高等法院陇东分庭庭长、高等法院院长等职;新中国成立后任最高人民法院西北分院院长、最高人民法院副院长。他在任陕甘宁边区高等法院陇东分庭庭长时,经常携案卷下乡,把群众路线的工作方法运用到审判之中,创造了贯彻司法民主的审判方式——"马锡五审判方式"。马锡五解决了许多疑难案件,减轻了人民的讼累,受到群众欢迎,被边区百姓称为"马青天"。根据马锡五事迹编剧拍摄的28集电视连续剧《苍天》于2009年8月11日在中央电视台播出,引发了社会各界的广泛关注。

③ 曾宪义:《关于中国传统调解制度的若干问题研究》,《中国法学》2009年第4期。

律的颁布实施，是人民调解发展史上的一件大事，它对于及时、高效、妥善地解决民事纠纷和促进社会主义和谐社会的建设，将发挥更加重要的作用。它充分继承古代民间调解制度的精髓，并加以发展，展示了司法为民、服务大局的法律文化。《中华人民共和国人民调解法》将民间调解上升到专门的法律。它是我国历史上第一部全面规范人民调解工作的法律，它意味着我国的人民调解制度实现了法律化的重要转变，从而使人民调解工作进一步纳入了有法可依，步入规范化、法制化的发展轨道。人民调解法对于人民调解的组织形式、人民调解员的选任、调解程序等诸多方面做出了明确的规定。比之古代调解制度更加科学、严密，调解组织更加规范、稳定。《中华人民共和国人民调解法》必将对规范今后的人民调解工作，化解社会矛盾，维护社会稳定，构建和谐社会产生重大和深远的影响。

以"马锡五审判方式"为例。在学术界，2009年之后，对马锡五的研究大幅度增加。内容多集中于对"马锡五审判方式"的研究，其中多讨论其当代价值及现实意义，探讨其是否应该回归，如何回归。如围绕着河南省法院的司法改革，不仅有报纸、媒体的报道，而且一些知名学者如贺卫方等也参与到讨论之中。这体现出了学者们如何看待历史问题，如何从历史中汲取养分的问题。这些情况的出现与2009年高院的倡导有关。2009年最高人民法院院长王胜俊在《最高人民法院工作报告》中提出要"继承和发扬马锡五审判方式"，对"马锡五审判方式"的回归采取的是赞许和鼓励的态度。在第三轮的司法改革中，最高人民法院提出，"始终坚持群众路线。司法体制和工作机制改革必须充分听取人民群众的意见，充分体现人民群众的意愿，着眼于解决人民群众不满意的问题，自觉接受人民群众的监督和检验，真正做到改革为了人民、依靠人民、惠及人民"。其中的核心要素仍然是"群众路线"，这除了是对"司法为民"政治政策的响应外，也是对近年来司法过度专业化，因司法腐败、不公而导致的民众不满意等忧虑而产生的策略反应。

在实践中，当今社会不少地方法院开始借鉴"马锡五审判方式"，开展新的司法工作，尤其以河南最为典型。根据河南省告状难、执行难和申诉难这些群众强烈反映的问题。河南省高院实行了一系列改革，其中包括要求法官"放下法槌、脱下法袍、走出衙门、深入农村，把法庭开在离老百姓最近的地方",并要求全省法院坚持"调判结合,以调为主,调解优先"的原则,在各项审判中开展全程调解,争创无赴京上访法院。2008年初,张立勇当选河南省高级法院院长后,带领相关人员奔赴延安,专程考察和学习了"马锡五审判方式"。认为"马锡五审判方式"既是对边区广大法官审判实践的精髓总结,也是对法院从根本上化解各类社会矛盾有着非常重要的指导意义和现实意义。在2008年11月份召开的河南全省法院深化"马锡五审判方式"工作座谈会,河南省高级人民法院出台了《关于大力弘扬马锡五审判方式切实为人民司法的意见》。这个意见包含进一步增强广大干警和谐司法、为民司法意识的要求。

除了河南省法院外,其他法院也有对"马锡五审判方式"的借鉴和学习。2009年7月末,为重温"马锡五"精神及"马锡五审判方式",陕西省三级法院院长们聚集延安,研讨如何弘扬人民司法优良传统。特邀嘉宾汪世荣教授指出:马锡五是一个特别的符号,其审判方式具有当代价值。① 2010年,甘肃法院全年民商事案件调撤率达到68.86%,一些基层法院的案件调解率甚至达到85.00%。对此,全国人大代表、甘肃省高级人民法院院长梁明远谈到,多年来,甘肃各级法院继承和发展"马锡五审判方式",坚持"调解优先、调判结合"的原则,加大调解工作②;刘建军、申遇友的《回望我国六十年民事审判方式的演进与变迁——以湖南省长沙市雨花区人民法院为视角》③;于长浿的《基层、网络、"马锡五"应对信访的衡阳模式》④ 中,提到衡阳各县市解决土地信访问题,明显带有鲜明的"马锡五审判"色彩。这种简捷易行的调解模式在衡阳县、常宁市、衡东县等地风行,得以有效地解决土地纠纷。《人民法院报》2010年7月11以"特色法庭:马锡五审判方式的海南传承"为题,报道了海南法院践行"马锡五审判方式"的事实。

---

① 参见台建林《陕西三级法院院长齐聚延安寻找"马锡五"》,http://news.sina.com.cn/o/2009-08-11/084616103215s.shtml。

② 参见刘洁、潘静《甘肃高院院长梁明远代表:继承发展"马锡五审判方式"》,《法制资讯》2011年第3期。

③ 参见刘建军、申遇友《回望我国六十年民事审判方式的演进与变迁——以湖南省长沙市雨花区人民法院为视角》,《法律适用》2009年第12期。

④ 参见于长浿《基层、网络、"马锡五"应对信访的衡阳模式》,《国土资源导刊》2010年第6期。

针对以上这些现象,《福建法学》早在 2001 年第 1 期就曾刊登了《马锡五审判方式与现代法治》,原因是因互联网上,若干法律界人士就"马锡五审判方式与现代法治"的话题展开了讨论。《西南政法大学学报》2009 年专门发表了"专题笔谈",内容即为重读"马锡五审判方式"。葛天博、曾益康、李家祥、欧阳若涛等学者参与了讨论。《南方周末》记者赵蕾的《不能机械回归"马锡五"》《司法改革最热争议:马锡五复活》[①]也是对相关讨论观点的汇集。由此可以看出社会各界对马锡五回归问题的关注。尽管有不少学者认为社会结构变迁决定了当今不可能完全回到马锡五时代,对于"马锡五审判方式"的回归持反对态度,但在挖掘"马锡五审判方式"的内在精神和当代价值,寻求其与当代调解复兴之路的契合点,促进司法改革的进一步发展等方面大多持肯定态度。

三 古今调解的同与异

调解制度之所以盛行于中国的传统社会,在当代社会也有一席之地,与中国的国情密切相关。以我国基本国情来看,我国社会是一种"城乡二元化"的生态结构,在中国的广大农村地区,以"马锡五审判方式"为代表的调解依然有其存在的价值。[②]

中国传统社会是封闭的小农经济及在此基础上形成长幼有序的宗族社会。小农经济是调解制度存续的经济基础。在这种经济体制下,社会成员日常所需基本上通过"男耕女织"的自足方式得以满足。这使得社会成员的活动空间和生存空间都受到了限制。他们的民事行为大都局限在乡村邻里较小的范围内,在这样的一个熟人社会里,人与人之间往往是亲属邻里等关系,一旦有纠纷发生,大多可以通过调解来解决,通过不伤和气的调解,自愿结束争议,最终使得原有的人际关系得以恢复和巩固,诉讼的市场不大。目前我国的农村地区,经济水平虽然已经有了极大的提高,但是农村特有的人际关系还是没有完全改变。所以继承和发扬传统社会调解制度的有益成分,为今所用仍有极强的现实意义。通

---

① 参见赵蕾《司法改革最热争议:马锡五复活》,《南方周末》2009 年 6 月 11 日。
② 江伟:《民事诉讼法前沿理论问题》,《国家检察官学院学报》2010 年第 2 期。

过多种调解机制,将人民内部矛盾平息在基层和萌芽状态,从而对于缓和社会矛盾,维护社会秩序的稳定,保证社会生产、生活正常运作,构建和谐社会有着重要的意义。

古代社会的调解贯穿了中华民族"以和为贵"的传统道德精神。远在春秋时期,孔子就主张息讼,想打造一个"听讼,吾犹人也,必也使无讼乎"(《论语·颜渊》)的理想社会。《荀子·宥坐》记载了这样一个案件,即孔子为鲁国司寇时,一个父亲告儿子,孔子令人把儿子拘押起来,久而不决。当父亲请求撤销诉讼时,孔子马上就把儿子释放了。汉代董仲舒"罢黜百家,独尊儒术",此后"礼之用,和为贵,先王之道斯为美"(《论语·学而》)的思想成为传统社会的主要思想。在这种思想的指导下,追求无讼的境界,为此要息讼。调处息讼是官方实现"无讼"的手段与方法,是官方刻意追求的结果:历代官府往往把"讼"的多发与否作为评价官吏政绩的标准,息讼则晋升,大加褒扬,从而形成了官吏在处理诉讼案件时惯用的四大息讼之术,即"拖延""拒绝""感化"和"设置教唆词讼罪"。[①] 官府所宣称的耻诉、贱诉、厌诉的观念深入人心,认同"讼不可妄兴""讼不可长",以涉讼为耻辱,以互诉为宿仇。

传统社会的调解带有强制色彩,尤其是在明代,成为处理一般民事纠纷的必经程序,当事人不经申明亭调解,径直起诉至官府,可视为"越诉",要受到处罚。调解主要依据伦理道德、民间习俗及族长意志,主要依靠官员、长者的威望,而当今社会的调解中坚持平等、自愿的原则。平等对待当事人,尊重当事人权利,令双方自愿达成协议。对于当事人诉讼权利和实体权利都予以保护。当然,当今的调解也要坚持依靠法律及社会公德调解,这是公正地解决矛盾纠纷的基础。

在当今司法改革不断深入,构建和谐社会的过程中,我们一方面要汲取传统社会调解的精华,同时,也要注意现代社会与传统社会的区别,探索更适合于当今社会的矛盾调处机制。

---

① 于语和:《试论"无讼"法律传统产生的历史根源和消极影响》,《法学家》2003 年第 2 期。

从"人皆可以为尧舜"到"涂之人可以为禹"

——论孟、荀从人性论到成人观的殊途同归

高正伟*

摘 要：孟子的理想人格侧重表现为一种人人可以达到的内圣品格，认为"人皆可以为尧舜"。荀子追求人人可以达到的外王品格，认为"涂之人可以为禹"。孟子追求以内圣为主，兼及外王。荀子把内圣的修养工夫作为知礼义的结果，强调外王工夫。与性善论一致，孟子把实现理想人格的内修路径概括为"求其放心"，重"思""养"而辅以"教"。与性恶论一致，荀子则把实现理想人格的外修路径概括为"涂之人可以为禹"，重"教""学""积"而辅以"思"。就是说，孟子"为尧舜"的过程，就是扩充本然的善端，避免后天恶的影响，进而使之圆满自足的过程。荀子"为禹"的过程，是通过学习，用礼义法度压制本然的恶性，进而使本然的恶性为后天积累的善所完全压制的过程。这两种修养工夫的路径，以及随之而起的内圣、外王之道，共同成了后世儒学的重要范畴和热门论题。

关键词：孟子 荀子 人性论 成人观

---

* 作者简介：高正伟，生于1974年，四川宜宾人，宜宾学院文学与新闻传媒学院教授。主要研究方向：先秦诸子学。

在"心性合一观"和"性善说"的基础上，孟子的理想人格侧重表现为一种人人可以达到的内圣品格，他说，"人皆可以为尧舜"（《孟子·告子下》），"君子所以异于人者，以其存心也"（《孟子·离娄下》）。前者强调内圣品格的普遍性，后者强调它的内修路径。荀子则在心、性二分和性恶论的基础上，追求人人可以达到的外王品格，提出"涂之人可以为禹"①的论断，强调"圣人也者，人之所积也"②的外修路径。

一 孟、荀对内圣、外王的评价

孟子把圣人作为最高理想人格的象征，认为用圣贤之人，则"地方百里而可以王"（《孟子·梁惠王上》）。孟子用"神"来评价圣人的作用和境界，他说："夫君子所过者化，所存者神，上下与天地同流。"（《孟子·尽心上》）又说："大而化之之谓圣，圣而不可知之之谓神。"（《孟子·尽心下》）孟子强调圣人能以德化育天下于无痕，能达到与天地同流，这是内圣工夫。由内圣而化为具体的实践活动——治国平天下一类，则为外王品格。孟子的追求以内圣为主，兼及外王。所以他倡导仁政，主张"穷则独善其身，达则兼善天下"（《孟子·尽心上》），"兼善天下"，即外王的表现。

荀子也充分肯定了君子的德行及君子在治国中的巨大作用。他说："君子无爵而贵，无禄而富，不言而信，不怒而威，穷处而荣，独居而乐，岂不至尊、至富、至重、至严之情举积此哉！"③君子有比爵禄更富贵的东西即德行，有德行则虽穷也荣显，虽独处也快乐。又说："其穷也，俗儒笑之；其通也，英杰化之，嵬琐逃之，邪说畏之，众人愧之。通则一天下，穷则独立贵名，天不能死，地不能埋，桀、跖之世不能污，非大儒莫之能立，仲尼、子弓是也。"④荀子往往把君子置于穷达两极之中，以此显示其德行修养的深厚和对礼义的把握。如他评圣人说：

---

① 王先谦撰，沈啸寰、王星贤点校：《荀子集解》，中华书局1988年版，第442页。
② 王先谦撰，沈啸寰、王星贤点校：《荀子集解》，第144页。
③ 王先谦撰，沈啸寰、王星贤点校：《荀子集解》，第127页。
④ 王先谦撰，沈啸寰、王星贤点校：《荀子集解》，第138页。

> 是故穷则必有名，达则必有功，仁厚兼覆天下而不闵，明达用天地、理万变而不疑，血气和平，志意广大，行义塞于天地之间，仁知之极也。夫是之谓圣人。审之礼也。①

荀子的穷达之论，是化用孟子的说法，穷时的"贵名""有名"，即孟子的"穷则独善其身"；达时的"一天下""必有功"即孟子的"达则兼善天下"。前者重内修，趋于内圣；后者重事功，趋于外王。如果不看最后一句"审之礼也"，上面一段话简直就是孟子的口吻。除第一句化用了《尽心上》的穷达论外，"仁厚兼覆天下而不闵"还化用了《离娄上》的"圣人……既竭心思焉，继之以不忍人之政，而仁覆天下矣"，"行义塞于天地之间"化用了《公孙丑上》的"其为气也，至大至刚，以直养而无害，则塞于天地之间"。前几句话都是围绕仁、义、理来说的，观点同于孟子，论的都是内圣工夫。荀子的创新之处就在于最后补上的一句："夫是之谓圣人。审之礼也。"即圣人之为圣人，是因为其通晓礼义。这样，就把内圣的修养工夫作为知礼义的结果，进而转化为外王的践行工夫了。

荀子不仅善于把孟子的观点纳入自己的哲学、政治体系中去，赋予其全新的意义，而且还主要从事功出发去评价圣贤之人，强调外王工夫。如荀子同样用"神"来评价圣人，《儒效》云："尽善挟治之谓神，万物莫足以倾之之谓固，神固之谓圣人。"② 认为"尽善挟治"是圣人最好的治理国家的方法。但与孟子的不同在于，荀子不是用"神"来强调圣人内在的德行及其化育天下的神妙，而是重在圣人完善的治国方法及由此产生的事功，此为外王工夫。他甚至借孟子评内圣的话来评"仁人之兵"，"仁人之兵，所以存者神，所过者化，若时雨之降，莫不说喜"③。这里显然强调的是"仁人之兵"的实际功用，而非其德行。《儒效》也云：

> 修百王之法若辨白黑，应当时之变若数一二，行礼要节而安之

---

① 王先谦撰，沈啸寰、王星贤点校：《荀子集解》，第234页。
② 王先谦撰，沈啸寰、王星贤点校：《荀子集解》，第133页。
③ 王先谦撰，沈啸寰、王星贤点校：《荀子集解》，第279页。

若生四枝，要时立功之巧若诏四时，平正和民之善，亿万之众而博若一人，如是，则可谓圣人矣。①

在荀子这里，圣人虽然还是理想中的具有最高智慧和品德的完美人格的代称，如他说："圣人也者，本仁义，当是非，齐言行。"② "非圣人莫之能王。圣人备道全美者也，是县天下之权称也。"③ 但是，与孟子眼里的圣人相比，荀子最为推崇的圣人，其道德的光环已褪去不少，道德也不再是至上因素。他认为，圣人应该是能"修百王之法""应当时之变""行礼要节""要时立功""平正和民"的人，强调的主要是治世的外王工夫。圣人是这样，大儒也是如此。《儒效》篇云："法先王④，统礼义，一制度，以浅持博，以古持今，以一持万，苟仁义之类也，虽在鸟兽之中，若别白黑，倚物怪变，所未尝闻也，所未尝见也，卒然起一方，则举统类而应之，无所儗怍，张法而度之，则晻然若合符节，是大儒者也。"⑤ 制定礼义，统一制度，推行法度来衡量万物，这些都是外王工夫。

可见，荀子虽然在一定程度上继承了孟子的内圣之道，但其发挥的主要是孟子言之不多的外王之道。孟子所重的内在德行，在荀子外王论里只是一个从属于礼义法制的因素。因此可以说，荀子所推崇的圣王与孟子所推崇的圣王有本质的差别。

二 从"人皆可以为尧舜"到"涂之人可以为禹"

虽然荀子所理解的圣王与孟子有不同的侧重点，但是在涉及人人皆能达到的理想人格境界上，荀子却吸收了孟子"人皆可以为尧舜"的说法，提出了"涂之人可以为禹"的观点。并且在论证逻辑上，荀子对孟子也多有借鉴。孟子在《告子下》中有这样一段话：

---

① 王先谦撰，沈啸寰、王星贤点校：《荀子集解》，第130页。
② 王先谦撰，沈啸寰、王星贤点校：《荀子集解》，第142页。
③ 王先谦撰，沈啸寰、王星贤点校：《荀子集解》，第325页。
④ 杨倞认为是法后王，后面"以古持今"应为"以今持古"。
⑤ 王先谦撰，沈啸寰、王星贤点校：《荀子集解》，第140—141页。

从"人皆可以为尧舜"到"涂之人可以为禹"

曹交问曰:"人皆可以为尧舜,有诸?"孟子曰:"然。""交闻文王十尺,汤九尺,今交九尺四寸以长,食粟而已,如何则可?"曰:"奚有于是?亦为之而已矣。有人于此,力不能胜一匹雏,则为无力人矣;今日举百钧,则为有力人矣。然则举乌获之任,是亦为乌获而已矣。夫人岂以不胜为患哉?弗为耳。徐行后长者谓之弟,疾行先长者谓之不弟。夫徐行者,岂人所不能哉?所不为也。尧舜之道,孝弟而已矣。"

《孟子》一书,把尧舜合而言之者约有四十余处,"孟子道性善,言必称尧舜"(《孟子·滕文公上》),可以说,在孟子眼里,尧舜已成为最完美的道德典范,成为内圣之道的最高代表,并已符号化为一种理想人格的象征。他首先肯定了"人皆可以为尧舜",然后从正反两面加以论证:"尧舜之道,孝弟而已。"而孝悌是人人能做到的,所以尧舜可以成就美德,常人也可以如此。孟子还为这一观点寻求了理论依据:"尧舜与人同耳"(《孟子·离娄下》),即人人固有四心和四端,有相同之本性,人人都有成为尧舜的潜质——善性。

荀子的"涂之人可以为禹"完全继承孟子而来,只是有意把尧舜换为禹。①《性恶》篇有言:

"涂之人可以为禹",曷谓也?曰:凡禹之所以为禹者,以其为仁义法正也。然则仁义法正有可知可能之理,然而涂之人也,皆有可以知仁义法正之质,皆有可以能仁义法正之具,然则其可以为禹明矣。今以仁义法正为固无可知可能之理邪?然则唯禹不知仁义法正,不能仁义法正也。将使涂之人固无可以知仁义法正之质,而固无可以能仁义法正之具邪?然则涂之人也,且内不可以知父子之义,外不可以知君臣之正。不然。今涂之人者,皆内可以知父子之义,

---

① 荀卿的这一改动有两个可能:一是其故意显示与孟子的不同,用禹换下尧舜;二是禹治水、治国更讲究具体的方法,与其重礼法有一致性。禹之事可参《尚书》之《大禹谟》和《禹贡》等篇。孟子也多次提到禹,他曾说"禹之治水,水之道也"(《孟子·告子下》)。

外可以知君臣之正，然则其可以知之质，可以能之具，其在涂之人明矣。今使涂之人者以其可以知之质，可以能之具，本夫仁义之可知之理，可能之具，然则其可以为禹明矣。今使涂之人伏术为学，专心一志，思索孰察，加日县久，积善而不息，则通于神明，参于天地矣。故圣人者，人之所积而致矣。①

这段话可以说是对上引《孟子》的扩展。不仅"涂之人可以为禹"的观点源于孟子，而且其论证逻辑也受孟子影响。荀子先从正面论证其观点，认为禹之为禹，乃因其能行仁义法度。既然仁义法度可以懂得，可以做到，那么具有这样才质和条件的普通人也就可以做禹了。他又从反面论证其推理的正确性：如果说仁义法度不能被人知道、做到，那么禹也就不能知道、做到了；如果说普通人本来就没有可以知道、做到的才质和条件，那么普通人就应该连父子间之道义和君臣间之准则都不知道；然而实际情况却与之相反，普通人既知父子之义，也知君臣之正，所以，普通人具有可以知道、做到的才质和条件就很明显了。甚至连段中的两个问句也沿袭了孟子，"今以仁义法正为固无可知可能之理邪？"相当于孟子的"夫人岂以不胜为患哉"，"涂之人固无可以知仁义法正之质，而固无可以能仁义法正之具邪？"相当于孟子的"夫徐行者，岂人所不能哉"。另外，与孟子一样，荀子也为其观点寻求了人性上的理论依据，他说："是又人之所生而有也，是无待而然者也，是禹、桀之所同也。"②"圣人之所以同于众，其不异于众者，性也；所以异而过众者，伪也。"③"凡人之性者，尧、舜之与桀、跖，其性一也；君子之与小人，其性一也。"④荀子认为圣人、君子与普通人、小人的人性是相同的，就如同孟子所说的"尧舜与人同耳"（《孟子·离娄下》）。当然，二人所说的人性相同乃名同而实异，孟子所说的"同"是指人性的善相同，而荀子所说的"同"是指人性的恶相同。在荀子看来，虽然人性本恶，但是人都有

---

① 王先谦撰，沈啸寰、王星贤点校：《荀子集解》，第442—443页。
② 王先谦撰，沈啸寰、王星贤点校：《荀子集解》，第63页。
③ 王先谦撰，沈啸寰、王星贤点校：《荀子集解》，第438页。
④ 王先谦撰，沈啸寰、王星贤点校：《荀子集解》，第441页。

后天学习礼法而趋善的潜质,所以人人都可能成为禹。

孟子言"人皆可以为尧舜"而有曹交之疑:"我"为何没成为尧舜?孟子认为关键在于为与不为,而不是能与不能,"夫人岂以不胜为患哉?弗为耳","夫徐行者,岂人所不能哉?所不为也"。孟子特别注意区分"不为"与"不能"的不同。他告诉梁惠王:"今恩足以及禽兽,而功不至于百姓者,独何与?然则一羽之不举,为不用力焉;舆薪之不见,为不用明焉;百姓之不见保,为不用恩焉。故王之不王,不为也,非不能也。""挟太山以超北海,语人曰:'我不能'是诚不能也。为长者折枝,语人曰:'我不能。'是不为也,非不能也。"(《孟子·梁惠王上》)又说:"人之有是四端也,犹其有四体也。有是四端而自谓不能者,自贼者也。谓其君不能者,贼其君者也。"(《孟子·公孙丑上》)人为尧舜不是"能"与"不能"的问题,而是"为"与"不为"的问题。

荀子言"涂之人可以为禹"也有门人提相同之问:"圣可积而致,然而皆不可积,何也?"就是说,既然人可以通过积累礼义来成为禹一样的圣人,那为什么不是所有人都可以通过积累礼义来实现呢?荀子也用孟子的方法辨析了"可为"与"能为"的不同,他说:

> 可以而不可使也。故小人可以为君子而不肯为君子,君子可以为小人而不肯为小人。小人、君子者,未尝不可以相为也,然而不相为者,可以而不可使也。故涂之人可以为禹则然,涂之人能为禹,未必然也。虽不能为禹,无害可以为禹。足可以遍行天下,然而未尝有能遍行天下者也。夫工匠、农、贾,未尝不可以相为事也,然而未尝能相为事也。用此观之,然则可以为,未必能也;虽不能,无害可以为。然则能不能之与可不可,其不同远矣,其不可以相为明矣。①

在荀子看来,人人都可以成为禹,但却不能强使他们都成为禹,就如同君子与小人可以转化,工匠、农夫、商人间可以转化,足可以遍行天下,但不能一定使他们如此。荀子在注意人的主观意愿因素之外,还仔细辨

---

① 王先谦撰,沈啸寰、王星贤点校:《荀子集解》,第443—444页。

析了"可以为"与"能为"的区别。他认为普通人可以成为禹是对的，但一定能成为禹就不对了。因为"可以为"侧重于对潜能的肯定，是一种理论性的推断，而"能为"侧重于对结果的肯定，是一种现实性的推断。即使结果没有成为禹，也不妨害成为禹的可能性。从"为禹"的潜能到成为禹，还有一个"学"和"积"的艰苦过程，如果"学"不能专一恒久，"积"不能"全尽"，则不能"为禹"。所以荀子说"然则可以为，未必能也"，"能不能之与可不可，其不同远矣，其不可以相为明矣"。

虽然荀子"涂之人可以为禹"的观点受到了孟子的影响，而且二人也都是为了树立一个人人皆可实现的理想人格。但是，荀子对孟子的观点还是进行了创造性改造，赋予它不同的理论基础和实际内涵。尧舜是孟子内圣之道的理想代表，而禹却是荀子外王之道的理想代表。荀子虽然也把推行仁义、讲孝悌、积善等作为外王的要求之一，但他更是把制定礼义法正、治国安民、"伏术为学"等治世权术看成外王的重心，所以他说，"君子者，法之原也"，"治之原也"，"民之原也"，"审之礼也"，突出的是外王工夫。

三 从"求其放心"到"长迁而不反其初"

孟子为"人皆可以为尧舜"的成人理想设置了一条内修路径，即以人性之善端——以"四心"为基础，经过"思""养""反身"等一系列的扩充过程，最终达到尧舜一般的理想人格境界。此一过程被孟子概括为"求其放心"①。与性恶论一致，荀子则为"涂之人可以为禹"的成人理想设置了一条外修路径，他说："今使涂之人伏术为学，专心一志，思索孰察，加日县久，积善而不息，则通于神明，参于天地矣。故圣人者，人之所积而致矣。"②荀子认为，普通人只要"伏术为学"，即天长日久地以仁义法度为学习内容，专心致志而又认真思考、仔细观察，积累善

---

① 《告子上》云：孟子曰："仁，人心也；义，人路也。舍其路而弗由，放其心而不知求，哀哉！人有鸡犬放，则知求之；有放心，而不知求。学问之道无他，求其放心而已矣。"

② 王先谦撰，沈啸寰、王星贤点校：《荀子集解》，第443页。

行而不停止,就可以与神明相通,与天地相合,这样就可以成为禹了。就是说,圣人是普通人通过积累外在的善而达到的。此一过程被荀子概括为"长迁而不反其初"①。荀子的成人路径及修养工夫与孟子既有针锋相对的一面,但也有相承的一面。

第一,与孟子重"思""养"的内省方法不同,荀子把"学"作为"为禹"的重要方法。孟子虽然也言"学",如《孟子·公孙丑下》有言:"故汤之于伊尹,学焉而后臣之,故不劳而王。"但他是把学看成内省途径之外的一种辅助性方法。

荀子大大提升了"学"的地位。荀子看来,因人性本恶,所以要"化性起伪",并隆之以礼法,而实现这两者的关键就是后天的"学",即通过后天的学习化掉人性之恶,从而趋于仁义礼法之善。郭沫若说:"他们都注重学习,在孟子是性善故能学习,在荀子是性恶故须学习。"② 所以《荀子·荣辱》篇有言:"尧、禹者,非生而具者也,夫起于变故,成乎修修之为,待尽而后备者也。"就是说,尧、禹的品德也非生而具有,而是后天长期修养的结果,因此《荀子》一书首列《劝学》篇,其宗旨就是强调"学不可以已",以"学"作为修身、为臣、为君、富国、强国的基础。《荀子·儒效》篇有言:

> 我欲贱而贵,愚而智,贫而富,可乎?曰:其唯学乎。彼学者,行之,曰士也;敦慕焉,君子也;知之,圣人也。上为圣人,下为士君子,孰禁我哉!乡也,混然涂之人也,俄而并乎尧、禹,岂不贱而贵矣哉!乡也,效门室之辨,混然曾不能决也,俄而原仁义,分是非,图回天下于掌上而辨黑白,岂不愚而知矣哉!乡也,胥靡之人,俄而治天下之大器举在此,岂不贫而富矣哉!……故君子无爵而贵,无禄而富,不言而信,不怒而威,穷处而荣,独居而乐,岂不至尊、至富、至重、至严之情举积此哉!③

---

① 王先谦撰,沈啸寰、王星贤点校:《荀子集解》,第48页。
② 郭沫若:《十批判书·荀子的批判》,东方出版社1996年版,第207页。
③ 王先谦撰,沈啸寰、王星贤点校:《荀子集解》,第125—127页。

"学"首先是个体由"贱而贵",由"愚而智",由"贫而富"的内在动力,是士、君子、圣人不同德行层次形成的内在根据。它还是"涂之人"成为尧、禹,知仁义、是非,掌握天下大权的唯一途径。"至尊、至富、至重、至严之情举积此哉!""此",即"学"也。《荀子·大略》篇亦有言:"故礼之生,为贤人以下至庶民也,非为成圣也,然而亦所以成圣也。不学不成:尧学于君畴,舜学于务成昭,禹学于西王国。"就是说,礼是"学"的重要内容,不学则不能成为圣人,尧、舜、禹都是有所学而成的。但"学"也并非一定就能"为禹",因为君子之学与小人之学不同。《荀子·劝学》篇有言:"君子之学也,入乎耳,箸乎心,布乎四体,形乎动静,端而言,蝡而动,一可以为法则。小人之学也,入乎耳,出乎口。口耳之间则四寸耳,曷足以美七尺之躯哉!古之学者为己,今之学者为人。君子之学也,以美其身;小人之学也,以为禽犊。"要"为禹",则必须是君子之学。

与"学"随之而起的修养途径是"积",即后天的习染积累,荀子把"积"作为圣之为圣的核心。《荀子·儒效》篇有言:

> 故积土而为山,积水而为海,旦暮积谓之岁。至高谓之天,至下谓之地,宇中六指谓之极;涂之人百姓,积善而全尽谓之圣人。彼求之而后得,为之而后成,积之而后高,尽之而后圣。故圣人也者,人之所积也。人积耨耕而为农夫,积斫削而为工匠,积反货而为商贾,积礼义而为君子。工匠之子莫不继事,而都国之民安习其服。居楚而楚,居越而越,居夏而夏,是非天性也,积靡使然也。故人知谨注错,慎习俗,大积靡,则为君子矣;纵性情而不足问学,则为小人矣。①

荀子先从自然界的积累演变现象推广出去,得出了"涂之人百姓,积善而全尽谓之圣人"的结论。然后又根据社会现象展开类推,说人们积累耕种的经验即可为农夫,积累斫削的经验即可为工匠,积累贩卖的经验即可为商人,积累礼义则可为君子。楚国人、越国人与中原人各有特点,但皆非天生本性,也都是长期积累磨炼的结果。荀子还强调"积善"必

---

① 王先谦撰,沈啸寰、王星贤点校:《荀子集解》,第144页。

定要"不息""全尽",如同"学也者,固学一之也"一样,只有尽学、尽积方可为圣人。孟子不谈"积",但其后学在《五行》篇文中却发展出了这一修养工夫。说文第二十四章云:"譬丘之与山也,丘之所以不□名山者,不积也。舜有仁,我亦有仁,而不如舜之仁,不积也。舜有义,而我亦有义,而不如舜之义,不积也。譬比之而知吾所以不如舜,进耳。"① 可见,荀子可能受到过孟子后学的影响。不同之处在于,说文侧重于内在仁义德行的积累,而荀子则侧重于外在礼义法度的积累。这是由荀子外王之道所决定的。

与学密切相关的是教化。教化是圣人、君子对百姓的化育,是外王之道的重要内容之一。所以荀子云:"不富无以养民情,不教无以理民性。故家五亩宅,百亩田,务其业而勿夺其时,所以富之也。立大学,设庠序,修六礼,明十教,所以道之也。《诗》曰:'饮之食之,教之诲之。'王事具矣。"② 教民是"化性起伪"得以实现的必要手段,是与富民同等重要的治国之术。荀子这一思想是对孟子思想的继承。孟子曾多次说:"五亩之宅,树之以桑,五十者可以衣帛矣。鸡豚狗彘之畜,无失其时,七十者可以食肉矣。百亩之田,勿夺其时,数口之家可以无饥矣。谨庠序之教,申之以孝悌之义,颁白者不负戴于道路矣。七十者衣帛食肉,黎民不饥不寒,然而不王者,未之有也。"(《孟子·梁惠王上》)又说:"仁言不如仁声之入人深也,善政不如善教之得民也。善政民畏之,善教民爱之。善政得民财,善教得民心。"(《孟子·尽心上》)孟子就特别重视富民与教民两方面。荀子不仅借鉴了孟子富民与教民的思想,而且连其用语都基本一致。荀子还描绘了教化的最高境界:"故民归之如流水,所存者神,所为者化。而顺③,暴悍勇力之属为之化而愿,旁辟曲私之属为之化而公,矜纠收缭之属为之化而调,夫是之谓大化至一。"

第二,孟子重"思"而辅以"教",荀子则重"教"而辅以"思"。孟子说"人皆可以为尧舜"(《孟子·告子下》)。虽然他的这种内修德行

---

① 庞朴:《竹帛〈五行〉篇校注及研究》,万卷楼图书有限公司2000年版,第81页。
② 王先谦撰,沈啸寰、王星贤点校:《荀子集解》,第498—499页。
③ 卢文弨、王念孙认为有脱文,俞樾疑为"顺而",犹从而之意,王先谦则认为是"所为者顺","化而"二字因孟子"所存者神,所过者化"句而衍(王先谦撰,沈啸寰、王星贤点校:《荀子集解》,第287—288页)。

而至理想人格的工夫论是指向所有人的,但是在孟子看来,真正能做到保有善端并自觉扩充的人并不多。因此要求尊贤崇圣,并由圣贤之人展开教化。他说:"人之有道也,饱食、暖衣、逸居而无教,则近于禽兽。圣人有忧之,使契为司徒,教以人伦:父子有亲,君臣有义,夫妇有别,长幼有叙,朋友有信。放勋曰:'劳之来之,匡之直之,辅之翼之,使自得之,又从而振德之。'"(《孟子·滕文公上》)以人之五伦教化百姓,可使之远禽兽而扩充本性。孟子还总结了君子的教化方式:"君子之所以教者五:有如时雨化之者,有成德者,有达财者,有答问者,有私淑艾者。此五者,君子之所以教也。"(《孟子·尽心上》)既可以用潜移默化的言传身教,也可以用明确的礼义规范来约束,而后一种教化方式正好是荀子所大力发扬的。

荀子看重"为禹"过程中外在的"教""学"和"积",但他也并非完全摒弃"思"这一内省工夫。虽然他说过"吾尝终日而思矣,不如须臾之所学也",也在《荀子·解蔽》篇批评过孟子"可谓能自强矣,未及思也",但是,他对孔子以来的内省工夫却时有论及。① 他说:"君子博学而日参省乎己。"② "见善,修然必以自存也;见不善,愀然必以自省也。"③ 他在《解蔽》篇批评孟子之后更是说:"仁者之思也恭,圣人之思也乐。此治心之道也。"这是对"思"进行了充分肯定。在"思"的内省工夫中,荀子特别发挥了孟子"养"的方法。"养"在孟子之前主要是指养育百姓、万物或供养父母④,几乎不用来指个体的德行修养。孟子

---

① 孔子云:"见贤思齐焉,见不贤而内自省也。"又云:"视思明,听思聪。"(《论语·季氏》)曾子也云:"吾日三省吾身。"(《论语·学而》)
② 王先谦撰,沈啸寰、王星贤点校:《荀子集解》,第2页。
③ 王先谦撰,沈啸寰、王星贤点校:《荀子集解》,第20—21页。
④ 《论语》有四个"养"字,其中两个是养育之义,如《公冶长》载"其养民也惠"。有两个是供养父母之义,如《为政》"今之孝者,是谓能养"。另外如《尚书·虞书·大禹谟》载:"德惟善政,政在养民。"《老子》第三十四章载:"衣养万物而不为主。"《春秋左传·文公十八年》载:"见有礼于其君者,事之如孝子之养父母也。"《墨子·七患》载:"凡五谷者,民之所仰也,君之所以为养也。"《周易·说卦》载:"万物皆致养焉。"以上所言之"养"都是指养育或供养。很少用"养"字来指个体德行的修养,仅《春秋左传·昭公十二年》载:"外内倡和为忠,率事以信为共,供养三德为善,非此三者弗当。""三德",杜预注曰:"谓正直、刚克、柔克。"孔颖达疏曰:"三者皆人之性也。"可见,此"三德"侧重于人先天的禀性。这里的"养"近于孟荀的"养心"之"养"。

扩大了"养"的内涵,除可以养百姓、四肢,养父母、君子之外,还可以"养勇""养浩然之气""养志""养夜气""养性""养心"。其中最关键的莫过于"养心",孟子曰:

> 养心莫善于寡欲。其为人也寡欲,虽有不存焉者,寡矣;其为人也多欲,虽有存焉者,寡矣。(《孟子·尽心下》)

在孟子看来,后天的欲望与人的善性天然对立,所以养心至上之法就是"寡欲",唯其如此,方可扩充善端,成就尧舜之德。

荀子"养"的内容更为丰富,如养万民、养体、养性,养心、养乐、养知、养誉、养德等。其中,对孟子的"养心"之法又进行了发挥,把孟子的"养心莫善于寡欲"改为"养心莫善于诚"①,使之与"诚"结合起来,进而提出了"长迁而不反其初"的外修路径。荀子虽然也把利欲看成德行培养的天敌,主张以礼法化育耳目之欲,但他为什么要以"诚"替代孟子的"寡欲"呢?为了能看清荀子对孟子"养心"思想的发展,我们有必要先简要梳理"诚"的思想的演变。如果《中庸》是子思作品的结论可以成立,那么孟、荀这类"诚"字的用法就可溯源到《中庸》。② 便于分析,下面列出两书的相关材料:

> 诚者,天之道也;诚之者,人之道也。诚者不勉而中,不思而得,从容中道,圣人也。诚之者,择善而固执之者也。(《中庸》第二十章)
>
> 自诚明,谓之性;自明诚,谓之教。诚则明矣,明则诚矣。(《中庸》第二十一章)
>
> 唯天下至诚,为能尽其性;能尽其性,则能尽人之性;能尽人

---

① 王先谦撰,沈啸寰、王星贤点校:《荀子集解》,第46页。
② 徐复观先生说:"《中庸》的下篇,是以诚的观念为中心而展开的。在《论语》《老子》中所用的'诚'字,皆作形容词用。如《论语》之'诚哉是言也'(《子路》),及《老子》之'诚全而归之'(二十二章)者是。"(徐复观:《中国人性论史》,华东师范大学出版社2005年版,第86—90页)并根据内容和成书时间等因素,认为《中庸》在《孟子》之前。这里采用徐先生的说法。

之性，则能尽物之性；能尽物之性，则可以赞天地之化育；可以赞天地之化育，则可以与天地参矣。（《中庸》第二十二章）

获于上有道，不信于友，弗获于上矣；信于友有道，事亲弗悦，弗信于友矣；悦亲有道，反身不诚，不悦于亲矣；诚身有道，不明乎善，不诚其身矣。是故诚者，天之道也；思诚者，人之道也。至诚而不动者，未之有也；不诚，未有能动者也。（《孟子·离娄上》）

万物皆备于我矣。反身而诚，乐莫大焉。强恕而行，求仁莫近焉。（《孟子·尽心上》）

《中庸》把"诚"作为下获于上的基础，并区分为"诚者"与"诚之者"。所谓"诚者"，是指不依赖于后天人为的努力和思考就自然合于"中道"的情形，此为"天之道"，也就是第二十一章所说的"自诚明，谓之性"；"诚之者"，是指依赖于后天对善的学习和掌握的情形，此为"人之道"，也就是第二十一章所说的"自明诚，谓之教"。《中庸》这里，"诚者"和"诚之者"既是两种实践能力和方法，也是两种成人境界。从能力来看，"诚者"相当于《五行》篇"形于内"的"德之行"和孟子的"四心"，"诚之者"则相当于《五行》篇"不形于内"的"行"和孟子的"思""养""扩充"，所以孟子把"诚之者"改为"思诚者"。就成人境界而言，"诚者"相当于《五行》篇的"圣"[①]和孟子的"闻而知之"者；"诚之者"则相当于《五行》篇的"智"[②]和孟子的"见而知之"者。《中庸》第二十二章的集注讲了"诚"的落实过程："天下至诚→尽其性（尽天之性）→尽人之性→尽物之性→赞天地之化育→天地参"，这基本是孔子"下学上达"的成人路径。孟子又把这一过程概括为："尽心→知性→知天"。因为孟子把天与心基本看作一体，认为"万物皆备于我矣"，所以孟子的"尽心"，实际上就是《中庸》的尽天之性。孟子的成人之路，也主要发挥了《中庸》的"诚者"和"自诚明"，强调内圣工夫——"思""养""扩充"和"反身"。

[①]《五行》篇云："闻而知之，圣也，圣人知天道。""赫赫，圣也"，"赫赫在上"。
[②]《五行》篇云："见而知之，智也。知而安之，仁也。安而行之，义也。""明明，智也"，"明明在上"。

荀子《不苟》篇也有一段文字论及"诚",且与《中庸》《孟子》的相关部分很接近。其文云:

> 君子养心莫善于诚,致诚则无它事矣,唯仁之为守,唯义之为行。诚心守仁则形,形则神,神则能化矣;诚心行义则理,理则明,明则能变矣。变化代兴,谓之天德。天不言而人推高焉,地不言而人推厚焉,四时不言而百姓期焉。夫此有常,以至其诚者也。君子至德,嘿然而喻,未施而亲,不怒而威。夫此顺命,以慎其独者也。善之为道者,不诚则不独,不独则不形,不形则虽作于心,见于色,出于言,民犹若未从也,虽从必疑。天地为大矣,不诚则不能化万物;圣人为知矣,不诚则不能化万民;父子为亲矣,不诚则疏;君上为尊矣,不诚则卑。夫诚者,君子之所守也,而政事之本也。唯所居以其类至,操之则得之,舍之则失之。操而得之则轻,轻则独行,独行而不舍则济矣。济而材尽,长迁而不反其初则化矣。

对于这段文字,学者普遍认为受到了《中庸》影响,如徐复观先生说,这段文字"实系对《中庸》思想上下篇的概略叙述,而断难谓为偶合"①。的确,在成人路径上,可以说荀子主要发挥了《中庸》的"诚之者"和"自明诚"的外王工夫,强调后天的教化、学习。但更准确地讲,荀子这里对"诚"的论述,应该是受到了《中庸》和《孟子》的双重影响,而其中受孟子思想影响反而更大。这可以从三个方面得以证明。

首先,荀子这段话的主体是谈养心方法,"养心莫善于诚"是针对孟子"养心莫善于寡欲"而来,"诚"只是作为养心的核心内容而已,与《中庸》把"诚"作为主体来谈不同。而且,荀子为养心设置的理想结果是"济而材尽,长迁而不反其初",这可以说是针对孟子"求其放心"观的反面立论。

其次,荀子把"诚"的工夫与仁义相连,这主要是受孟子的影响。孟子说:"反身而诚,乐莫大焉。强恕而行,求仁莫近焉。"(《孟子·尽

---

① 徐复观:《中国人性论史》,华东师范大学出版社2005年版,第88页。

心上》)"反身"就是"反求诸己"的意思,就是回到内心去,扩充固有的仁义礼智四端就可以实现"诚"。他这里虽然只说了"求仁",但他的这个思想在《孟子·离娄下》得到了更完整的表述:"舜明于庶物,察于人伦,由仁义行,非行仁义也。"就是说,要成为尧舜,无非就是依据人固有的仁义而行,而不是把仁义作为外在的工具来使用。孟子这里强调的是,圣人的道德行为具有自我圆满性和自主性。荀子养心之"诚",完全是从孟子的对立面立论,他说:"致诚则无它事矣,唯仁之为守,唯义之为行。"意思是说,君子实现"诚",无非就是坚守仁,奉行义而已。在荀子看来,仁义不是人固有的,而是圣人后天制定的,"礼义者,是生于圣人之伪,非故生于人之性"[1],"行义动静,度之以礼"[2],所以君子养心之"诚",不是孟子的"由仁义行",反而是"行仁义"。因而荀子说:"治气养心之术:血气刚强,则柔之以调和;知虑渐深,则一之以易良;勇胆猛戾,则辅之以道顺;齐给便利,则节之以动止;狭隘褊小,则廓之以广大;卑湿、重迟、贪利,则抗之以高志;庸众驽散,则劫之以师友;怠慢僄弃,则招之以祸灾;愚款端悫,则合之以礼乐,通之以思索。凡治气养心之术,莫径由礼,莫要得师,莫神一好。夫是之谓治气养心之术也。"[3] 荀子所说的"治气养心之术",不是发挥内在德行,而是施加了一些外在的影响,统而言之,则是礼和"师"。这是对孟子养心之术的极大转变。他的"唯仁之为守,唯义之为行",也正好是孟子"由仁义行,非行仁义也"的反面命题。

最后,荀子对待养心之"诚"的态度是"操之则得之,舍之则失之",而孟子也是如此:"仁义礼智,非由外铄我也,我固有之也,弗思耳矣。故曰:'求则得之,舍则失之。'""故苟得其养,无物不长;苟失其养,无物不消。孔子曰:'操则存,舍则亡;出入无时,莫知其乡。'惟心之谓与?"(《孟子·告子上》)孟子认为养心如同养物,关键在于是否去探求、操持。操、舍之说虽然可能是孔子的话,但用来对待养心的态度上,荀子应该受了孟子启发。

---

[1] 王先谦撰,沈啸寰、王星贤点校:《荀子集解》,第437页。
[2] 王先谦撰,沈啸寰、王星贤点校:《荀子集解》,第241页。
[3] 王先谦撰,沈啸寰、王星贤点校:《荀子集解》,第25—26页。

四 小 结

在荀子"为禹"的成人过程中,他所采用的方法,无论是"学""教""积",还是"养""诚"甚至"思",都与孟子有或多或少、或直接或间接的关联。孟子"为尧舜",荀子"为禹",都是把尧、舜和禹看作个体成人成德的最高境界,蕴含着一种道德上的平等观念。但二者又有不小的差别。孟子因为主张性善,所以"为尧舜"的过程,就是扩充本然的善端,避免后天恶的影响,进而使之达到圆满自足的过程。这个过程被孟子概括为"求其放心",即回到心的初始状态并加以扩充,其重点在"思",强调内省的作用。荀子虽然借鉴了这一成人成德的模式及论证逻辑,但因主张性恶,所以"为禹"的过程,却是通过学习,用礼义法度压制本然的恶性,进而使之为后天积累的善所完全压制的过程。这个过程被荀子概括为"长迁而不反其初",即远离甚至脱离心的初始状态,其重点在"学"[1],强调教化的作用。在荀子这里,成人成德的先天根据完全让位于后天的具体努力,具有封闭性的成人之路被发展性的成人之路所取代。杨国荣先生说:"从性恶的基本理论预设出发,荀子认为主体缺乏达到理想人格的内在依据,因为本恶之性不可能成为成人过程的出发点,荀子由此强化社会环境及主体实践的作用,无疑体现了一种宽广的历史视野。然而,离开了人格培养的内在根据而突出社会对个体的塑造,往往容易把成人过程理解为外在的灌输,并使这种过程带有强制的性质。……亦即通过法和刑来整治本性之恶(化性)。毋庸讳言,在法和刑等强制作用下形成的人格,很难获得健全的形式。荀子在人格学说上的这种倾向,在某种意义上从反面提示了孟子注重人格培养之内在根据的理论价值。"[2] 荀子对孟子成人成德过程的借鉴与改造,使

---

[1] 郭沫若在《荀子的批判》中云:"大抵荀子这位大师和孟子一样,颇有些霸气,他急于想成立一家言,故每每标新立异,而有些地方过于勉强。他这性恶说便是有意地和孟子的性善说对立。事实上两人都只看到一面,要求比较圆通,倒是'性可以为善,可以为不善'的合乎事实一些。但孟、荀两人虽各执一端,而他们的结论却是相同的。他们都注重学习,在孟子是性善故能学习,在荀子是性恶故须学习。"(郭沫若《十批判书·荀子的批判》,第207页。)

[2] 杨国荣:《孟子的哲学思想》,华东师范大学出版社2009年版,第125页。

其在孟子内修的途径外,力主一条全新的外修路径。这两种修养工夫的路径,以及随之而起的内圣外王之道,共同成了后世儒学的重要范畴和热门论题①。

---

① 内养与外修,或内修与外养的两种成人方法,在孔子、老子时就已呈明显趋势,后来的孟子、庄子、荀子则使之泾渭分明。孔子曰:"德之不修,学之不讲,闻义不能徙,不善不能改,是吾忧也。"(《论语·述而》)又曰:"性相近也,习相远也。"(《论语·阳货》)可以说,孔子要求内外兼修。至于老、庄,王叔岷先生说:"老子偏重人事,由天道而应于人事,故亦偏重外王。庄子偏重天道,由人事而返于天道,故亦偏重内圣。"(参见王叔岷《先秦道法思想讲稿》,中华书局2007年版)

经学纵横

论宋代"《周礼》学"的学术价值

夏 微[*]

摘 要：宋代是继两汉之后，《周礼》研究的又一重要时期。"《周礼》学"史上，宋代"《周礼》学"上承汉唐"《周礼》学"成果，下启元、明、清《周礼》研究。在经典解释的方法上，宋代"《周礼》学"开元、明、清批评、驳斥郑玄《周礼注》的先导，并为之启示方法；开创以义理解《周礼》的新方法。在"《周礼》学"的观点上，宋人首倡"《冬官》不亡说"，促成"《周礼》学"史上"《冬官》不亡派"的出现；对《考工记》专门研究开始兴起；推动了《周礼》辨疑之风的拓展与深入。

关键词：宋代 "《周礼》学"史

在"《周礼》学"史上，宋人继承汉唐"《周礼》学"成果，反思其流弊，经由疑古创新，建立了有别于汉唐的"《周礼》学"范式。如在"《周礼》观"上，宋人趋于多元化，有尊崇，有尊且疑，有怀疑，还有诋毁；在《周礼》辨疑上，宋人从作者、内容、是否完整、是否践行于世等方面研判《周礼》真伪，质疑《考工记》补亡《冬官》的合理性，

---

[*] 作者简介：夏微，生于1977年，吉林人，西南财经大学人文学院讲师。主要研究方向："《周礼》学"史。

提出"《冬官》不亡说",强调《考工记》是独立的古书,而非《周礼》附庸;在解释《周礼》的方法上,宋人批评并驳斥代表汉唐"《周礼》学"权威的郑玄《周礼注》,开创了以义理解《周礼》、以议论解《周礼》的全新路径。宋代"《周礼》学"在"《周礼》学"史上占据着承上启下的重要地位,能自成一派,其学术价值不容忽视。

一 宋代"《周礼》学"对汉唐"《周礼》学"成果的继承

笔者认为,宋人对汉唐"《周礼》学"成果的继承主要体现在两个方面:一是对汉唐"《周礼》学"观点的继承;二是对汉唐"《周礼》学"训诂考据之说的吸纳,分别述之。

(一) 对汉唐"《周礼》学"观点的继承

关于《周礼》真伪问题、《周礼》作者问题、《考工记》补亡《冬官》,汉唐学者都有讨论,并形成一系列观点。宋代经学虽以变古、创新著称,可也有不少宋人继承了汉唐"《周礼》学"的观点。

在《周礼》真伪问题上,西汉刘歆、东汉郑玄主张尊《周礼》为经,刘歆说"周公致太平之迹"① 具在《周礼》,郑玄尊《周礼》胜过《仪礼》和《礼记》,注"三礼"时以《周礼》为首。此后,曹魏王肃、东晋干宝、唐代贾公彦皆尊《周礼》为经。到宋代,尊《周礼》为经的观点受到质疑,但仍有不少学者赞同这一传统观点,如北宋的石介、李觏、黄裳、王昭禹,南宋的林之奇、郑伯熊、薛季宣、张栻、吕祖谦、楼钥、陈亮、郑锷、陈淳、叶时、易祓、郑伯谦、章如愚、真德秀、阳枋、赵汝腾、《周礼详说》作者、陈汲、李叔宝、孙之宏、王与之、《六经奥论》作者等。此外,与刘歆同时的西汉众儒对《周礼》"并出共排,以为非

---

① (唐)贾公彦等:《周礼注疏》卷首《序周礼废兴》,第1369页。

是"①，东汉林孝存斥《周礼》是"末世渎乱不验之书"②，何休说《周礼》是"六国阴谋之书"③，他们都疑《周礼》非经。这一观点在宋代也得到了不少学者的赞同，如北宋的蔡襄、苏轼、苏辙，南宋的范浚、洪迈和黄震。

在《周礼》作者问题上，西汉刘歆、东汉郑玄主张周公作《周礼》④，到了宋代周公作《周礼》的观点受到质疑，但还是有不少宋人拥护这一传统观点，如北宋的刘敞、李觏、王昭禹⑤，南宋的郑锷、叶时、易祓、郑伯谦、朱申、王与之、王炎等学者皆信周公作《周礼》说。⑥ 此外，东汉何休主张战国人作《周礼》⑦，这一观点也有宋人赞同，如北宋苏轼和南宋林希逸⑧。中唐学者赵匡主张"《周官》是后人附益"之书⑨，北宋晁说之说《周礼》"残伪之物"⑩，南宋胡宏说《周礼》是刘歆伪造之书⑪。

---

① （唐）贾公彦等：《周礼注疏》卷首《序周礼废兴》，第1369页。
② （唐）贾公彦等：《周礼注疏》卷首《序周礼废兴》，中华书局2009年影印清嘉庆阮元校刻《十三经注疏》本，第1371页。
③ （唐）贾公彦等：《周礼注疏》卷首《序周礼废兴》，第1371页。
④ 刘歆观点参见《周礼注疏》卷首《序周礼废兴》引马融《传》；郑玄观点参见《周礼注疏》卷1。
⑤ 刘敞观点参见《春秋权衡》卷9，文渊阁《四库全书》本，经部，第147册；李觏观点参见《盱江集》卷5《周礼致太平论序》，文渊阁《四库全书》本，集部，第1095册；王昭禹观点参见《周礼详解》卷首《周礼互注总括》，文渊阁《四库全书》本，经部，第91册。
⑥ 郑锷观点参见《周礼订义》卷首《序周礼兴废》，文渊阁《四库全书》本，经部，第93册；叶时观点参见《礼经会元》卷1上《礼经》，文渊阁《四库全书》本，经部，第92册；易祓观点参见《周官总义》卷4、卷10，文渊阁《四库全书》本，经部，第92册；郑伯谦观点参见《太平经国之书》卷2《官民》，文渊阁《四库全书》本，第92册；朱申观点参见《周礼句解》卷1《天官冢宰上》，文渊阁《四库全书》本，经部，第95册；王与之观点参见《周礼订义》卷首《论周礼兴废》，文渊阁《四库全书》本，经部，第93册；王炎观点参见《双溪类稿》卷26《周礼论》，文渊阁《四库全书》本，集部，第1155册。
⑦ 林孝存、何休观点参见《周礼注疏》卷首《序周礼废兴》，第1371页。
⑧ 苏轼观点参见《东坡全集》卷48《天子六军之制》，文渊阁《四库全书》本，集部，第1107册；林希逸观点参见《考工记解》卷上，文渊阁《四库全书》本，经部，第95册。
⑨ 唐人陆淳在《春秋集传纂例》卷4《盟会例第十六》引"赵曰：《周官》之伪，予已论之矣"。陆淳注曰："赵子著《五经辨惑》，说《周官》是后人附益也。"赵子即赵匡，《五经辨惑》已佚。
⑩ 晁说之观点参见《景迂生集》卷1《元符三年应诏封事》、卷14《辨诬》，文渊阁《四库全书》本，集部，第1118册。
⑪ 胡宏观点参见《五峰集》卷4《极论周礼》，文渊阁《四库全书》本，集部，第1137册。

(二) 对汉唐"《周礼》学"训诂考据之说的吸纳

东汉郑玄的《周礼注》在名物训诂、制度考证方面取得了后人难以逾越的成就,被历代学人奉为研究《周礼》的必读书,代表着汉唐"《周礼》学"权威。即便在"视汉儒之学若土梗"的宋代①,宋人注解《周礼》也不能不依靠并借鉴郑玄之说。我们认为,宋人对郑玄《周礼注》的吸纳可分三种情况。

其一,征引郑玄《周礼注》,不予置评。宋人有时仅直接征引郑玄《周礼注》,不予评价。如《周礼致太平论》中《内治第六》,李觏论解《春官》"内宗,凡内女之有爵者","外宗,凡外女之有爵者",二句,先解释"内女""外女"曰:

> 内女,王同姓之女,有爵,其嫁于大夫及士者。
> 外女,王诸姑姊妹之女。

李觏此处对"内女""外女"的注解就采纳了郑玄《周礼注》之说。

再如《戎右》"赞牛耳桃茢"一句,王昭禹注曰:

> 郑氏谓桃鬼所畏也;茢,苕帚,以扫除不祥是也。②

此处,王昭禹征引郑玄《周礼注》之大意,但不置评价。

又如《礼经会元》卷1上《邦典》,叶时引郑玄《周礼注》之说,曰:

> 郑氏曰:典者,常也,经也,法也。

郑玄此注见于《周礼注疏》卷2,解释"大宰之职,掌建邦之六典"一

---

① (清)皮锡瑞著,周予同注释:《经学历史》,中华书局2004年版,第156页。
② (宋)王昭禹:《周礼详解》卷28,文渊阁《四库全书》本,经部,第91册,第489页。

句,叶时直接引之论说经文。

又如《考工记叙》:"燕之角,荆之干,妢胡之笴,吴粤之金、锡,此材之美者也。"林希逸注曰:

> 燕地耐寒,故出角,角耐寒物也。荆之干,干,弓弩之材也。妢胡,胡子之国也。笴,箭干也。吴粤出金、锡,皆材之美者,凡物随土地所宜也。①

林希逸此处对"妢胡"的解释,就直接采用郑玄《周礼注》之说,但并非原文摘录,而是保留其观点的主要意思而已。

其二,采纳郑玄《周礼注》说,并给予肯定。宋人对征引的郑玄《周礼注》说,有时给予肯定,如《腊人》有言:"凡祭祀,共豆脯,荐脯、膴、胖,凡腊物。"王昭禹注曰:

> 脯非豆食,而祭祀共豆脯,郑氏当作羞脯,理宜然也。②

此处,王昭禹征引郑玄《周礼注》说大意,而后评价"理宜然也",对郑玄注经之说表示肯定。

又如《㮚氏》有言"量之以为鬴,深尺,内方尺而圜其外,其实一鬴"一句,易袚注"鬴"曰:

> 郑氏以鬴为六斗四升,诚得之矣。③

此处,易袚征引郑玄《周礼注》之说,而后评价"诚得之矣",对郑玄的《周礼注》之说表示肯定、赞同。

又如《宰夫》有言:"凡朝觐、会同、宾客,以牢礼之法掌其牢礼、委积、膳献、饮食、宾赐之飧牵,与其陈数。"魏了翁注曰:

---

① (宋)林希逸:《考工记解》卷上,文渊阁《四库全书》本,经部,第95册,第6页。
② (宋)王昭禹:《周礼详解》卷5,文渊阁《四库全书》本,经部,第91册,第253页。
③ (宋)易袚:《周官总义》卷27,文渊阁《四库全书》本,经部,第92册,第630页。

飧，夕食，以文解字。后郑以为客始至所致礼，其义方该。①

此处，魏了翁对他认为允当的郑玄《周礼注》之说给予肯定和好评，曰"其义方该"。

其三，赞成郑玄《周礼注》之说，并进行补充。宋人对征引的郑玄《周礼注》之说，有时表示赞成，并进行补充。如《天官》叙官"酒人，奄十人"一句，郑玄训释"奄"曰：

奄，精气闭藏者，今谓之宦人。《月令》：仲冬"其器闳以奄"。

王安石对郑玄此说进行补充，训诂"奄"字曰：

郑氏以奄为精气闭藏者，盖民之有是疾，先王因择而用焉，与蘬瘯蒙璆、戚施直镈、聋聩司火、瞽蒙修声同。若以是为刑人，则国君不近刑人，而况于王乎？若以为刑无罪之人而任之，则宜先王之所不忍也。②

王安石从推崇先王政治的角度出发，补充郑玄对"奄"字的训解，主张王宫中充任酒人之职的"奄"，既非刑余之人，也非对无罪之人施刑，而是选择天生患病者居之，如此安排就能体现先王无微不至的仁爱。王氏此说新颖，可视为对郑玄《周礼注》的补充。

又如《冬官考工记》有言："以涗水沤其丝七日，去地尺暴之。"郑玄注曰：

故书"涗"作"湄"。郑司农云："湄水，温水也。"玄谓涗水，以灰所沸水也。沤，渐也。楚人曰沤，齐人曰湊。

---

① （宋）魏了翁：《鹤山集》卷104《周礼折衷》，文渊阁《四库全书》本，集部，第1173册，第507页。

② （宋）王安石：《周官新义》卷1，文渊阁《四库全书》本，经部，第91册，第7页。

林希逸注曰：

> 郑氏谓涚水者以灰沸水也。沤，渍也。以灰水渍丝七日，然后漉起，县而暴晒之。去地尺者，丝上带水，不宜县高也。①

此处，对"沤"的解释，郑玄云"渐也"，而林希逸解释为"渍也"，乍看之下，似乎林希逸不采纳郑玄之说，可了解"渐"的字意，我们知道"渐"本有"浸渍"的意思，只是这个意思已经不是"渐"字的主要意思了，所以林希逸用"渍也"也代替"渐也"，既保留了郑玄"浸渍"的本意，也方便宋人理解。这也可视为林希逸对郑玄《周礼注》之说的一种变通和补充。

又如《内饔》载："辨腥臊膻香之不可食者。……豕盲眡而交睫，腥；马黑脊而斑臂，蝼。"魏了翁注曰：

> 交睫星，郑以为肉有米似星。乡在靖州，人或告以屠所市豕肉不可食者，问其故，则云夜于星下饲豕，则肉上尽有星如米状，此不可食。索而观之，信然。乃知康成之言有所据。②

魏了翁根据自己家乡人实际生活的经验，赞同郑玄的注解，认为郑玄注经言而有据，并引用乡人之说试图说明这种现象产生的原因。

二 宋代"《周礼》学"对元、明、清"《周礼》学"研究的影响与启发

我们以为，宋代"《周礼》学"对元、明、清"《周礼》学"研究的影响与启发主要体现在五方面。

---

① （宋）林希逸：《考工记解》卷上，文渊阁《四库全书》本，经部，第95册，第45页。
② （宋）魏了翁：《鹤山集》卷105《周礼折衷》，文渊阁《四库全书》本，集部，第1173册，第521页。

第一，打破对郑玄《周礼注》的迷信，开元、明、清批评、驳斥郑玄《周礼注》之先导，并为后世启示方法。

宋代经学以变古求解放，经学变古的重要方面就是对汉唐经学进行反思和批判，北宋学人开始批评郑玄《周礼注》，并驳斥郑玄《周礼注》中的具体经说，至南宋，学者们对郑玄《周礼注》的批评更加系统，批评焦点逐渐集中于五方面：如批评郑玄《周礼注》引汉制解经多有不当；批评郑玄《周礼注》引谶纬之说解经荒诞；批评郑玄《周礼注》在阐发经典义理方面存在欠缺；批评郑玄《周礼注》解经不合经文本意，贻误后学，甚至开启后世对《周礼》的怀疑；批评郑玄《周礼注》解经臆断，且注说前后矛盾。与此同时，南宋学人对郑玄《周礼注》具体经说的驳斥更全面、更有力。

宋人对郑玄《周礼注》提出的这些批评，启示了元、明、清后学批判郑玄《周礼注》的方向，如清代四库馆臣评价郑玄《周礼注》曰："元于三礼之学，本为专门，故所释特精，惟好引纬书，是其一短。"① 这其间提到的郑玄《周礼注》之缺憾与宋人对郑玄《周礼注》的批评如出一辙。再如杨天宇先生在《郑玄〈三礼注〉研究》中，总结郑玄《三礼注》的问题和错谬七点，其中，"其二，郑《注》之谬，还在于用与阴阳五行思想紧密结合的宗教神学思想注经"，"其四，郑玄常以己意解经，因此《注》中颇多臆说"，"其五，郑注'三礼'，常以今况古，使经义易明，这本是郑《注》之一长，但他又常常犯以今代古、以今乱古的错误"，"其六，郑玄之经《注》，意思不明，或解释不确切，甚至自相矛盾处，亦往往有之"②，杨先生提到的郑玄《三礼注》的这些问题和错谬，我们在宋人对郑玄《周礼注》的批评中皆可找到。由此可知，宋人对郑玄《周礼注》提出的这些批评启示了后学批判郑玄《周礼注》的方向。

宋人对郑玄《周礼注》具体经说的驳斥，有些颇有价值，或可纠补郑玄《周礼注》之误，或可成一家之言，或可启发后学，能为元、明、清学者驳斥郑玄《周礼注》提供示范。此外，宋人驳斥郑玄《周礼注》

---

① （清）永瑢等：《四库全书总目》卷19《周礼注疏》提要，中华书局1965年版，第149页。

② 杨天宇：《郑玄三礼注研究》，天津人民出版社2007年版，第203、208、209页。

的不少失当之论,对于元、明、清的《周礼》研究亦有启发意义,能引发后学对相应郑玄《周礼注》之说的关注,并在宋人基础上继续研究,无论是申郑玄《周礼注》之说驳宋人之论,还是从宋人之说,驳郑玄《周礼注》之说,都能丰富并加深我们对郑玄《周礼注》的认知。诚如张舜徽先生所说:"乾嘉考证之学,都由宋代学者开辟途径、启示方法、为之先导。"①

宋人驳斥郑玄《周礼注》的方法,也有许多可取之处。我们梳理并总结宋人驳斥郑玄《周礼注》的方法,认为主要方法有六:其一,运用其他经典的相关记载驳斥郑玄《周礼注》之说;其二,运用《周礼》本经的相关记载驳斥郑玄《周礼注》之说;其三,从义理的角度驳斥郑玄《周礼注》之说;其四,从情理的角度驳斥郑玄《周礼注》之说;其五,引汉儒《周礼注》之说驳斥郑玄《周礼注》之说;其六,以宋人新说驳斥郑玄《周礼注》之说。这其中有不少方法有其合理性、实用性,也为元、明、清诸儒所效仿,如运用其他经典的相关记载驳斥郑玄《周礼注》之说、运用《周礼》本经的相关记载驳斥郑玄《周礼注》之说、从义理的角度驳斥郑玄《周礼注》之说、从情理的角度驳斥郑玄《周礼注》之说,元、明、清诸儒也常用这些方法驳斥郑玄《周礼注》。

第二,宋人开创的以义理解《周礼》的经学解释新方法,被元、明、清诸儒接受并效仿。

郑玄《周礼注》和贾公彦《周礼疏》作为汉唐"《周礼》学"权威著作,在训诂名物、考论制度方面取得了后人难以逾越的成就。宋人一方面吸纳郑玄、贾公彦解经之说;另一方面又对郑玄、贾公彦汲汲于名物训诂、制度考证的治经路径提出批评。他们认为,以郑玄、贾公彦为代表的汉唐"《周礼》学",过分侧重章句训诂,进而流于烦琐支离的训诂考证,不仅破碎大道,而且是非各异,更重要的是,"经典中的微言大义、儒学的真精神反而被淹没在文字训诂的海洋之中,变得模糊不清、

---

① 张舜徽:《清代学术的流派和趋向》,载《张舜徽学术论著选》,华中师范大学出版社1997年版,第249页。

难以捉摸,先王之道隐晦不明"①。有鉴于此,宋人诠释《周礼》时不再把诠释重点放在训诂考证上,而是特别重视阐发《周礼》所蕴含的制作之精义、圣人之微旨,还借经抒议,将通经和致用紧密结合,从而开辟了以义理解《周礼》的研究新途径,变"考证之学"为"论辩之学"。

宋人开创的以义理解《周礼》的经学解释新方法,被元、明、清诸儒接受并效仿。如元代吴澄《周礼考注》,明代王应电《周礼传》、柯尚迁《周礼全经释原》、唐枢《周礼因论》,清代李光地《周官笔记》、李钟伦《周礼训纂》、庄有可《周官指掌》、陈龙标《周礼精华》、孙诒让《周礼政要》、李步青《周官讲义》、胡翘元《周礼会通》,都侧重于阐发《周礼》经文大义,欲通古制于今政,以裨益国治。除此之外,不少清代学者还强调研究《周礼》要考据义理并重,既从文字训诂和名物制度考证方面诠释《周礼》,也从通经致用的角度阐发《周礼》所蕴含的微言大义,要求考据义理兼而有之。如姜兆锡《周礼辑义》、官献瑶《石溪读周官》、庄存与《周官记》、惠士奇《礼说》、江永《周礼疑义举要》、方苞《周官集注》、庄有可《周官集说》、蒋载康《周官心解》、连斗山《周官精义》、刘沅《周官恒解》、沈豫《周官识小》、曾国藩《读周官录》、孙诒让《周礼正义》都做到了兼考据义理之长。

由此可知,元、明、清诸儒接受了宋人开创的以义理解《周礼》经学解释的新方法,并将此方法与汉唐学者倡导的以训诂考证解《周礼》的方法并举,作为研究《周礼》必不可少的两种方法。

第三,宋人首倡"《冬官》不亡说",对元、明、清初的《周礼》研究影响广泛,并促成"《周礼》学"史上"《冬官》不亡派"的出现。②

---

① 杨世文:《走出汉学——宋代经典辨疑思潮研究》,四川大学出版社2008年版,第51页。

② "《冬官》不亡派"一说首见于《四库全书总目》卷19《周礼复古编》提要,曰:"然复古之说始于庭俸,厥后邱葵、吴澄皆袭其缪说,《周礼》者遂有《冬官》不亡之一派,分门别户,辗转蔓延,其弊至明末而未已。"清代的四库馆臣提出的"《冬官》不亡派",是指在《周礼》研究上与主"《冬官》不亡说"的学者观点一致。我们认同这一观点,也袭用"《冬官》不亡派"这一提法。我们认为,"《冬官》不亡派"出现于宋代,经历元、明,逐渐壮大,清代以后渐趋销声匿迹。

南宋初，胡宏和程大昌最先提出"《冬官》不亡说"①，但他们都没有论述此观点，后俞庭椿撰《周礼复古编》，系统论证了"《冬官》不亡说"，还提出具体的《冬官》补亡方案，至此新奇的"《冬官》不亡说"开始引起南宋学界的关注。如叶时、王与之赞同其说②，王与之和胡一桂效仿《周礼复古编》，也进行补亡《冬官》的具体实践，王著《周官补遗》，胡著《古周礼补正》。"《冬官》不亡说"在南宋末年流行开来，并逐渐集结成"《冬官》不亡派"。

元代，陈友仁推崇俞庭椿的"《冬官》不亡说"，欲推而广之，在其著作《周礼集说》后附《周礼复古编》；丘葵在俞庭椿、王与之补亡之说的基础上，参考诸家，穷毕生之力撰著《周礼补亡》，成为"《冬官》不亡说"的推波助澜者。明代，补亡《冬官》之作层出不穷，尚可考知的有：方孝孺《周礼考次目录》和《周礼辨证》，何乔新《周礼集注》，陈凤梧《周礼合训》，舒芬《周礼定本》，陈深《周礼训隽》，金瑶《周礼述注》，柯尚迁《周礼全经释原》，王圻《续定周礼全经集注》，郝敬《周礼完解》，钱士馨《冬官补亡》。由此可知，元、明时期"《冬官》不亡说"大畅，"《冬官》不亡派"日益壮大。

清初，"《冬官》不亡说"仍有追随者，进行补亡实践者也大有人在，尚可考知的就有王芝藻《周礼订释古本》、李文炤《周礼集传》、高宸《周礼三注粹抄》。清中期以后，学界视俞庭椿《周礼复古编》是窜乱"圣经"的始作俑者，评价曰"凿空臆断，其谬妄殆不足辨"③，"其说似巧，而其谬尤甚"④，"窜乱五官，以补《冬官》之亡，经遂更无完简"⑤，主张割裂补亡的"《冬官》不亡说"受到当时学界严厉的批判、抵制，虽仍有从事补亡者，如王宝仁《周官参证》，但"《冬官》不亡派"逐渐销声匿迹了。

---

① 胡宏观点参见《五峰集》卷4《极论周礼》，文渊阁《四库全书》本，集部，第1137册；程大昌观点参见《困学纪闻》卷4《周礼》引"程泰之云"，上海古籍出版社2015年点校版。
② 叶时观点参见《礼经会元》卷4下《补亡》，文渊阁《四库全书》本，经部，第92册；王与之观点参见《周礼订义》卷70，文渊阁《四库全书》本，经部，第94册。
③ （清）永瑢：《四库全书总目》卷19《周礼复古编》提要，第150页。
④ （清）永瑢：《四库全书总目》卷19《周礼复古编》提要，第151页。
⑤ （清）永瑢：《四库全书总目》卷19《周礼注疏删翼》提要，第155页。

我们以为,"《冬官》不亡派"所持观点虽狂妄臆断、荒诞不经,但从侧面深化了我们对《周礼》内容的认识,其所独具的学术史研究的价值不可轻忽。

第四,宋代兴起的《考工记》做专门研究,对元、明、清乃至现代的《考工记》研究都深有影响。

因西汉发现的《周礼》残缺《冬官》,汉人求之不得,遂取内容近似的《考工记》补缺,冠名曰"冬官考工记"。汉唐时期,《考工记》附庸于《周礼》,作为《周礼》的一部分被注解,对于《考工记》与《周礼》记载相抵牾处,经学家们也尽量沟通弥合。至宋代,学界质疑《冬官》是否佚亡、质疑《考工记》补亡《冬官》的合理性,《考工记》开始摆脱《周礼》附庸的地位,作为一部独立的古书被关注,南宋出现了专门注解《考工记》的著作,如陈用之《考工记解》、赵溥《兰江考工记解》、王炎《考工记解》、林希逸《鬳斋考工记解》等,这些针对《考工记》的研究渐趋细化,虽未摆脱经学范畴,但也彰显了《考工记》独立的学术价值。

宋代之后,针对《考工记》的专门研究多了起来,最直接的表现就是注解《考工记》的专著日益增多。如元代吴澄《批点考工记》,明代周梦旸《批点考工记》、林兆珂《考工记述注》、陈与郊《考工记辑注》、郭正域《考工记》、朱大启《考工记集注》、程明哲《考工记纂注》、徐昭庆《考工记通》、陈深《考工记句诂》、徐应曾《考工记标义》、焦竑《考工记解》、叶秉敬《考工绪论》、张睿卿《考工记备考》、朱襄《考工记后定》、张鼎思《考工记解》、陈仁锡《考工记句解》、林孟鸣《考工记述注》,清代程瑶田《考工创物小记》、方苞《考工记析疑》、戴震《考工记图注》、庄有可《考工记集说》、吕调阳《考工记考》、陈衍《考工记辨证》、陈衍《考工记补疏》、章震福《考工记论文》、王宗涑《考工记考辨》、牛运震《考工记论文》、丁晏《考工记评注》、陈宗起《考工记鸟兽虫鱼释》、孔继涵《补林氏考工记》、俞樾《考工记世室重屋明堂考》、钱坫《车制考》、张象津《考工记释车》、郑珍《轮舆私笺》、孔继涵《考工车度记》、李承超《车制考误》、徐养原《考工杂记》、吴治《考工记集说》、张泰来《考工记纂要》、王泰征《周礼考工辨》、李惇《考工车制考》、江藩《考工戴氏车制翼》、寇钫《考工释车》、阮元《考工记车制图解》。总之，元、明、清研究《考工记》的专著蔚为大观，内容也渐趋摆脱经学范畴，开始多元化、专门化，如明代徐光启的《考工记解》就运用科学技术考察《考工记》记载的工艺制度，力图开掘以《考工记》为代表的科技传统。

在研究方法上，南宋林希逸为方便初学了解《考工记》所载器物形制，在《鬳斋考工记解》中附图注解，这种以图注解《考工记》的方式对后世学者颇有启发，被继承并发扬光大，如明、清不少论解《考工记》之作都附图。如明代周梦旸《批点考工记》附《图说》、程明哲《考工记纂注》附《图》、徐昭庆《考工记通》附《图》，清代吕调阳《考工记考》附《图》，郑珍《轮舆私笺》附《图》。清代还出现了以图为主的"图注""图解"之作，如戴震《考工记图注》、阮元《考工记车制图解》等。现代学者注译《考工记》也仍采用图注的方式，如闻人军的《〈考工记〉译注》就广泛采用当时最新的出土器物图、画像石拓片、工艺原理示意图等图片辅助说明《考工记》中的器物形制、工艺制作，具有很好的注解效果。

今天我们将《考工记》视为中国古代科学技术的源流，若论对《考工记》进行专门研究的开先之功，当推宋人。

第五，推动了《周礼》辨疑之风的拓展与深入。

自西汉《周礼》现于世，辨疑就一直伴随着这部经典。如贾公彦在《序周礼废兴》中引马融《传》曰："时众儒并出共排，以为非是。唯歆独识……末年，乃知其周公致太平之迹，迹具在斯。"可知，西汉围绕《周礼》真伪曾有过争辩。东汉，林孝存认为《周礼》是"末世渎乱不验之书"，作《十论》《七难》加以排弃，郑玄则作《答林孝存周礼难》，回答林氏对《周礼》的质疑。魏晋，王肃不疑《周礼》之真伪，仅在注说上与郑玄立异，故针对《周礼》的辨疑之风一度衰熄。直到中唐，赵匡主张"《周官》是后人附益"之书，辨疑之风再起，但赵匡此说影响不著，并未引起当时学界的反响。

北宋庆历以后，学风转变，对经典的辨疑蔚然成风，欧阳修、苏轼、苏辙最先对《周礼》的内容提出怀疑①，张载、程颐、晁说之也认为《周礼》中有后人附会的内容。②南宋，不少学者将国家变乱归咎于王安石变法，因王安石自称法《周礼》行变革，故《周礼》成为众矢之的，围绕《周礼》真伪、作者的争辩更加激烈，与汉唐不同的是，宋人关于《周礼》真伪的讨论逐渐与《周礼》作者是谁的问题分道扬镳，开始趋向从整体架构、具体内容的角度判定《周礼》的真伪，此点对后世学者颇有影响。此外，《周礼》是否残缺、《周礼》是否践行于世、《考工记》补亡《冬官》合理性等问题纷纷被提出，《周礼》辨疑的范围被宋人拓宽了。

宋代广泛而深入开展的《周礼》辨疑，直接影响了元、明、清的《周礼》研究，清代就有不少《周礼》辨疑之作问世，如毛奇龄《周礼问》、万斯大《周官辨非》、龚元玠《周礼客难》、许珩《周礼注疏献疑》、蒋载康《周官心解》等，这些《周礼》辨疑之作虽瑕瑜互见，但都承袭了宋代大胆怀疑、勇于创新的精神，一些"《周礼》学"史上聚讼纷纭的问题也因此愈辩愈明。

---

① 欧阳修观点参见《文忠集》卷48《问进士策三首》《南省试进士策问三首》，文渊阁《四库全书》本，集部，第1102册；苏轼观点参见《东坡全集》卷48《天子六军之制》，文渊阁《四库全书》本，集部，第1107册；苏辙观点参见《栾城后集》卷7《周公》，文渊阁《四库全书》本，集部，第1112册。

② 张载观点参见《经学理窟·周礼》，《张载集》，中华书局1978年版；程颐观点参见《河南程氏外书》卷10，《二程集》，中华书局1981年版；晁说之观点参见《景迂生集》卷1《元符三年应诏封事》，文渊阁《四库全书》本，集部，第1118册。

《五礼通考》中的天神祭祀系统

霞绍晖*

摘　要：秦蕙田《五礼通考》(262卷) 是在接受朱熹《仪礼经传通解》编纂思想的基础上，仿照清代徐乾学《读礼通考》的体例，按照吉、凶、军、宾、嘉顺序编排。其中，吉礼最大，占127卷，分述祭祀天神、地祇、人鬼之礼。本文以天神祭祀为研究对象，将天神祭祀分为主祀之神、附祀之神、配祀之神三个等级，从祭祀主体、祭祀时间、祭祀地点、祭祀仪节等方面进行勾勒，以期通过对祭祀活动的考察，理解原始儒家祭祀天神的精神主旨。

关键词：《五礼通考》　天神　祭祀系统

清人秦蕙田所编《五礼通考》共计262卷，是在接受朱熹《仪礼经传通解》编纂思想的基础上，仿照清代徐乾学《读礼通考》的体例，按照吉、凶、军、宾、嘉顺序编排，裁剪《通典》《通志》《通考》《十三经注疏》及《二十四史》等各种文献资料，条分缕析，按类排比，后附以案语，成一代巨典，具有很高的学术价值。它是清代重要的礼书文献，也是汇纂历代礼制的集大成之作，在我国礼制史和学术史上有着重要地位。

秦蕙田（1702—1764年），字树峰，号味经，江南金匮（今属江苏无锡）人。他出生在一个学术氛围很浓的贵族家庭，祖父、父亲皆为当

---

* 作者简介：霞绍晖，生于1976年，四川江油人，四川大学古籍整理研究所助理馆员。主要研究方向：中国儒学、古籍整理、巴蜀文化。

时著名学者。祖父秦松龄，是顺治十二年（1655）进士，官至左春坊左谕德。左春坊是清王朝负责培养帝师的教育机构，雍正后不设太子，便充任文武殿试掌卷官，主要担任纂修、记注、廷试阅卷等事务。乾隆元年（1736），以第三人登第，即被授翰林院编修，领命入直南书房。后教读尚书房，旋迁侍讲，转右春坊右庶子，再改通政使司右通政，擢内阁学士，迁礼部右侍郎。丁忧服阕，补礼部左侍郎，调刑部右侍郎，转左侍郎，兼理国子监算学，充经筵讲官，擢工部尚书，兼理乐部，调刑部尚书，加太子太保，累阶至光禄大夫致仕，仕途可谓风光无限。其之所以备受乾隆重视，是因为其为官恪勤不阿，为子奉事敬孝，为人刚介自守，提携后进，皆自有风范。在其过世之后，乾隆巡视江南，幸驾其别业寄畅园，有"养疴旋里人何在，抚景愀然是此间"之句，可见其追念感怀如此。

秦蕙田少承家学，笃行经术。长入学塾，习经不辍。尤喜谈论易学，认为先儒对《易》的义理研究很多，而对象术的讨论却很少，于是标记每日所得，汇为一编，名之为"周易象义日笺"若干卷。又以为《诗》三百篇，古人都配有管弦之声，可以咏唱。汉魏之后，方始失其传，然而天籁之音，现在读起来都觉得绝妙之致，故与有相同看法的学友讲求讨论，用时曲来唱《诗》，这样才是诗乐合一。又兼采顾炎武、江声之说，考定《四声表》，欲通古韵于等韵，然因抱病，此书未成。而其他之学，诸如律吕、算数及医方、堪舆、星命家言，皆溯流穷源，得其要领，即使那些专门研修的名家之人，亦感叹以为莫及。而其学虽可谓通，然其最大经学成就，莫过于礼。

《五礼通考》所采之事，吉礼为最。从其《凡例》可知，秦氏于此部分用力尤甚。细究其因，盖有三端，一是"礼有五经，莫重于祭"；二是"两郊七庙，遗文缺微"；三是"谶纬繁兴"，"辨难滋起"。这些问题都有损于五礼的践行和传承。从其体例看，秦氏参考了前人诸如唐杜佑《通典》、宋马端临《文献通考》、宋朱熹《仪礼经传通解》、清徐乾学《读礼通考》等。他认为，马端临以郊、社、庙统之，但先农先蚕入郊、社不大相伦，六宗四类，又不能确指何神，笼统含混。朱子《仪礼经传通解》又增列百神一类，独立于祭天、祭地之外，尤显冗赘，还是《周礼·大宗伯》的划分合理科学，所以他采用了《大宗伯》的划分，"未敢

强分名目",可见其严谨如此。秦氏的分类如下:

圜丘祀天:祭天、祈谷、大雩、明堂、祭五帝(附祭寒暑)、祭日月、祭星辰(附祭风雨雷神)等。

方丘祭地:祭地祇、社稷(附城隍)、祭四望山川(附封禅)、五祭(祀户、祀灶、祀中霤、祀门、祀行)、禋六宗、祭四方四类、高禖、蜡腊、傩祭、酺祭、盟诅、衅祭等。

宗庙制度:宗庙祭祀(附律吕、五声、七音、八音),宗庙时享,禘祫,荐新,后妃庙、私亲庙、太子庙、诸侯庙祭,大夫士庙祭,祀先代帝王,祭先圣先享先卜,享先医,祭厉等21项。

祭祀作为一项宗教性的礼仪活动,具有仪式化特征。秦氏于《吉礼》"以义类相从",是从《吉礼》的义类来分类的,这并未反映祭祀的系统特征。故我们以祭祀对象——天为核心来梳理其祭祀系统,以便呈现传统祭祀的具体面貌。

中国古代的祭祀,天神是最重要的祭祀对象。秦蕙田在《五礼通考》卷1《圜丘祀天》开篇按语中引孔子的话说:"郊所以明天道也。"天道在古人的观念中,是万事万物的来源和根据,是人们认识观念的本源。天道的表现是"象",圣人则之,形成人事的各种法则。所以《礼记》有言:"天垂象,圣人则之。郊所以明天道也。"(《礼记·郊特牲》)天道来源于天,天在古人心中居最高位置,故以天神为天之主,祭祀天神,就是表达对天的敬畏,表达一种"报本反始"的感恩报德的观念。

《周礼·春官》载:"大宗伯之职,掌建邦天神之礼。"王朝要专门设置一个重要机构来负责打理祭祀活动,可见其在政治生活中的重要性。又《礼记·曲礼》载:"天子祭天地。"祭天的祭祀主体是天子,天子祭天,不能随意进行,必须有特定的时间和地点。《周礼·大司乐》载:"冬日至,于地上之圜丘奏之。"又《礼记·礼运》载:"祭帝于郊,所以定天位也。"又《礼记·郊特牲》载:"兆于南郊,就阳位也。"从这几句话中,我们可以考见,在冬至日,天子祭天于南郊的圜丘,这种祭祀又被称为"郊祀"。郊祀分为南郊和北郊,南郊祭天,北郊祭地,其祭祀典礼场面十分盛大,故秦蕙田云:"冬至取阳生南郊,取阳位;圜丘取象天,燔柴取达气,其玉币、牲牢、尊俎、乐舞、车旗之属，各以象类。"①

天神是一个复杂的系统，不是单一的独立存在。《礼记·礼运》中载："礼行于郊而百神受职焉。"注云："百神，列宿也。"又疏云："百神，天之群神也。"通过考察，我们会发现，天神是一个存在的系统，是有层次性的，我们大约分其为主祭、附祭和配祭三种情况。

主祀之神：昊天上帝。先民对于天的认识，有一个从现象到理义的发展过程。他们最先看到的天象是太阳、月亮、星辰、风雨雷电等，故在认识水平相对低下之际，神化这些现象便成为必然。我们可以想见，初始对天的祭祀，一定是以太阳作为祭祀具象来代表天的。"昊"从日从天，象日悬于天之貌，可见太阳在天的意义，是最重要的。昊天上帝是天神之君，《周礼·春官·大宗伯》有言："以禋祀祀昊天上帝。"宋代王昭禹说："昊天之有上帝，犹国之有君。五精之君，则犹四方之诸侯，诸侯有君道，故皆谓之君；五精之君，有帝之道，故皆谓之帝。"又曰："五帝则五精之君，昊天之佐也。凡在天者皆神也，故昊天为大神。"② 可见，昊天上帝是天神的君主，其有辅君"五精"。③ 之所以称其为君，尊之也。

附祀之神：日、月、星、辰、风、雨等天象。日、月、星、风、雨等天象，是人们能直观认识的呈现在天空的具象，故在神化天象的过程中，这些现象也自然要神化。同理，祭天之际，也不能不祭其余。然而祭祀是有主次的，主祭之神是昊天上帝，其余天神则附祭之。但我们需要明白的是，古人对天象的认识是一个发展的过程，随着认识的深入，认识星辰数目的增加，天神系统也随之变化，这也就是天之百神出现的原因，故郑玄注《周礼》，以日月星辰附之。

《周礼·春官·大宗伯》有言："以实柴祀日月星辰，以槱燎祀司中、司命、风师雨师。"疏云："此祀天神之三礼，以尊卑先后为此，谓歆神始也。"则祭天有三礼，按尊卑之序，先祭昊天上帝，这是主祭，附祭

---

① （清）秦蕙田：《五礼通考》卷1《吉礼一》，文渊阁《四库全书》本，经部，第135册，第131页。
② （清）秦蕙田：《五礼通考》卷1《吉礼一》，文渊阁《四库全书》本，经部，第135册，第138页。
③ "五精"之名，有的说是五帝，有的说是四方帝，见秦蕙田相关考证。

日、月、星、辰与司中、司命、风师、雨师。① 据注疏之意,司中、司命、风师、雨师都是列宿,与前日、月、星、辰并无区别。之所以分为三等,以三礼祭之,大概从直观感觉上看,日、月、星、辰等天象是静态的、遥远的,风、雨、雷、电等天象是动态的、邻近的。风、雨、雷、电盖有其发生的根据,那就是与日、月、星、辰差不多的星宿,而这些星宿,显然没有日月星辰那么重要,故列为第三等。这实际上反映了先民认为风雨雷电这类自然现象的发力来自不同星辰的观念。

配祀之神:祖先神。所谓配祀,是指祭祀主体在祭祀天、地、人鬼之神时,以与之有特殊关系的人鬼陪祭。有的文献称其为"配食",有的又称之为"祔祀",有的又称之为"合祭"。配享之制,始于何时,今尚无确论。然其见于经者,多所能考。《易·豫卦》有言:象曰:"雷出地奋,豫。先王以作乐崇德。殷荐之上帝,以配祖考。"又《诗·周颂·思文》有言:"思文后稷,克配彼天。"有人以为以祖配天始于周公,然《礼记·祭法》明确记载了虞夏商周祭天所配之祖,有悠久的历史。

从笔者有限的考察来看,学界对于配享的学理研究,还相对薄弱,部分只涉及配享的制度现象,而未对历史的、动态的、立体的配享加以研究。本文因只对配享之鬼进行描述性归纳,故不涉及其学理层面。

从经文看,以祖宗神配祭天,有虞氏就开始了。何以祖先神配祀呢?《孔子家语》有言:"定公问曰:'古之帝王必郊祀其祖以配天,何也?'孔子对曰:'万物本乎天,人本乎祖,郊之祭也大,报本返始也,故以配上帝。'"又《大戴礼·朝事篇》有言:"祀天于南郊,配以先祖,所以教民报德,不忘本也。"

各个时代配祭的祖先神是不同的,《礼记·祭法》云:"有虞氏禘黄帝而郊喾,祖颛顼而宗尧;夏后亦禘黄帝而郊鲧,祖颛顼而宗禹;殷人禘喾而郊冥,祖契而宗汤;周人禘喾而郊稷,祖文王而宗武王。"郑注:"禘、郊、祖、宗,谓祭祀以配食也。"疏云:"《正义》曰:此一经论有

---

① 按《礼记·祭义》云:"郊之祭,大报天,而主日,配以月。"此经文与《周官·大宗伯》相抵牾。宋周谓曰:"大报天,当以昊天为主,此言主日,误矣。"(见宋卫湜《礼记集说》卷65引)此论确矣,日月皆附祀之神,非昊天上帝之本然。秦蕙田按语云:"上帝为祭主,日月为从祀,于义无伤"。(见《五礼通考》卷2《吉礼二》)

虞氏以下四代禘、郊、祖、宗所配之人。有虞氏禘黄帝者，谓虞氏冬至祭昊天上帝于圜丘，大禘之时，以黄帝配祭。而郊喾者，谓夏正建寅之月，祭感生之帝于南郊，以喾配也。……"则其祭天以祖宗配，是不同的。有虞氏祭天以喾配祭，夏后氏祭天以鲧配祭，殷人祭天以冥配祭，周人祭天以后稷配祭。可见，西周祖先神配祭与前代不同。周以前，强调"亲亲"，以报其生养之功，故郊其近而祖其远。周之礼文，强调"尊尊"，以报其修德之业，故郊其远而祖其近。祭天之时以祖配祭，其意义已经超出了原始宗教尊自然神的范畴，转而伦理化了。而周代又郊远祖近，实际上又是把远祖神格化。这种变化是礼制发展促成的，可视其为国家宗教性的进一步淡化，转而行之以道德和制度。

祭祀主体：天子。祭祀是国家的重大典礼活动，祭天尤其重要。《涣》卦《象下传》云："风行水上。涣，先王以享于帝立庙。"疏："先王以涣然无难之时，享于上帝以告太平。"故祭天几乎成为天子宣扬主权的重要手段。《礼记·曲礼》有言："天子祭天地。"疏云："天地有覆载大功，天子主有四海，故得总祭天地以报其功。"又《汉书·郊祀志》有言："丞相衡御史大夫谭奏言：帝王承天之序，莫重于郊祀，故圣王尽心极虑以建其制。"又《礼记外传》云："王者冬至之日祭昊天上帝于圜丘，诸侯不祭天。"这无疑都是反映天子是祭天主体的理性阐述。

天子祭天有着特定的时间和地点。一方面是把祭祀活动神圣化的需要；另一方面是凸显君权神授的重要手段。这体现了王者神道设教、借神治国的政治实际。

《礼记·礼运》有言："祭帝于郊，所以定天位也。"《郊特牲》曰："兆于南郊，就阳位也。"又《大司乐》云："冬日至于地上之圜丘奏之。"疏云："言圜丘者，按《尔雅》'土之高者曰丘'，取自然之丘。圜者，象天圜，既取丘之自然。"可见，祭天的地点是很讲究的。首先，祭祀必须选在市井之外较为僻静的城郊，以示其尊。《礼记·礼器》载："因吉土以飨帝于郊。"《礼记·郊特牲》载："祭天扫地而祭焉，于其质而已矣。"其次，天属阳，故兆于南郊。在古人看来，阳气始生于南方，阴气始生于北方，这和我国所处的地理位置有关。我国绝大部分土地，都在北回归线以北，太阳照射强度自然从南到北渐渐减弱。这体现了古人"仰观俯察"后的经验总结。再次，祭天的地方称为"圜丘"。《广雅》载:"圜丘、太坛,祭天也。"《通典》云:"坛名泰坛,在国南五十里。"司马法云:"百里为远郊,近郊五十里。"我们需要注意的是,最初祭天,在圜丘之上。圜丘是因地而选的自然土丘,经过简单打扫,非人力所建,即经云"于其质而已",这是天子冬至日祭祀昊天上帝的地方。最后,祭祀是有特定时间的。从经典中我们可以知道,其时间大致以自然年为周期。

《尔雅·释天》载:"春祭曰祠,夏祭曰礿,秋祭曰尝,冬祭曰烝。"可见这是以季节不同而祭的。程颐云:"古者一年之间祭天甚多,春则因民播种而祈谷,夏则恐旱暵而大雩,以至秋则明堂,冬则圜丘,皆人君为民之心也。"① 又秦蕙田云:"古者天子一岁祭天有四,而冬至为正祭。"② "故统观诸儒之说,自当以冬至、元日、孟夏、季秋四祭为祀天之正。"③ 由此则一年有四次主要祭祀,分别是冬至日郊祀上帝于圜丘、孟春元日祈谷于上帝、仲夏大雩、季秋大飨。这些祭祀,天子都必须亲自到场,背后却体现人君为民祈祷,为民谋福祉的象征意义。

祭天是一个盛大而严肃庄重的典礼仪式,除了上面讲的祭祀对象、祭祀主体、祭祀场所、祭祀时间外,在祭祀程序、祭祀用品、参与祭祀人员、祭车祭服、祭祀音乐等方面都有着严格的规定,并且形成了一个庞大的中央办公机构,以充分表达对天的礼敬。

从经典所出现的祭名④看,祭天分常祭和告祭。所谓常祭,是指每年都在固定时间、固定地点进行的祭祀。所谓告祭,是指特殊情况下进行的祭祀,如自然灾害的发生、战争爆发、特殊天象出现等。

---

① (宋)程颢、程颐撰,潘富恩导读:《二程遗书》,上海古籍出版社2000年版,第342页。
② (清)秦蕙田:《五礼通考》卷1《吉礼一》,文渊阁《四库全书》本,经部,第135册,第144页。
③ (清)秦蕙田:《五礼通考》卷1《吉礼一》,文渊阁《四库全书》本,经部,第135册,第143页。
④ 按:祭名是一个很复杂的问题,对祭名的研究,甲骨学领域研究较多,诸如罗振玉、王国维、陈梦家、日本岛邦男等有着相关著作。然而这些研究,还在祭名的考释层面。20世纪80年代至今,展开了更为深层的讨论,然而仍然存在诸多不足,可参见中国社会科学院李立新的博士学位论文《甲骨文中所见祭名研究》(2003年)。因这个问题太复杂,是另一个研究问题,不做具体的讨论。

表1　　　　　　　　　　祀天系统

	昊天上帝（主神）	日月星辰（附神）	风雨雷电（附神）
祭祀主体	天子	天子	天子
祭祀时间	冬至	春分祭日、秋分祭月	经无载
祭祀地点	圜丘	礼日南门王宫坛、礼月北门夜明坛	幽禜
配祀	始祖	经无载	经无载
陪祀人员	朝臣	部分朝臣	部分朝臣
祭祀音乐	奏黄钟，歌《大吕》，舞《云门》	经无载	经无载
祭祀器物	苍璧四	经无载	经无载
祭祀牺牲	苍犊	经无载	经无载

从上表可知，祭祀天神等，礼仪也有等差之别，此所以"明尊卑"也。天神众多，各自有序，故在礼仪上面，都是有所体现的。如祭祀时间，冬至日是一阳来复的时间，祭祀只能是昊天上帝，即天神中位最高最尊者。春朝祭日，秋暮祭月，日月有尊卑，风雨雷电诸神，祭祀时间都是不固定的了。祭祀昊天上帝，时间、地点、祭祀主体、陪祀人员、歌舞、器物、牺牲全部都固定不变，形成制度。正如《易·乾卦·文言》有言："大哉乾元，万物资始，乃统天。"天神系统是祭祀的最高信仰神，故秦蕙田说："天为百神之君，天子为百姓之主，故惟天子岁一祭天。"（卷1案语）天神——昊天上帝为百神之君，是所有神的最高统治者，故应在人事，便是最终根据。天神系统中，日、月、星、辰、风、雨、雷、电之类，各有神位，各有管辖，互不干涉，故人事各种关系，也如天神系统一样，各有所归。这种系统的建立，显然是基于人们仰观象于天而形成的。唐李翱在《杂说》中云："日月星辰经乎天，天之文也。"[①] 所谓天象，就是日、月、星、辰，风、雨、雷、电等自然现象。因当时认识能力不逮，故以之为神。

据陈梦家《殷墟卜辞综述》，在甲骨文中，殷人不称天为"天"，而

---

① （唐）李翱：《李文公集》卷5《杂说》，文渊阁《四库全书》，集部，第1087册，第123页。

称作"上帝"或"帝",天却表示"大"的意思。据常玉芝总结,甲骨文中所见帝的权能有"令雨""令雷""令雹""令风"等,由此可知,帝是能控制各种气象的,具有支配风、雨、雷、电等自然气候的能力。上帝不但可以支配自然气候,可以支配年成,还能左右城邑安危和战事胜负,还能左右商王祸福。可见,帝的职能非常强大,上管天,下管地,中间还管人。由此可推,上帝在商人心目中,是主宰神,有着至上的权能。不但如此,商人还认为天神与人间一样,有朝廷,有君有臣,俨然是人伦化的世界。①

郭静云认为,中国上古信仰脉络大致是:"信仰—哲学—新信仰"。②从祭祀天神的系统的认识来看,其说法是相对有道理的。在夏商之际,其所信仰的对象,已经不是原始的形象了,而是经过人们意志观念作用而形成的新形象,天就是这种新形象,既有神性的一面,也有人性的一面。神的一面,表现出来就是天命,而人的一面表现出来就是仁义。《礼记》所载"郊所以明天道",天道的核心就是仁义。

在先民观念中,天不是孤立的,天神也不是孤单的,天神是一个群体化的称呼,经文中的昊天上帝,就是天神系统中的君主,君主神与其他神之间,有着指使与被指使的关系,这种指使关系,不是随意的,是有条件和制约机制的,那就是道。《礼记·郊特牲》有言:"天垂象,圣人则之,郊所以明天道也。"天道作用于世间,生成天命,天命是人事与天相感的结果。所以《周易·系辞》有言:"《易》之为书也,广大悉备,有天道焉,有人道焉,有地道焉。兼三才而两之,故六,六者非他也,三才之道也。"

信仰天道,是因为"畏天命"。先民认为,天命是人类无法掌控的,是冥冥之中的天帝暗中操纵的,故《尚书·多士》有言:"天命靡常,惟德是辅。"德的根据就是对天道的尊敬与遵从,不能违背天的意志,否则天将降命,制造灾难,违背天的意志的人,就会受到相应的惩罚。可见,天道是天命发生的根据,天命是天道感应于人事的表现。所以说,祭天

---

① 参见常玉芝撰《商代宗教祭祀》第2章,中国社会科学出版社2010年版。
② 参见郭静云《天神与天地之道——巫觋信仰与传统思想渊源》,上海古籍出版社2016年版。

就是感恩天之大德，同时也教化人们要遵守天命，以防受罚。

结　语

　　天是中华传统文化中十分重要的元素，在认识水平低下的原初时代，天是绝对的信仰对象，并且成为各种思想和行为的最终根据。随着人们认识水平的提高，天的意义开始发生变化，成为人事效法的准则。儒家在继承传统的基础上，把礼的最高根据归结为天道。由此，天道信仰便成为中国传统社会的重要信仰内容，并且一直延续贯穿整个传统社会。从新时代来看，虽然信仰发生了革命性的变化，但传统信仰的影响力依然存在。我们在复兴传统文化的同时，关注对传统信仰的研究与考索，是我们重建当代信仰的重要途径。信仰作为价值观念的根据，作为人们行为的重要指南，在人类社会中的作用是不会消失的，我们只有在传统的基础上重塑当代的价值信仰，才能凝聚民族成员，才能为本民族文化发展提供灵魂性的方向。由此，把天神系统作为信仰天道的对象，是我们认识天道信仰的主要目的，从吉礼的祭祀礼仪来呈现天道之由，亦是我们认识和理解传统信仰的重要内容之一。

试论陈光煦的《仪礼》研究

邓声国[*]

摘 要：作为清代晚期的一位汉学考据派代表人物，陈光煦在《仪礼》研究方面成就颇丰，著述有《仪礼通诗释》和《礼经汉读考》各17卷，形成了独特的诠释风格，特色鲜明。《仪礼通诗释》一书，开启了清人诗礼互证式研究之先河，在礼经研究的诠释视角、诠释焦点、诠释方法及其文献称引、著述形式卷次安排的选择与安排上，可谓独具特色。而陈氏所著《礼经汉读考》一书，则踵武段玉裁同名之作而补续之，辨析今古文之同异，博取群经故训以为佐证，在延续段氏之作的诠释视角、诠释体例、诠释方法的同时，务求有所发展创新，充溢着现代语言文字学的诠释风格与诠释色彩；从崇尚"郑学"的角度来看，陈氏《礼经汉读考》的礼制疏证取法郑玄据行文辞例推论的做法，对于推导分析郑氏古今异文的取舍理据颇有参考价值，彰显了汉学考据派的考辨工夫。

关键词：陈光煦 《仪礼通诗释》 《礼经汉读考》 著述特色

清代晚期，受社会时代环境因素的影响，一大批学者大力倡导"经世致用"的治学取向，甚至有学者主张为政治而做学问，尽管如此，仍有少数学者延续乾嘉以来的治学理路，如孙诒让、俞樾、于鬯等学者，颇为后世学人所重，可谓享誉学界。就"《仪礼》学"研究而言，四川酉

---

[*] 作者简介：邓声国，生于1969年，江西上饶人，井冈山大学人文学院教授。主要研究方向：中国古典文献学、经学史。

阳学者陈光煦亦值得今人瞩目，并著述有《仪礼通诗释》《礼经汉读考》这两部皇皇巨著，虽然不如乾嘉时期汉学考据派学者的著作影响那么深远，但相对于邵懿辰、廖平、康有为、皮锡瑞等晚清民国知名学者而言，却也保存了汉学的火种，推进了《仪礼》文本的精细化研究，具有不可抹杀的学术地位。

陈光煦，字斗垣（一作斗园），生卒年不详，四川酉阳（今属重庆市）人。出身于官宦之家，满门为官为学，其父陈序乐，庚午科举人，官拜国史馆誊录，知直隶省保定府定兴县正堂、诰授奉政大夫；长兄陈光熊，监生，官直隶宣化县典史；二兄陈光麃，咸丰十一年（1861）从征发匪功，保府经历，官镇远府参军；三兄与五弟均为酉阳州太学生；六弟陈光熬官拜武翼都尉；其祖父陈继业，也以父序乐贵，封承德郎，以兄弟贵，赠奉政大夫。光绪二年（1876），陈光煦到成都尊经书院学习，成为书院廪生。光绪五年（1879），经学家王闿运应四川总督丁宝桢之邀来到成都，担任尊经书院山长，遂从王闿运问学。起初，陈光煦潜心跟王闿运学治《公羊》、《穀梁》、《左传》、《师说》、"《春秋》三传"等，后来转习《仪礼》。书院就读期间，陈氏曾作有《大夫士庙无夹室〈聘礼〉士有夹室解（并考夹室所在)》《男子夹拜妇人不夹拜说》等考证性小短文，奠定了其此后的礼经学研究成就。书院肄业后考取功名，以大挑选授直隶定兴县知县、奉调山东德州知事。中华民国元年（1912）在山东馆陶管理税务，后任山东师范学堂教习。作为一名晚清蜀中经学家，曾著有《春秋三传会义》12卷，目前少有传本。此外，陈氏在"《仪礼》学"上颇有造诣，并著有《仪礼通诗释》和《礼经汉读考》二种，各17卷。1909年9月22日，山东巡抚孙宝琦上书奏称："候补知县陈光煦，辑成《礼经汉读考》十七卷，首卷士冠礼，为乾隆年间四川巫山县知县段玉裁所作，后十六卷，皆陈光煦踵武。考据详明，征引确当，缮分六册，咨送军机处恭候呈进。"[1] 由此得以在学界流传开来。有鉴于此，本文拟专就陈氏此两种礼经学著述略加介绍。

---

[1] （清）陈光煦：《仪礼通诗释》卷首，国家图书馆藏光绪间抄本第1册。

一 《仪礼通诗释》与诗礼互证研究

陈氏《仪礼通诗释》一书，今所目见者，凡17卷，当早于其所著《礼经汉读考》一书。据是书卷首前之《自序》时间标署，系作于光绪二十八年（1902），则《仪礼通诗释》一书成书至迟不会晚于这一年。详审《仪礼通诗释》一书《自序》，陈氏撰述该书的主要缘起，主要出于两重因素的考虑。

其一，陈氏在研读《仪礼》经文之际发现，礼经记载的礼制内容大多可以在《诗经》当中得到印证，例如："《冠礼》'屦，夏用葛'，即《魏风》之'纠纠葛屦'；《昏礼》'执烛前马'，即《唐风》之'绸缪束薪，于旄咏于'；《射礼》'旅酬'，即是手仇；《特牲》《少牢》之'献酢'，《诗》皆咏之，《序》言'主文谲谏'者，谏失礼也；《聘》《觐》燕享，明外交之义；《南风》《雅》《颂》，见政治之精。惟通其大义，则六艺皆圣人经世之书"①。

其二，陈氏发现汉儒释《礼》多引《诗经》相互印证，如"卜氏因《诗》悟《礼》，孔子云：'不能《诗》，于《礼》谬。'汉儒说《礼》多引《诗》，小戴《记》《仪礼》郑注引《诗》百有一条，太史公《礼书》引《清庙》歌，《大戴礼》《周官》注、《白虎通义》、叔孙《礼器制度》多以《诗》为证"②。

作为一部礼经的汉学考据性著述，《仪礼通诗释》尽管以札记形式结构全书，却又颇有别于清后期的其他各类礼经学著作，不求烦琐的考据，颇为彰显陈氏自身的学术个性，治学特色亦较为鲜明突出，简言之，主要体现在数个方面。

首先，从诠释视角来看，该书采取注体的训诂体式，却又主于《诗》《礼》互证，摘取礼经与《诗》文可互相发明贯通者诠释之。换句话来说，陈氏更强调根据《诗经》文本材料来解释《仪礼》经文，并不撷取其他儒家典籍乃至各类史部、子部、集部著作加以印证。陈氏诠释礼经

---

① （清）陈光熙：《仪礼通诗释》卷首《自序》，第1册。
② （清）陈光熙：《仪礼通诗释》卷首《自序》，第1册。

的焦点，在于礼经文本字词及其所记载的礼制内容，力求通过撷取《诗经》文本文句及其各类诗学诠释文献加以佐证互通。这是该书最大的学术特点。可见，陈氏此书的著述，在很大程度上是对汉代学者释《礼》多引《诗经》相互印证传统的延续，试图实现帮助读者明了"惟通其大义，则六艺皆圣人经世之书"① 的诠释目的。

其次，从文献称引角度来看，该书也有别于其他同时代学者的著作。一是陈氏称引文献不追求广博，不致力于旁征博引，一切以简明实证为诠释手段。二是称引的文献主要集中在《诗经》《仪礼》经文本身及其相应的注释材料，特别是汉代学者的注释材料。三是《诗经》文句的称引一般不标识所属篇目，仅说明诗文出处的类属。如该书卷1部分，《士冠礼》"兄弟毕袗玄"一条下，有这样一段诠释文字："《注》：'兄弟，主人亲戚也。'《小雅》：'兄弟无远'，《笺》：'兄弟，父之党，母之党。'"② 陈光煦仅仅通过征引《仪礼》《诗经》经文及郑玄《注》《笺》训释语，便圆满地达到了诠释的目的，行文亦极为简明。

再次，从诠释方法来看，陈氏强调适当借助音韵分析因声求义的诠释方法，帮助读者明了古注中难以明晰的礼制文化内涵。例如，该书有这样一条，《乡饮酒礼》"乃息司正"，陈氏诠释说："《注》：'息，劳也。劳赐昨日赞执事者。'《周颂》：'兕觥其觩，旨酒思柔，不吴不敖，胡考之休'，《笺》：'柔，安也。绎之旅士用兕觥。'按：觥、觚一声之转，用木用兕异耳。自大夫以下谓之觯，君爵谓之觚。礼所谓象膳觯者其实酒。养老则宾醴所容加至一斗，故又谓之大斗。旨酒，醴也。休，息也。祭之明日而燕，燕之意主于休息，故《记》云'明日乃息司正'。"③ 一句简简单单的"觥、觚一声之转"训释话语，却道破了古人名物命名取义之由；寥寥一句"休，息也"，揭示了二者之间的双声关系及意义关联。

复次，从部分按语条目的诠释来看，陈光煦较少关注礼经文本的礼意与礼义诠释，更多着眼于以小见大的诠释视角，揭示和发覆礼经文本

---

① （清）陈光煦：《仪礼通诗释》卷首《自序》，第1册。
② （清）陈光煦：《仪礼通诗释》卷1《士冠礼》，第1册。
③ （清）陈光煦：《仪礼通诗释》卷4《乡饮酒礼》，第2册。

个别词语自身蕴含的礼制文化内涵。例如,《士昏礼》"女次"一条,陈氏诠释说:"《注》:'首饰也,今时髲也。'据《周官·追师》注疏,'次'与《诗经》之'被'为一物,《召南》:'被之僮僮。'被,《广雅》'髻','髻'即《追师》'副',《汉书》章怀《注》:'副,妇人首服,三辅谓之假。紒被者,所以配褖衣也。妇人之褖衣,因男子之玄端。'"① 这种从细微处着眼的诠释方法,与陈氏考据学家的治学特点极为相称。

最后,从著述形式卷次的安排角度来看,通观陈光熙《仪礼通诗释》全书,17 卷诠释的礼经篇目安排与贾公彦《注疏》17 篇次第相对应,每一卷下都依次根据礼经各篇原文的先后次序罗列考释。这类诠释举措充分表明,对于《仪礼》17 篇刘向、郑玄的编排次第,陈光熙持一种完全赞同与高度体认的态度。

要之,陈光熙在《仪礼通诗释》中的这种《诗》《礼》互证式研究,对于疏通《仪礼》与《诗经》之间的礼制关联性,具有研究领域的开拓之功,是第一部开山之作,为 20 世纪 80 年代的诗礼互证式研究开启了先河,颇具学术影响力。例如,中华民国年间,杨树达撰述《汉代婚丧礼俗考》一书,颇与《仪礼通诗释》治学之风相像。杨氏从《汉书》《后汉书》等大量历史文献中抽绎出一系列文献材料,引证说明汉代婚嫁及丧葬方面的习俗情况,广征博引详加考证分析,很有可能受到了陈光熙此书撰述的影响。

二 《礼经汉读考》与续补段氏之作

《礼经汉读考》一书,是陈光熙的又一部礼经学皇皇巨著。其所著述,缘起于段玉裁之作——《仪礼汉读考》,可惜的是段氏之书却是一部未完稿,而且段氏临终前仅仅完成礼经《士冠礼》一篇的诠释部分。诚如段氏于嘉庆十九年(1814)十二月在其所著之书卷末所附《跋》文称:"《礼经汉读考》一卷,其他十六卷未成,后之人当有能踵为之者。"② 正

---

① (清)陈光熙:《仪礼通诗释》卷 2《士昏礼》,第 1 册。
② (清)段玉裁撰,钟敬华校点:《经韵楼集·仪礼汉读考》,上海古籍出版社 2008 年版,第 356 页。

是出于弥补这一缺憾的缘故，陈光熙继段氏之述而起补作之念，踵武段氏之书，最终于宣统元年（1909）完成《礼经汉读考》，凡 17 卷，诚可谓踵武段氏之功臣，也是清后期汉学考据派最具影响力的一部礼经学著作。

陈光熙《礼经汉读考》一书现有宣统元年（1909）石印本传世，该本卷首有光绪十九年（1893）陈氏《礼经汉读考叙》1 篇，卷末又收藏有荣庆时、赵藩、翁同龢所作 3 篇《跋》文。全书凡 17 卷，卷一收录了段玉裁《仪礼汉读考》原文，但陈光熙在收入此书时又有所增补，并标以"光熙按"字样予以区别；卷 2 至卷 17 则全由他所著。陈氏各条疏证文字，大致上以《仪礼》古今异文的疏证为主，深入探讨郑氏异文取舍之由，少数条目则兼及郑氏破读释例的情况。就该书的礼经诠释研究而言，陈氏研究颇具特色，就其要者而论，主要体现在六个方面。

首先，从诠释理路而言，陈氏该书除了具有传统经学的诠释特性外，同时也具有了一些现代语言文字学的诠释色彩。在陈光熙之前，探讨《仪礼》古今异文并加以疏证的著述并不少，如李调元《仪礼古今考》、程际盛《仪礼古文今文考》、徐养原《仪礼古今文异同》、宋世荦《仪礼古今文疏证》、严可均《仪礼古今文异同说》（存佚不详）、胡承珙《仪礼今古文疏义》等[①]，都是此类的代表性著作。陈光熙著述《礼经汉读考》一书时，随着西学东渐的不断深入和影响加大，在晚清之际，语言文字学作为一门学问逐渐从经学附庸的"小学"中独立出来，文字学、音韵学的影响更趋深入传统学者的学术。正是在这样一种学术背景影响之下，陈光熙的古今异文疏证被更多赋予了一种新的学术元素和色彩，充溢着现代语言文字学的诠释特点。可能正是基于这一方面的考虑，荣庆时在给该书作《跋》文时声称："其为此书，盖以《礼经》之义不能尽人而喻，因取古之语言文字沟而通之，亦如求新知识者之于英、法、德、日之文言，务罄其移译之力，庶人人鉴于无礼则危而返于自强焉，

[①] 按：有关此类著作，笔者在《清代〈仪礼〉文献研究》第八章第三节中，将他们视作"《仪礼》今古文校勘类著作"，并将此类古今异文的疏证工作看作清儒《仪礼》文献校勘的一大类别。限于体例，本文不再逐一对他们详加介绍和讨论，请参见《清代〈仪礼〉文献研究》，上海古籍出版社 2006 年版。

此其著书之微意也。"① 相比较之下，此前李调元、程际盛、徐养原、宋世荦、严可均、胡承珙等人对《仪礼》古今异文的疏证，更多是立足于经学诠释背景下展开的诠释研究，考据色彩更为突出。

其次，从承继段玉裁《仪礼汉读考》的角度来看，作为一部踵武段氏之作，陈氏的《礼经汉读考》在诠释视角、诠释体例、诠释方法等方面都有众多延续，但又并不完全因袭，而是有所发展和创新。光绪乙未年（1895）三月，赵藩给陈氏之书撰写《跋》文称："陈斗垣孝廉仍段氏体例，踵而为之，统成书十七卷，辨析今古文之同异，博取群经故训以为佐证，阙疑存信，精当不苟，于郑《注》时有推勘，匪第足以纠段。"② 另外，光绪二十四年（1898）戊戌闰月，翁同龢给陈氏之书撰写《跋》文也称："大箸捃《礼经》之异文，区六书之声类，合符复析，释滞解疑，继武金坛，洵无愧色。"③ 赵藩、翁同龢二人的《跋》文，均从延继段玉裁《仪礼汉读考》治学的角度，既指出了陈光熙《礼经汉读考》与段氏治学上的继承关系，同时也肯定了陈氏著述有其创新之处，可谓精允恰当之言论，这从下文分析中可以得以印证。

再次，从诠释视角来看，陈光熙的《礼经汉读考》更善于借助音韵手段，深入探究《仪礼》今古文异文之间的音义关系。考之清中期学者李调元、程际盛、徐养原、宋世荦、严可均、胡承珙等人的著作，虽然他们有时也注意疏通今古文异文之间的音义关系，但他们并不长于上古音韵理论的研究，所运用的音韵理论大都还很不成熟，往往借助"凡从亶、从善之字古多通用"④，"大抵古文多假借，又多从省"⑤ 之类训语揭示字词之间的音义关系，缺乏严格的上古音声韵定位，甚至有些学者由于不明古音规律，只能借助中古音进行音韵分析，如"讬在铎韵，宅在

---

① （清）荣庆时：《仪礼汉读考跋》，载陈光熙《礼经汉读考》卷末，光绪三十四年石印本，第4册，第38页。
② （清）赵藩：《仪礼汉读考跋》，载陈光熙《礼经汉读考》卷末，宣统元年石印本，第2册。赵氏此跋文，光绪三十四年石印本《礼经汉读考》并无，此处宣统元年石印本援引。
③ （清）翁同龢：《仪礼汉读考跋》，载陈光熙《礼经汉读考》卷末，第4册，第39页。
④ （清）徐养原：《仪礼古今文异同》卷3《聘礼》，《续修四库全书》，经部，第90册，第304页。
⑤ （清）徐养原：《仪礼古今文异同》卷1《士冠礼》，《续修四库全书》，经部，第90册，第281页。

陌韵，古音同部"①之类，说服力较弱。而陈光煦《礼经汉读考》则更强调运用清儒最新的上古音研究成果，特别是借助段玉裁《六书音均表》的古音十七部划分理论，进行文字的上古音韵地位的分析，从而使自身的诠释理据显得更趋充分，说服力更强。例如，《士相见礼》载："在野，则曰草茅之臣。"郑《注》曰："古文茅为苗。"陈氏《礼经汉读考》卷3云："《说文》云：'苗，草生于田者。''茅，菅也。'虽同为草而迥别。此古文以茅为苗者，苗古音在第二部，茅古音在第三，音近古多假借耳。《洛阳伽蓝记》云：魏时苗茨之碑，实即茅茨，取尧舜茅茨不翦也。"②这一则考释中，陈氏既剖析了"苗""茅"二字上古韵部的实际情况，又举《洛阳伽蓝记》之例证实自身分析的可行性与实证性，使结论更加令人信服。

续次，从文献引证角度来看，陈氏《礼经汉读考》引据详博。《仪礼》今古文校勘类著作的治学目的在于，结合各类音韵、训诂材料，疏证《仪礼》今古文异文之间的音义关系，明辨郑《注》取舍之精。陈氏《礼经汉读考》作为此类校勘成果的代表性之作，更加强调疏证过程中的引证文献的广博性和确切性。在程继盛、宋世荦、胡承珙等人的著述中，更注重强调先秦典籍异文材料之广综博采，例如，《士冠礼》载："面枋"，郑《注》说："今文枋为柄。"宋氏《仪礼古今文疏证》卷上载："《士昏礼》'皆南枋'，注：'今文枋为柄。'《特牲馈食》注'东枋'，《释文》：'枋，本亦作柄。'《周礼》'内史掌王之八枋之法'，《释文》：'枋，本又作柄。'《小戴记·礼运》'以四时为柄'，《释文》：'柄，本又作枋。'《五经文字·木部》：'枋，古柄字。'"③几乎将"三礼"中的"柄""枋"异文材料搜罗殆尽。与他们相比，陈光煦《礼经汉读考》的治学略有差异，他从现代语言文字学诠释角度入手，更加注重小学类文献，更多喜欢征引字书、音韵类典籍文献中的训诂材料，以及大量前人文句训诂材料，例如，《大射仪》载："记拾取矢，梱之"，郑《注》说：

---

① （清）徐养原：《仪礼古今文异同》卷1《士相见礼》，《续修四库全书》，经部，第90册，第290页。
② （清）陈光煦：《礼经汉读考》卷3《士相见礼》，第1册，第37页。
③ （清）宋世荦：《仪礼古今文疏证》卷上《士冠礼》，《续修四库全书》，经部，第91册，第291页。

"梱，齐等之也。古文梱作魁。"陈氏《礼经汉读考》卷7载："光熙按：梱、魁皆假借字，本字当作棞。《说文》载：'梡，棞木薪也。''棞，梡木未折也。'《一切经音义》四引《通俗文》曰：'合薪曰棞。'又十二引《纂文》曰：'未判为棞。'《尔雅·释木》：'髡棞'，郭《注》云：'未详。'考《尔雅》之'髡棞'，即《说文》之'梡''棞'，为合薪之义。此郑《注》云齐等之者，谓合四矢使齐等也，与合薪同义。梱、棞声亦相近，古或通用，因棞讹梱，梱又讹捆，又借作魁。"① 此例陈氏诠释文，大量援引大量《说文》《尔雅》《一切经音义》等训诂工具书材料，据以推论今文"梱"当为"棞"字之讹，考据详明。

复次，从崇尚"郑学"的角度来看，陈氏《礼经汉读考》的礼制疏证取法郑玄据行文辞例推论的做法，对于推导分析郑氏古今异文的取舍理据颇有参考价值，彰显了汉学考据派的考辨工夫。例如，《乡射礼》载："退少立"，郑《注》说："古文曰：少退立。"《礼经汉读考》卷5载："光熙按：《乡饮酒礼》'司正退，共少立'，《燕礼》'司正北面，少立'，《大射仪》'司正北面，少立'，据彼证此，少下立上无退字，故郑不从古文。"② 从疏证中可见，陈氏通过考察《仪礼》各篇饮食之例"司正"位次交代的行文情况发现，"少"字下、"立"字上均无"退"字，原书行文理应保持一致，故郑氏作《注》时取今文"退少立"的序次，而不取古文"少退立"。通观《礼经汉读考》全书，陈氏对《仪礼》经文行文辞例的剖析，强调"既考察上下文，又考察他篇用词之例"③，据此推明郑《注》古今异文取舍之故。由此可见，《礼经汉读考》这种诠释疏证之法，如果缺乏对《仪礼》经文通盘行文辞例的整体把握，单靠文字的音韵、训诂分析是不可能做到的，亦着实彰显出陈光熙对于《仪礼》的娴熟了解和"礼经全局观"。

最后，从还原礼经、郑《注》的角度来看，陈光熙通过今古文异文进行疏证，不仅强调还原《仪礼》经文今古文异文情况，更有助于纠正郑《注》流布过程中产生的文字讹误情况。郑《注》在流传的过程当中，

---

① （清）陈光熙：《礼经汉读考》卷7《大射仪》，第2册，第16页。
② （清）陈光熙：《礼经汉读考》卷5《乡射礼》，第1册，第53页。
③ 邓声国：《清代〈仪礼〉文献研究》，上海古籍出版社2006年版，第413页。

其所存记载古今异文之语往往也出现了讹误现象，陈光煦《礼经汉读考》对这一现象颇为关注，并取得了大量的研究成果。例如，《士丧礼》"澡濯弃于坎"，郑《注》有言："古文澡作緣，荆、沔之间语。"《礼经汉读考》卷12有言："《说文》：'澡，汤也。从水，喿声。'《释文》：'澡，奴乱反。与濡音义俱别。'今《丧大记》作'濡濯弃于坎'，孔《疏》引皇氏云：'濡为烦润其发。'竟作濡字解，误矣。误于偏旁本从喿，讹而从需，其音亦由此乱。古文澡作緣，音土乱反，音近假借，荆沔间谓潒为澡，緣为潒之误字。"①陈氏考辨文字，引工具书语料为证，指出孔颖达《礼记正义》援引《士丧礼》经文文字有误，理据分析合理可信。再如，《既夕礼》"幂用疏布"，郑《注》云："今文幂皆作密。"《礼经汉读考·既夕礼》有言："《礼》经今文或鼏或幂，无作密者，惟古文多作密，乃同音假借。此《注》'今文'当亦'古文'之误。"②陈氏立足于《仪礼》全书今古文各自用词的周密性考察，据此判定目前所见郑《注》语"今文"为"古文"之误，颇为可信。诸如此类文字校勘和疏证工作，已经跳出了单纯的《仪礼》今古文异文疏证范畴，但却有功于郑氏学，有助于郑《注》的传播。相较于程继盛、宋世荦、胡承珙等人的著述，这是陈氏《礼经汉读考》超越其他同类著作的一个重要方面。

另外，从各篇雷同古今异文疏证方式的处置情况来看，相较于众多《仪礼》今古文校勘类著作，陈氏《礼经汉读考》和胡承珙的著作一样，都非常重视依照郑玄《注》文对《仪礼》17篇，举凡各篇相同的古今异文之例，只于首见例下加以疏证，其余诸例则只列目注明参见某某篇。这样的处置方式，既兼顾了与郑玄《注》文今古文异文标注的序次，同时也减省了著述本身的行文篇幅。

综上分析来看，较之李调元、程际盛、徐养原、宋世荦、严可均、胡承珙等人的同类著作，陈光煦的《礼经汉读考》对于《仪礼》古今异文的疏证更趋精审广博，考据更趋详明，结论更趋可信，既具礼经学诠释色彩，又具语言文字学注释风格，赵藩《跋》称该书"辨析今古文之同异，博取群经故训以为佐证，阙疑存信，精当不苟，于郑《注》时有

---

① （清）陈光煦：《礼经汉读考》卷12《士丧礼》，第3册，第16页。
② （清）陈光煦：《礼经汉读考》卷13《既夕礼》，第3册，第27页。

推勘，非第足以究段已"，实非溢美之词。然而，《礼经汉读考》也有某些不足之处，如陈氏延续了胡承珙引进"古今字"的概念说明异文之间关系的做法，但在实际分析过程中，有些例子的评判并不十分贴切允当，例如，《聘礼》载："又弗能教。"郑《注》说："古文弗为不。"陈氏疏云："《说文》载：'不，鸟飞上翔不下来也。从一，一犹天也。象形。'经传多与'弗'字通用。《春秋·僖公二十六年》载：'公追齐师，至巂弗及。'《公羊传》曰：'弗者，不之深者也。'《书·尧典》'绩用弗成'，《诗》'瞻望弗及'，均作不字用，是弗、不古今字。"① 按："弗""不"当为一组音转字关系，在语音上，"弗"上古音为邦母术部，"不"上古音为邦母之部，古声相同；在用法上，二字亦略有区别，一般说来，凡用"弗"字之处皆可以用"不"字，但先秦时期"弗"字后面的动词不出现宾语。因此，陈氏谓之古今字似不十分科学。当然，瑕不掩瑜，就其整体而言，对于后人深入体悟郑玄《仪礼》古今异文取舍得失，以及发覆郑氏"《仪礼》学"的成就，有着同类著作无可比拟的优势。

---

① （清）陈光熙：《礼经汉读考》卷2《士昏礼》，第1册，第30页。

文献经纬

文献辑佚与清代考据学

郭国庆　廖孟迪*

摘　要：清代文献辑佚和考据学互相影响和促进，形成互动，为辑佚的发展开辟了广阔的空间，也为考据学的深入发展注入了活力。清代辑佚兴盛的最根本的原因是在尚古理念主导下清代考据学的深入发展与典籍缺佚之间矛盾的推动，即学术研究与发展的需要，成为辑佚发展的最深层的动力。清代学者的学术研究，有很多是建立在佚书佚文的基础之上。辑佚书在学术研究中的广泛应用，推动了考据学的深入发展，也奠定了辑佚的学术地位。

关键词：文献辑佚　考据学　互动

清代文献辑佚和考据学互相影响和促进，形成互动，为辑佚的发展开辟了广阔的空间，也为考据学的深入发展注入了活力。

---

* 作者简介：郭国庆，生于1973年，山东汶上人，贵州民族大学民族学与社会学学院副教授，硕士生导师。主要研究方向：历史文献学、西南地域文化。廖孟迪，生于1995年，贵州玉屏人，贵州民族大学民族学与历史学院2017级在读硕士研究生。主要研究方向：西南民族历史文化。

一 尚古与文献缺佚的矛盾是清代辑佚发展的深层动力

清代辑佚的兴盛与政治、经济、文化等因素密切相关，但最根本的原因是在尚古理念主导下由清代考据学的深入发展与典籍缺佚之间矛盾的推动，即学术研究与发展的需要，成为辑佚发展的最根本的动力。

梁启超云：

> 综观二百余年之学史，其影响及于全思想界者，一言蔽之，曰"以复古为解放"。第一步，复宋之古，对于王学而得解放。第二步，复汉唐之古，对于程朱而得解放。第三步，复西汉之古，对于许郑而得解放。第四步，复先秦之古，对于一切传注而得解放。①

清代考据学家的治学范围，"以经学为中心，而衍及小学、音韵、史学、天算、水地、典章制度、金石、校勘、辑逸等；而引证取材，多极于两汉，故亦有'汉学'之目"②。"选择证据，以古为尚。以汉唐证据难宋明，不以宋明证据难汉唐；据汉魏可以难唐，据汉可以难魏晋，据先秦西汉可以难东汉。以经证经，可以难一切传记。"③ "以复古为解放"的尚古理念乃根植于"时代愈近，愈得其真"的思维方式。阮元云：

> 圣贤之道存于经，经非诂不明。汉人之诂，去圣贤为犹近。譬之越人语言，吴人能辨之，楚人则否；高、曾之容体，祖、父及见之，云、仍则否。盖远者见闻终不若近者之实也。元少为学，自宋人始，由宋而求唐，求晋、魏，求汉，乃愈得其实。④

---

① 梁启超：《清代学术概论》，上海古籍出版社1998年版，第7页。
② 梁启超：《清代学术概论》，第5页。
③ 梁启超：《清代学术概论》，第47页。
④ （清）阮元：《揅经室集二集》卷7《西湖诂经精舍记》，《续修四库全书》，集部，第1479册，第159页。

"远者见闻终不若近者之实",清人能够收集到的经说以汉代为较早较丰富,汉代经说受重视有了基本的理论依据。

胡承珙云:

> 尊札谓秦人故训与汉人不同,诚哉是言也。语云:"村疃失火,州人数日乃闻之,不如其邑人翌日闻之,远也;县闻之虽近,又不如其邻人登时亲见之审也。"以秦人而视三代,犹邑人也;以汉视秦,则州人矣,然则较唐、宋之后,不啻其在数千里之外者,则州人尤为近之。是故篇章大义,风谕微言,《传》之于《经》,《笺》之于《传》,离合之间,同异之际,求而不得当,则证之以他经,又不得则证之以秦汉古书,往往有晻然合符、涣然冰释者。若唐人《正义》以下,则犹之数千里之外传闻异辞,可据者鲜矣。①

唐以下经说无异于"传闻异辞",秦汉古书证经则往往"涣然冰释",这种情况未必符合经学的实际,但在尚古理念盛行的背景下,有了其存在的合理性。

汉人经说虽可贵,但清代考据学家不得不面临的一个现实是,汉人著述已十不存一。"两汉四百余年,传注旧籍,撰著新书,总数约在2000种,而《四库全书总目》所载两汉之书仅有百种,其中尚有后人辑佚本若干。"② 以经学而论,两汉经学家关于《诗经》的32种主要著述,只有《诗外传》,毛苌《诗传》,郑玄《毛诗笺》《毛诗谱》较为完整地流传下来;关于《尚书》的26种主要著述,只有《今文尚书》较为完整地流传下来;关于《礼》的31种主要著述,只有《周官经》《仪礼》,戴圣《礼记》,郑玄《周官礼注》《仪礼注》《礼记注》较为完整地流传下来;关于《易》的55种主要著述,只有焦赣《易林》、京房《易传》较为完整地流传下来;关于《春秋》的56种主要著述,只有董仲舒《春秋繁露》、何休《春秋公羊传解诂》较为完整地流传下来;通经类的10种主

---

① (清)胡承珙:《求是堂文集》卷3《答陈硕甫明经书》,《续修四库全书》,集部,第1500册,第255页。
② 曹书杰:《中国古籍辑佚学论稿》,东北师范大学出版社1998年版,第49页。

要著述，只有班固《白虎通德论》较为完整地流传下来。①

两汉经学著作虽完整流传的不多，但大量佚说保存在类书、古注等资料中，为辑佚提供了可能，"书籍递嬗散亡，好学之士，每读前代著录，按索不获，深致慨惜，于是乎有辑佚之业"②。清代考据学家在强调两汉经说重要性的同时，不得不通过辑佚来缓解学术发展与典籍缺佚之间的矛盾。

陈乔枞云：

> 我朝经术特隆，治汉儒专家之言益众，其所著述，要以寻坠绪，扶微学为功。③

"寻坠绪，扶微学"的主要方法，就是辑佚书。"雍、乾以后，古书渐出，经义大明。惠、戴诸儒，为汉学大宗，已尽弃宋诠，独标汉帜矣。"④

惠栋云：

> 汉人通经有家法，故有五经师。训诂之学，皆有师所口授，其后乃著竹帛。所以汉经师之说立于学官，与经并行。五经出于屋壁，多古言古字，非经师不能辨。经之义存乎训，识字审音，乃知其义。是故，古训不可改也，经师不可废也。⑤

"古训不可改也，经师不可废也"决定了惠栋治学重视对汉人经说的收集、整理和研究，惠栋所著《易汉学》《周易述》《九经古义》《春秋左传补注》等都以钩沉补辑汉儒旧说为主。"栋能一一原本汉儒，推阐考证，虽掇拾散佚，未能备睹专门授受之全，要其引据古义，具有根底，

---

① 参见章权才《两汉经学史》，广东人民出版社1990年版。
② 梁启超：《中国近三百年学术史》，东方出版社1996年版，第319页。
③ （清）陈乔枞：《齐诗翼氏学疏证·自叙》，《续修四库全书》，经部，第75册，第39页。
④ （清）皮锡瑞，周予同注释：《经学历史》，中华书局2004年版，第227页。
⑤ （清）惠栋：《九经古义原序》，文渊阁《四库全书》本，经部，第191册，第362页。

视空谈说经者则相去远矣。"①

惠栋的学术理念对其门人、吴派汉学家，乃至整个考据学界都产生了深远影响。"今士大夫多尊崇汉学，实出先生绪论。"② "吴江沈君彤、长洲余君仲霖、朱君楷、江君声等，先后羽翼之，流风所煽，海内人士无不重通经，通经无不知信古，而其端自先生发之，可谓豪杰之士矣。"③

戴震云：

> 故有书契以来，莫古于《尚书》。汉儒训诂，各有师承，又去古未远，使其说皆存，用备参稽，犹不足以尽通于古，况散逸即多，则见者可忽视之乎？故是编于各书所引欧阳、大小夏侯说及贾、马、郑之注，详略必载。古注语简义精，虽尽收不见其多。至宋以来凿空衍说，载之将不胜载，故严加删汰。④

戴震治经经历了一个从"汉宋兼采"到"独重汉儒"的发展过程，"一方面向从汉求古发展；另一方面则严汰宋儒之说而尽采汉儒之说"。所作《尚书义考》，"一以汉儒之说为主，几乎全同于惠栋《尚书古义》"。⑤

卢文弨云：

> 汉人去古未远，其所见多古字，其习谈多古音。故其训诂要与本旨为近，虽有失焉者寡矣。⑥

---

① （清）永瑢等：《四库全书总目》卷6《周易述》提要，中华书局1965年版，第44页。
② （清）钱大昕：《潜研堂文集》卷24《古文尚书考序》，《续修四库全书》，经部，第1438册，第653页。
③ 王昶：《春融堂集》卷55《惠定宇先生墓志铭》，《续修四库全书》，集部，第1438册，第216页。
④ （清）戴震：《尚书义考·义例》，《续修四库全书》，经部，第45册，第368页。
⑤ 漆永祥：《乾嘉考据学研究》，中国社会科学出版社1998年版，第116页。
⑥ （清）卢文弨：《抱经堂文集》卷2《九经古义序》，《续修四库全书》，集部，第1432册，第569页。

卢文弨"精研经训，博极群书"①。崇尚古学，辑有《尚书大传续补遗》《逸诗》《郑康成周礼序》等。②在为严蔚的《春秋内传古注辑存》作序时提出"与其过而弃之，毋宁过而取之"的辑录原则，对古注非常重视。

王鸣盛云：

> 经文艰奥难通，若于古传注凭己意择取融贯，犹未免于僭越，但当墨守汉人家法，定从一师而不敢他徙。③

王鸣盛"知训诂必以汉儒为宗"④，认为《尚书注》虽多，但只有郑玄师祖孔学，独得其真，所以他从群书中搜罗《郑注》，目的是发扬好古宗郑的学术宗旨，"《尚书后案》何为作也，所以发挥郑康成一家之学也"⑤。《尚书后案》"钻研群籍，爬罗剔抉，凡一言一字之出于郑者，悉甄而录之，勒成数万言，使世知有郑氏之注，并使世知有郑氏之学而未已也"⑥。

钱大昕云：

> 夫穷经者必通训诂，训诂明而后知义理之趣，后儒不知训诂，欲以向壁虚造之说求义理所在，夫是以支离失其宗。汉之经师，其训诂皆有家法，以其去圣人未远，魏晋而降，儒生好异求新，注解日多，而经益晦。辅嗣之《易》、元凯之《春秋》，皆疏于训诂，而后世盛行之，古学之不讲久矣。⑦

> 训诂必依汉儒，以其去古未远，家法相承，七十子之大义犹有

---

① （清）钱大昕：《潜研堂文集》卷25《卢氏群书拾补序》，《续修四库全书》，集部，第1438册，第672页。
② 参见喻春龙《清代辑佚研究》，上海古籍出版社2010年版。
③ （清）王鸣盛：《十七史商榷序》，载清王鸣盛著、陈文和主编《嘉定王鸣盛全集》，中华书局2010年版，第1页。
④ （清）江藩：《国朝汉学师承记》，中华书局1998年标点本，第39页。
⑤ （清）王鸣盛：《尚书后案·序》，《续修四库全书》，经部，第45册，第1页。
⑥ （清）杭世骏：《道古堂集》卷4《尚书后案序》，《续修四库全书》，集部，第1426册，第228页。
⑦ （清）钱大昕：《潜研堂文集》卷24《左氏传古注辑存序》，《续修四库全书》，集部，第1438册，第654页。

存者，异于后人之不知而作也。①

钱大昕"精研古经义声音训诂之学"②。在为严蔚《春秋内传古注辑存》、臧琳《经义杂识》作序时，钱大昕强调汉儒"去古未远""家法相承"，故"训诂必依汉儒"。钱大昕辑有《驳五经异义补遗》《纬书辑存》《风俗通逸文》等。

余萧客云：

> 汉人、宋人说经殊旨，鸿沟东西，大约在李唐限断……今及散失，尽取唐前，非欲独宗汉学，实存稽古之思。③

余萧客辑录古经解以唐代为限断，《古经解钩沉》"其书尚存者不载，或名存而其说不传者亦不载，余则自诸家经解所引，旁及史传、类书，凡唐以前之旧说，有片语单词可考者，悉著其目。虽有人名而无书名、有其书而无人名者，亦皆登载"④。

袁钧云：

> 慨自士不说学，师心游谈，古义荡然，其敝也久。圣治隆古，大雅间作，海内知崇汉学矣。欲为汉学，舍郑氏书曷从哉！
>
> 郑氏，汉代大儒，学究本原，又其师承多古训，今虽散亡之余，什不存一，然断圭零璧，犹在人间，深可宝贵。⑤

---

① （清）钱大昕：《潜研堂文集》卷24《臧玉林经义杂识序》，《续修四库全书》，集部，第1438册，第657页。
② （清）江藩：《国朝汉学师承记》，第41页。
③ （清）余萧客：《古经解钩沉》卷1上，文渊阁《四库全书》本，经部，第194册，第357页。
④ （清）余萧客：《古经解钩沉》卷1上，文渊阁《四库全书》本，经部，第194册，第357页。
⑤ （清）袁钧：《郑氏佚书·序》，清光绪十四年（1888）浙江书局刻本。

袁钧"生平于郑康成一家之学研究最深"①，辑有《郑氏佚书》，包括《易注》《尚书注》《尚书中侯注》《尚书大传注》《尚书五行传注》《尚书略说注》《诗谱》《三礼目录》《丧服变除》《鲁礼禘祫义》《答临硕难礼》《箴膏肓》《释废疾》《发墨守》《孝经注》《论语注》《孔子弟子目录》《驳五经异义》《六艺论》19种及《春秋传服氏注》《郑志》《郑记》，附录《郑君纪年》。"钧书最晚出，较诸家为尤备，信有功于郑学。"②

陈鳣云：

> 郑康成，汉世大儒，故《集解》之外，搜集郑说独多，而以愚意疏通证明之，所以补疏家之未备也。马融，郑之师也，王肃，难郑者也；存马、王之说，亦可以发明郑注也。③

陈鳣"生平专心训诂之学"④，"宗主郑氏"⑤，辑有《论语古训》《集孝经郑注》《六艺论拾遗》《埤仓拾存》《声类拾存》《中论逸文》等。⑥阮元为《论语古训》作序，对其价值予以充分肯定："于《集解》所载之外，搜而辑之，且据石经、皇侃《义疏》、山井鼎、物观诸本，订其讹缺而附注于下。……姑举数事以明古注之善……如此之类，裨益甚多。……学者知有古训，进而求之，可以得经文之精微，识圣人之旨趣，所以益身心而正性命者，非浅小矣。"⑦

孙星衍云：

> 汉代诸儒，承秦绝学之后，传授经文经义，去古不远，皆得七十之传，若伏生、郑康成，其功在经学绝续之际，较七十子为难，

---

① 徐世昌：《清儒学案》卷202《诸儒学案八》，人民出版社2010年标点本，第10册，第5321页。
② 张舜徽：《清人文集别录》，中华书局1963年版，第325页。
③ （清）陈鳣：《论语古训·自叙》，《续修四库全书》，经部，第154册，第303页。
④ 支伟成：《清代朴学大师列传》，岳麓书社1998年标点本，上册，第205页。
⑤ 张舜徽：《清人文集别录》，第275页。
⑥ 参见喻春龙《清代辑佚研究》，上海古籍出版社2010年版。
⑦ （清）阮元：《论语古训·叙》，《续修四库全书》，经部，第154册，第297—299页。

又迥在唐宋诸儒之上。①

孙星衍"深究经、史、文字、音韵之学，旁及诸子百家，皆必通其义"②。辑有《汉礼器制度》《汉官六种》《括地志》《仓颉篇》《尸子》《物理论》等佚书多种。孙星衍《尚书今古文注疏》有言"遍采古人传记之涉《书》义者，自汉魏迄于隋唐。不取宋以来诸人注者，以其时文籍散亡，较今代无异闻，又无师传，恐滋臆说也"③。"意在网罗放失旧闻，故录汉魏人佚说为多。"④

张惠言云：

> 翻之言《易》，以阴阳消息六爻发挥，旁通升降，上下归于乾元用九而天下治。……后儒罕能通之。自魏王弼以虚空之言解《易》，唐立之学官，而汉世诸儒之学微，独资州李鼎祚《周易集解》颇采古易家言，而翻注为多。其后古书尽亡，而宋道士陈抟以意造为龙图，其徒刘牧以为《易》之《河图》《洛书》也。河南邵雍又为先天后天之图，宋之说《易》者翕然宗之，以至今牢不可拔，而《易》阴阳之大义盖尽晦矣。……翻之学既世，又具见马、郑、荀、宋氏书，考其是否，故其义为精。又古书亡，而汉魏师说可见者十余家，然唯郑、荀、虞三家略有梗概可指说，而虞又较备，然则求七十子之微言，田何、杨叔、丁将军之所传者，舍虞氏之注其何所自焉？⑤

张惠言"少受《易》，能通大义"⑥。宗汉学，认为虞翻易学既"精"且"备"，辑有《周易虞氏义》《周易虞氏消息》《虞氏易礼》《虞氏易候》《虞氏易言》《虞氏易事》《周易郑荀义》《周易荀氏九家》《易纬略义》

---

① （清）孙星衍：《岱南阁集》卷1《咨请会奏置立伏郑博士议》，中华书局1996年标点本，第161页。
② 赵尔巽：《清史稿》卷481《儒林二》，中华书局1977年标点本，第13224页。
③ （清）孙星衍撰，陈抗、盛冬铃点校：《尚书今古文注疏序》，中华书局2004年版，第2页。
④ （清）孙星衍撰，陈抗、盛冬铃点校：《尚书今古文注凡例》，第1页。
⑤ （清）张惠言：《周易虞氏义·自序》，《续修四库全书》，经部，第26册，第429—430页。
⑥ 支伟成：《清代朴学大师列传》，上册，第95页。

《易义别录》等。① 《易义别录》载"凡孟氏四家：孟氏、姚信、翟元、蜀才；京氏三家：京房、陆绩、干宝；费氏七家：马融、宋衷、刘表、王肃、董遇、王廙、刘瓛；《子夏传》等非汉师说，别为一家"②。辑佚是张惠言易学研究开展的基础。

臧庸云：

> 大旨以唐为断，宋元人所称不尽可据，拟不录。③

臧庸"长于校勘与辑佚，而宗主汉学，研经训诂，笃信谨守，无敢逾越"④。"其生平考辑古义甚勤，故辑古之书甚多。《子夏易传》一卷，以《子夏传》为汉韩婴所撰，非卜子夏，惟采《释文》《正义》《集解》《古易音训》《大衍议》五家，不取宋以后说。《诗考异》四卷，大旨如王伯厚，但逐条必自考辑，绝不依循王本。《韩诗遗说》二卷、《订伪》一卷，顾千里广圻以为辑《韩诗》者众矣，此为最精。卢植《礼记解诂》一卷，《尔雅古注》三卷、《说文旧音考》三卷、蔡邕《月令章句》二卷、王肃《礼记注》一卷、《圣证论》一卷、《帝王世纪》一卷、《尸子》一卷、《贾唐国语注》二卷，校郑康成《易注》二卷、萧该《汉书音义》二卷，皆详过于人。"⑤ 臧庸校任大椿《小学钩沉》，亦不录唐以后内容。

孙堂云：

> 夫汉《易》之旁搜远绍，传授有本，尽若此，说《易》者更何以加兹。易汉而魏，俗尚玄虚，王辅嗣乃倡为得意忘象之说，而以清言言《易》，易学始大变，然汉《易》犹未尽微也，至唐贞观中孔颖达等奉诏撰《五经正义》，于《易》独取王氏而诸家渐废。千百年

---

① 参见喻春龙《清代辑佚研究》，上海古籍出版社2010年版。
② （清）张惠言：《易义别录·序》，《清经解》，上海书店2014年影印本，第118页上栏。
③ （清）臧庸：《拜经堂文集》卷3《与王伯申学士论校〈小学钩沉〉书》，《续修四库全书》，集部，第1491册，第560页。
④ 张舜徽：《清人文集别录》，第329页。
⑤ （清）阮元：《揅经室二集》卷6《臧拜经别传》，《续修四库全书》，集部，第1479册，第145页。

来，踵辅嗣而起者，皆鹜为空谈性命□□先汉经师之说，弃如土梗，而汉《易》遂扫地尽矣。夫《易》有圣人之道四焉，谓辞也，变也，象与占也，黜汉《易》而仿王《易》，是于圣人之道去其三而仅留其一也，尚可以为《易》乎！堂究心汉学，历有年所，凡遗说之散见群籍者，披览所及辄衰录之，用以补唐李氏《集解》之所未备。①

孙堂究心汉《易》之学，辑有《汉魏二十一家易注》，其"搜采二十一家《周易》佚注，各注根据，间附考订，颇为审慎"②。阮元序称其"盖笃志研经，虚衷纂录，有功于先儒，著绩于《易》学者也"。认为该书"颇见章法，持论亦允"③。

黄奭云：

> 予受业于江郑堂先生，先生受业于余古农先生，余先生受业于惠定宇先生，予为小红豆山人门下再传弟子。小红豆山人作《十三经古义》，以《孟子》《孝经》《尔雅》未成书，先出《九经古义》。《左传》孤行，更名补注。《四库全书》已著录其《周易述》，亦未卒业。郑堂先生于是作《周易述补》，今与《周易述》皆刻入《皇清经解》中。余先生有《注雅别钞》，郑堂先生有《尔雅正字》，皆为补小红豆山人《尔雅古义》而设。若胡氏承珙虽有《尔雅古义》，貌同而心异，盖不在汉学师承内也。予力小任重，诚不敢受郑堂先生付讬，久思作《尔雅古义》。欲探骊珠，必先獭祭，因就陆德明《释文叙录》十家旧注，缵其已坠之绪，成此未竟之志，为书十二卷。④

---

① （清）孙堂：《汉魏二十一家易注·序》，清嘉庆四年（1799）平湖孙氏映雪草堂刊本，第 3 页 a。

② 胡玉缙：《许廎经籍题跋》卷 1，《续四库提要三种》，上海书店 2002 年标点本，第 399 页。

③ （清）阮元：《汉魏二十一家易注·序》，清嘉庆四年（1799）平湖孙氏映雪草堂刊本，第 1 页。

④ （清）黄奭：《黄氏逸书考·汉学堂经解·尔雅古义·总序》，《续修四库全书》，子部，第 1209 册，第 461 页。

黄奭"延郑堂馆其家四年,自是专精汉学"①。重汉学师承,辑《尔雅古义》12卷,包括《犍为文学注》《樊光注》《李巡注》《孙炎音注》《郭璞音义》《郭璞图赞》《沈旋集注》《施乾音》《谢峤音》《顾野王音》《众家注》。

惠栋、戴震、卢文弨、王鸣盛、钱大昕、余萧客、袁钧、陈鳣、孙星衍、张惠言、臧庸、孙堂、黄奭等都重视唐以前,特别是两汉的经说,在学术研究过程中自觉从事古经说的辑佚。

考据学的深入发展,尚古与典籍缺佚之间的矛盾日渐突出,辑佚成为清代学者普遍而自觉的学术行为,给予辑佚持续发展的内力,清代辑佚的兴盛也就成为一种必然。

二 佚书佚文的广泛应用推动了清代考据学的深入发展

清代学者治学,"凡立一义,必凭证据","孤证不为定说"②,注重对材料的广泛收集,"做一门学问便要把他的内容彻底了解,凡一切有关系的资料搜集一无遗漏。着手著述之时,先定计划,各有别裁。每下一判断,必待众证都齐之后"③。

戴震云:

> 然寻求而获,有十分之见,有未至十分之见。所谓十分之见,必征之古而靡不条贯,合诸道而不留余议,巨细必究,本末兼察。若夫依于传闻以拟其是,择于众说以裁其优,出于空言以定其论,据于孤证以信其通,虽溯流可以知源,不目睹渊泉所导,循根可以达杪,不手披枝肄所岐,皆未至十分之见也。④

---

① 徐世昌:《清儒学案》卷118《郑堂学案》,人民出版社2010年标点本,第6册,第3183页。
② 梁启超:《清代学术概论》,第47页。
③ 梁启超:《中国近三百年学术史》,第251页。
④ (清)戴震:《戴东原集》卷9《与姚孝廉姬传书》,《续修四库全书》,集部,第1434册,第521页。

欲至"十分之见",必须"征之古""巨细必究,本末兼察",黜空言,拒孤证,在广泛收集材料的基础上全面论证。

王鸣盛云:

> 二纪以来,恒独处一室,覃思史事,即校始读,亦随读随校,购借善本,再三雠勘,又搜罗偏霸杂史,稗官野乘、山经地志、谱牒簿录,以暨诸子百家、小说笔记、诗文别集、释老异教,旁及于钟鼎尊彝之款识、山林冢墓祠庙伽蓝碑碣断阙之文,尽取以供佐证,参伍错综,比物连类,以互相检照,所谓考其典制事迹之实也。①

王鸣盛撰《十七史商榷》,除了运用善本校勘文字外,又广泛收集各类史料,考察典章制度。

清代学者对材料的收集,不仅对现存史料争取一网打尽,而且把学术视野投向了类书、古注等材料中所保存的佚书佚文。

"高邮王氏,郑许之亚。借张揖书,示人大路。"② 王念孙《广雅疏证》在训诂学上取得的巨大成就是和该书的旁征博引密切相关的。阮元称其"一字之证,博及万卷"③。《广雅疏证》引书200余种④,其中经部书近90种,涉及佚书有27种之多,佚文主要来自《经典释文》《周易集解》《后汉书注》《毛诗草木鸟兽虫鱼疏》《毛诗正义》《礼记正义》《左传正义》《周礼注》《一切经音义》《文选注》《广韵》《楚辞补注》《匡谬正俗》《古微书》《春秋公羊传疏》《续汉书五行志》《太平御览》《孝经正义》等。

清代学者的学术研究,有很多是建立在佚书佚文的基础之上的,如"三家诗"研究、谶纬研究、"郑学"研究等。

---

① (清)王鸣盛:《十七史商榷序》,载清王鸣盛著、陈文和主编《嘉定王鸣盛全集》,第2—3页。
② (清)焦循:《雕菰集》卷6《读书三十二赞》,《续修四库全书》,集部,第1489册,第162页。
③ (清)阮元:《揅经室续集》卷2《王石臞先生墓志铭》,《续修四库全书》,集部,第1479册,第473页。
④ 参见周法高《广雅疏证引书索引》,香港中文大学出版社1978年版。

《齐诗》《鲁诗》《韩诗》亡佚已久，宋代王应麟《诗考》已辑录三家佚说。清代"三家诗"辑本不下 20 种，主要有：范家相《三家诗拾遗》、冯登府《三家诗遗说》、阮元《三家诗补遗》、丁晏《三家诗补注》、臧庸《韩诗遗说》、宋绵初《韩诗内传征》、迮鹤寿《齐诗翼氏学》、陈乔枞《齐诗翼氏学疏证》《三家诗遗说考》《四家诗异文考》《诗纬集证》、江瀚《四家诗异文考补》、顾震福《韩诗遗说续考》、王先谦《诗三家义集疏》。"这些著作或发挥'三家诗'的微言大义，或搜集'三家诗'的遗说，将有清一代的今文'三家诗'学推向了极至。"① 王谟《汉魏遗书钞》、黄奭《黄氏逸书考》、马国翰《玉函山房辑佚书》等辑佚丛书，也有'三家诗'辑本多种。"乾嘉以来的考据学风，至道咸以后仍有重大影响，'三家诗'的辑佚和文字校勘、篇章厘定、源流推断、学说钩稽……大都出于考据家之手，这是三家《诗》学与其他今文经学不尽相同的地方。"②

王先谦《诗三家义集疏》是清代"三家诗"研究的集大成之作。王先谦"治经循乾嘉遗轨，趋重考证"③，《诗三家义集疏》"所引典籍自汉至清约有数十百种。陈启源、惠栋、戴震、卢文弨、焦循、郝懿行、段玉裁、王念孙、王引之、胡承珙、马瑞辰、陈奂、丁晏诸家，屡见征引；清代后期出现的'三家诗'辑本和论著，如宋绵初、徐璈、阮元、冯登府、迮鹤寿、陈寿祺、陈乔枞、丁晏、魏源诸家著述，本书大体均已采及，而以陈乔枞、魏源之书，采录尤多。书成问世以来，公认为迄今最完备之'三家诗'读本。而王氏此书之主要贡献，又不仅在网罗佚文遗说而已，各说并列而取其最善，互有争议而断其是非，折中异同，义据精确，尤属难能可贵"④。王先谦能取得如此高的成就，是和"三家诗"已有的辑佚和研究成果密不可分的。

谶纬在东汉号称"内学"，尊为"秘经"，盛极一时，但魏晋以后屡遭禁绝，隋唐时大量散佚，明代已罕见流传。明代孙毂《古微书》、杨乔

---

① 舒大刚：《儒学文献通论》，福建人民出版社 2012 年版，第 736 页。
② 洪湛侯：《诗经学史》，中华书局 2002 年版，第 609 页。
③ 支伟成：《清代朴学大师列传》，第 346 页。
④ 洪湛侯：《诗经学史》，第 606 页。

岳《纬书》专辑谶纬佚文，陶宗仪《说郛》收录部分纬书。清代四库馆臣从《永乐大典》中辑出《易纬》8种，其他较为集中的辑佚成果还有：朱彝尊《经义考·毖纬》，林春溥《古书拾遗·纬候逸文》，殷元正、陆明睿《集纬》，赵在翰《七纬》，刘学宠《诸经纬遗》，马国翰《玉函山房辑佚书·经编·纬书类》，黄奭《黄氏逸书考·通纬》，乔松年《纬捃》，王仁俊《玉函山房辑佚书续编·纬书类》。陈乔枞的《诗纬集证》是清代纬书校注的代表作，"他在旧来《诗纬》辑佚的基础上，再加以增补，比旧辑本约多十分之三，再征引群书加以疏证，这是一部功力深厚的著作"[1]。

清代学者引用谶纬解经也较为普遍，孙星衍是其中具有代表性的一位。《孔子集语》引用9种、32篇、119条，《尚书今古文注疏》引用纬书9种、28篇、78条，《问字堂集》言及纬书47条，《岱南阁集》有8条，《平津馆文稿》有14条。《孔子集语》《尚书今古文注疏》所引谶纬出自《白虎通》《广雅》《水经注》《三国志注》《五行大义》《北堂书钞》《初学记》《艺文类聚》《尚书疏》《礼记疏》《左传疏》《仪礼疏》《公羊疏》《文选注》《后汉书注》《太平御览》《太平广记》《事类赋》《隶释》《古微书》《宋书》《经典释文》《晋书》《诗经注疏》《周礼注疏》《开元占经》《通典》《史记三家注》《乾象通鉴》《尚书集注音疏》。孙星衍引用谶纬主要用于阐述天文历法、解经义、解祭祀、说帝王。[2]

郑玄的著作完整流传下来的只有《毛诗笺》《周礼注》《仪礼注》《礼记注》，其他著作大都在唐宋间散佚。王应麟的《周易郑康成注》开辑佚郑玄佚著之先声，清代"乾嘉以来，家家许、郑，人人贾、马，东汉学烂然如日中天矣"[3]。"郑学"成为显学，辑佚郑玄著作成为一时风尚。朱彝尊、惠栋、孙堂、丁杰、张惠言、袁钧、袁尧年、孔广林、黄奭、孙星衍、焦循、何秋涛、王鸣盛、王谟、马国翰、卢见曾、卢文弨、陈寿祺、戴震、吴骞、丁晏、林伯桐、胡元仪、李光廷、马瑞辰、马征

---

[1] 钟肇鹏：《谶纬论略》，辽宁教育出版社1991年版，第278页。
[2] 参见黄复山《孙星衍的谶纬思想》，《中国哲学》第25辑《经学今诠·四编》，辽宁教育出版社2004年版。
[3] 梁启超：《清代学术概论》，四川人民出版社2018年版，第97页。

庆、胡匡衷、刘逢禄、钱枚、劳格、潘任、孙季咸、皮锡瑞、曹元弼、王仁俊、臧琳、臧庸、王复、武亿、陈鳣、严可均、洪颐煊、宋翔凤等学者都参与了郑玄佚著的辑校。郑玄的《易注》《易纬乾坤凿度注》《易纬乾凿度注》《易纬通卦验注》《易纬稽览图注》《易纬辨终备注》《易纬是类谋注》《易纬乾元序制记注》《易纬坤灵图注》《尚书注》《尚书中侯注》《尚书大传注》《尚书五行传注》《尚书略说注》《尚书纬璇玑钤注》《尚书纬考灵曜注》《尚书纬刑德放注》《尚书纬帝命验注》《尚书纬运期授注》《诗谱》《答临孝存周礼难》《鲁礼禘祫义》《丧服变除》《三礼目录》《箴左氏膏肓》《释穀梁废疾》《发公羊墨守》《孝经注》《论语注》《论语孔子弟子目录》《六艺论》《驳许氏五经异义》等佚著都有了辑本①，其中《孝经注》的辑本有16种之多。分别为：朱彝尊、郑玄《孝经注》，王谟、郑玄《孝经注》，余萧客《孝经郑氏注》，陈鳣《孝经郑注》，袁钧、郑玄《孝经注》，孔广林、郑玄《孝经注》，严可均《孝经郑注》，洪颐煊《孝经郑注补证》，臧庸《孝经郑氏解》，黄奭、郑玄《孝经解》，潘任《孝经郑注考证》，劳格《孝经郑注》，孙季咸《孝经郑注附音》，皮锡瑞《孝经郑注疏》，曹元弼《孝经郑注解》，龚道耕《孝经郑注》。②

清代专收郑玄佚著的辑佚丛书主要有四种：王复、武亿《郑氏遗书》，袁钧《郑氏佚书》，孔广林《通德遗书所见录》，黄奭《黄氏逸书考·通德堂经解》。

皮锡瑞"治经出入于古今文之间"③，专攻"郑学"，著有《尚书大传疏证》《鲁礼禘祫义疏证》《孝经郑注疏》《驳五经异义疏证》《六艺论疏证》《尚书中侯疏证》《郑志疏证》《郑记考证》《答临孝存周礼难疏证》等。皮锡瑞的学术研究，多参考已有辑本，如：

《驳五经异义疏证》"据袁氏之辑本，述陈案之原文，补其阙遗，剔其芜滥"④；

---

① 参见史应勇《郑玄通学及郑王之争研究》，巴蜀书社2007年版。
② 舒大刚：《中国孝经学史》，福建人民出版社2013年版，第436—437页。
③ 支伟成：《清代朴学大师列传》，第144页。
④ （清）皮锡瑞：《驳五经异义疏证·自序》，《续修四库全书》，经部，第171册，第141页。

《尚书大传疏证》"吴中略撮缺残,侯官复增校订,揆之鄙见,尚有伪漏,乃重加补证"①;

《鲁礼禘祫义疏证》"兹据雅雨、玉函所辑,兼采袁钧、黄奭之长,订正异文,疏通大义"②;

《尚书中侯疏证》"谨据袁本,参以玉函"③;

《郑志疏证》"兹据袁本,复加校订"④。

《驳五经异义疏证》参考袁钧辑《驳五经异义》、陈寿祺《五经异义疏证》;《尚书大传疏证》参考《雅雨堂丛书》本《尚书大传》、陈寿祺辑《尚书大传定本》;《鲁礼禘祫义疏证》以《雅雨堂丛书》本、马国翰辑《鲁礼禘祫义》为主,参考袁钧辑《鲁礼禘祫义》、黄奭辑《鲁礼禘祫义》;《尚书中侯疏证》以袁钧辑《尚书中侯注》为主,参考马国翰辑《尚书中侯》;《郑志疏证》依据袁钧《郑志》辑本校订。

辑佚书在学术研究中的广泛应用,推动了考据学的深入发展,也奠定了辑佚书的学术地位。臧庸在《纂十三经集解凡例》中云:

《集解》参考新旧辑本。古经亡逸,嗜学之士甄采群籍,荟萃成编,为今《集解》之嚆矢。如宋王伯厚之《郑氏周易》《诗考》,国朝余布衣萧客之《古经解钩沉》,孔常博广林之郑学,孙观察星衍之《周易集解》,王光禄鸣盛之《尚书后案》,臧文学庸之《毛诗马王徵》《韩诗遗说》《陆机草木虫鱼疏》《周礼贾马注》《仪礼丧服马王注》《礼记卢氏解诂》《王肃注》《蔡氏月令章句》《孝经郑注》《论语郑注》《尔雅汉注》,严上舍蔚之《春秋内传古注辑存》,宋孝廉翔凤之《孟子刘熙注》,皆玉海珠船也。⑤

陈寿祺在《经郛条例》中云:

---

① (清)皮锡瑞:《尚书大传疏证·自序》,《续修四库全书》,经部,第55册,第698页。
② (清)皮锡瑞:《鲁礼禘祫义疏证·自序》,《续修四库全书》,经部,第112册,第773页。
③ (清)皮锡瑞:《尚书中侯疏证·自序》,《续修四库全书》,经部,第55册,第846页。
④ (清)皮锡瑞:《郑志疏证·自序》,《续修四库全书》,经部,第171册,第290页。
⑤ (清)臧庸:《拜经堂文集》卷2,《续修四库全书》,集部,第1491册,第537页。

> 群经佚注近多编辑成书,并雅材好博,收拾阙遗。①

臧庸、陈寿祺都强调经学集解汇编要充分利用已有的辑佚成果,辑佚书在当时社会已产生了较大影响。

皮锡瑞云:

> 国朝经师有功于后学者有三事。一曰辑佚书。……至国朝而此学极盛。……一曰精校勘。……一曰通小学。②

梁启超云:

> 吾辈尤有一事当感谢清儒者,曰辑佚。……遂使《汉志》诸书、《隋唐志》久称已佚者,今乃累累现于吾辈之藏书目录中,虽复片鳞碎羽,而受赐则既多矣。③

皮锡瑞赋予清代辑佚很高的学术地位,把辑佚书与清代的校勘和小学成就相提并论。梁启超则着重阐发辑佚书独特的学术价值。

---

① (清)陈寿祺:《左海文集》卷4,《续修四库全书》,集部,第1496册,第141页。
② (清)皮锡瑞著,周予同注释:《经学历史》,第241页。
③ 梁启超:《清代学术概论》,第61页。

读苏轼《刑赏忠厚之至论》札记

田 君

摘 要：苏轼《刑赏忠厚之至论》，文虽北宋，理出先秦，形虽策论，神在儒学，东坡博学高才，宿慧夙成，非唯蜀学翘楚，抑亦人文之光矣。朱熹认为此文"大意好，然意阔疏，说不甚透，只似刑赏全不奈人何相似，须是依本文将'罪疑惟轻，功疑惟重'作主意"，朱子以策论作经解，盖有失公允，经解固须切合本文，而策论何妨发挥经义。苏文阐明大意，非疏阔空泛议论可比，圆熟流美，匪特辞章佳构，不啻经学专题论说，儒学仁政思想，在在可证，川云岭月，其出不穷，唯读者善识取焉。

关键词：苏轼 《刑赏忠厚之至论》 先秦儒学 仁政 疏证 札记

疏证：《尚书·大禹谟》"罪疑惟轻，功疑惟重"，孔安国传"刑疑

---

* 此文系国家社会科学基金项目"先秦乐道思想体系与文献研究"（15XZX010）、贵州省2017年度哲学社会科学规划国学单列课题"周秦儒学文献史稿"（17GZGX29）、四川大学"双一流"建设"创新火花项目库"项目"隋唐五代巴蜀诗词文辑考"（2018hhs－17）、四川大学中央高校基本科研业务费研究专项项目"先秦乐哲学建构与和谐文化探源"（skqy201656）、四川大学中国语言文学与中华文化全球传播学科群专项支持经费项目"儒学文献溯源：旧史经典化与经典儒学化"（XKQZQN010）的系列成果之一。

** 作者简介：田君，生于1981年，湖北武汉人，四川大学古籍整理研究所副研究员，硕士研究生导师。主要研究方向：历史文献学、儒学、经学、礼乐研究等。

附轻,赏疑从重,忠厚之至"①,此乃梅赜所献《伪古文尚书》及伪孔传内容,宋代无伪古文之说,皆视为《尚书》真本,北宋仁宗嘉祐二年(1057)进士科省试(礼部试),策论命题取于兹,是以同年苏辙、曾巩皆有《刑赏忠厚之至论》传世,而苏轼为其翘楚。苏轼此试卷下文引《传》曰"赏疑从与""罚疑从去"者,非苏轼记诵之误,盖另有出处,详下文疏证,要之于文意无伤。观苏轼《答李端叔书》"轼少年时,读书作文,专为应举而已","妄论利害,搀说得失,此正制科人习气。譬之候虫时鸟,自鸣自已,何足为损益"②,苏轼本人似乎不以为意,然审《答李端叔书》此处语境,乃谦退之辞,示不自慊,不可据之为论。复观李廌在《师友谈纪》中云"东坡自蜀应进士举,到省时,郇公以翰林学士知举,得其论与策二卷稿本,论即《刑赏忠厚之至》也。凡三次起草,虽稿亦结涂注。其慎如此"③。由此可见,苏轼作此论三易其稿,态度审慎,"虽稿亦结涂注",则正式提交试卷必结涂注,魏了翁《通泉李君以廷试卷漏结涂注自三甲降末甲赋诗》可为证。试卷下文有"皋陶曰'杀之'三,尧曰'宥之'三"者,欧阳修不知出处,则苏轼亦有未结涂注处,详札记下篇疏证。又观郎晔《经进东坡文集事略》卷9"刑赏忠厚之至论"引颍滨(苏辙)尝语陈天倪云"亡兄子瞻及第调官,见先伯父(苏涣),问所以为政之方,伯父曰:'如汝作《刑赏忠厚论》。'子瞻曰:'文章固某所能,然初未尝学为政也,奈何?'伯父曰:'汝在场屋,得一论题时,即有处置,方敢下笔,此文遂佳。为政亦然,有事入来,见得未破,不要下手,俟了了而后行,无有错也。'至今以此言为家法"④。由此可见,苏涣对此论推崇备至,苏轼本人认为"文章固某所能",亦以此论为能,所谓"初未尝学为政也",乃理论与实践关系问题,并非评骘文章高低。朱熹认为"东坡《刑赏论》大意好,然意阔疏,说不甚透。只

---

① (汉)孔安国传,(唐)孔颖达疏,廖名春、陈明整理,吕绍纲审定:《尚书正义》卷4《大禹谟》,北京大学出版社1999年版,第91页。

② (宋)苏轼:《苏轼文集》卷49《答李端叔书》,载张志烈等《苏轼全集校注》,河北人民出版社2010年版,第5344—5345页。

③ 王水照选注:《苏轼选集》(修订本),中华书局2015年版,第299页。

④ 王水照选注:《苏轼选集》(修订本),第299页。

读苏轼《刑赏忠厚之至论》札记

似刑赏全不奈人何相似，须是依本文将'罪疑惟轻，功疑惟重'作主意"①，朱子以策论作经解，盖有失公允，经解固须切合本文，而策论何妨发挥经义，此论阐明大意，非疏阔空泛议论可比。

> 尧、舜、禹、汤、文、武、成、康之际，何其爱民之深、忧民之切，而待天下之以君子长者之道也。有一善，从而赏之，又从而咏歌嗟叹之，所以乐其始而勉其终；有一不善，从而罚之，又从而哀矜惩创之，所以弃其旧而开其新。故其吁俞之声，欢忻惨戚，见于虞、夏、商、周之书。②

疏证：《尚书》可分为《虞书》《夏书》《商书》《周书》，尧舜事迹，见于《虞书》，禹之事迹，见于《虞书》《夏书》，汤之事迹，见于《商书》，文、武、成、康事迹，见于《周书》。此策论命题取于《尚书·大禹谟》，《尚书·大禹谟》有"曰若稽古，大禹曰文命，敷于四海，祗承于帝③，曰④：'后克艰厥后，臣克艰厥臣，政乃乂，黎民敏德。'帝曰：'俞！允若兹，嘉言罔攸伏，野无遗贤，万邦咸宁。稽于众，舍己从人，不虐无告，不废困穷，惟帝⑤时克。'益曰：'都！帝德广运，乃圣乃神，乃武乃文，皇天眷命，奄有四海，为天下君。'禹曰：'惠迪吉，从逆凶，惟影响。'益曰：'吁！戒哉！儆戒无虞，罔失法度，罔游于逸，罔淫于乐。任贤勿贰，去邪勿疑，疑谋勿成，百志惟熙。罔违道以干百姓之誉，罔咈百姓以从己之欲。无怠无荒，四夷来王。'禹曰：'於！帝⑥念哉！德惟善政，政在养民。水、火、金、木、土、谷惟修，正德、利用、厚生惟和，九功惟叙，九叙惟歌。戒之用休，董之用威，劝之以九歌，俾勿坏。'帝曰：'俞！地平天成，六府三事允治，万世永赖，时乃功。'"⑦

---

① （宋）黎靖德编：《朱子语类》卷130，中华书局1986年标点本，第3114页。
② 疏证所引原文见王水照选注《苏轼选集》（修订本），第295—296页，下同，不出注。
③ 此指舜。
④ 此指禹曰。
⑤ 此指尧。
⑥ 此指舜。
⑦ （汉）孔安国传，（唐）孔颖达疏，廖名春、陈明整理：《尚书正义》卷4《大禹谟》，第86—89页。引文部分断句经笔者修改。

析而论之,《大禹谟》所谓"德惟善政,政在养民"者,所谓"九功惟叙,九叙惟歌。戒之用休,董之用威,劝之以九歌,俾勿坏"者,所谓"六府三事允治,万世永赖"者,此即苏文"有一善,从而赏之,又从而咏歌嗟叹之,所以乐其始而勉其终",简言之曰"惠迪吉……惟影响";《大禹谟》所谓"不虐无告,不废困穷"者,所谓"戒哉!儆戒无虞,罔失法度,罔游于逸,罔淫于乐。任贤勿贰,去邪勿疑,疑谋勿成,百志惟熙。罔违道以干百姓之誉,罔咈百姓以从己之欲"者,此即苏文"有一不善,从而罚之,又从而哀矜惩创之,所以弃其旧而开其新",简言之曰"从逆凶,惟影响"。哀矜即哀怜,《大禹谟》"不虐无告,不废困穷",孔颖达疏"不苛虐鳏寡孤独无所告者,必哀矜之"。惩创即惩戒,《尚书·益稷》有言"无若丹朱傲……予①创若时",孔安国传"创,惩也",孔颖达疏"惩丹朱之恶"②。苏文所谓"哀矜惩创之"者,哀怜惩戒,即《大禹谟》"不虐""不废""戒哉"之义。苏文所谓"吁俞之声"者,即吁咈都俞,吁咈之声,叹其不然,则中心惨戚,《尚书·尧典》载"帝③曰:'咨!四岳,汤汤洪水方割,荡荡怀山襄陵,浩浩滔天。下民其咨,有能俾乂?'佥曰:'於④!鲧哉。'帝曰:'吁!咈哉,方命圮族。'岳曰:'异哉!试可乃已。'帝曰:'往,钦哉!'九载,绩用弗成",孔安国传"凡言'吁'者,皆非帝意"⑤,蔡沉(一名蔡沈)集传"咈者,甚不然之之辞"⑥;"都俞之声",叹美以为然,则心怀欢忻,《尚书·益稷》载"禹曰:'都!帝⑦,慎乃在位。'帝曰:'俞!'"⑧后世遂有"俞音""俞允"之用法,俞即唯,黄生《字诂·俞唯》"俞、

---

① 此指禹。
② (汉)孔安国传,(唐)孔颖达疏,廖名春、陈明整理:《尚书正义》卷5《益稷》,第123、125页。
③ 此指尧。
④ 赞美之叹词。
⑤ (汉)孔安国传,(唐)孔颖达疏,廖名春、陈明整理:《尚书正义》卷2《尧典》,第40—41页。
⑥ (宋)蔡沉撰,王丰先点校:《书集传》,中华书局2018年版,第7页。
⑦ 按:此指舜。
⑧ (汉)孔安国传,(唐)孔颖达疏,廖名春、陈明整理:《尚书正义》卷5《益稷》,第115页。

唯皆应词。今人作唯，但声出喉中而不言"①，唯即"诺"，三代用"俞"，汉代用"诺"，现代语气词用"噢"，皆为应答之词，其理近之。《尚书》记载君臣议事，氛围融洽，诚出于"爱民之深、忧民之切，而待天下之以君子长者之道也"。苏文首段紧扣策论命题来源，从《大禹谟》出发，贯通《尚书》义理，化佶屈聱牙为提纲挈领，可谓善读《尚书》者也。

> 成、康既没，穆王立而周道始衰，然犹命其臣吕侯，而告之以祥刑。其言忧而不伤，威而不怒，慈爱而能断，恻然有哀怜无辜之心，故孔子犹有取焉。《传》曰"赏疑从与"，所以广恩也，"罚疑从去"，所以慎刑也。

疏证：所谓"成、康既没，穆王立而周道始衰"者，苏轼取司马迁史说，《史记·周本纪》载"成王将崩，惧太子钊之不任，乃命召公、毕公率诸侯以相太子而立之。成王既崩，二公率诸侯，以太子钊见于先王庙，申告以文王、武王之所以为王业之不易，务在节俭，毋多欲，以笃信临之，作《顾命》。太子钊遂立，是为康王。康王即位，遍告诸侯，宣告以文武之业以申之，作《康诰》。故成康之际，天下安宁，刑错四十余年不用。康王命作策，毕公分居里，成周郊，作《毕命》。康王卒，子昭王瑕立。昭王之时，王道微缺。昭王南巡狩不返，卒于江上。其卒不赴告，讳之也。立昭王子满，是为穆王。穆王即位，春秋已五十矣，王道衰微，穆王闵文武之道缺，乃命伯冏申诫太仆国之政，作《冏命》，复宁"②。所谓"然犹命其臣吕侯，而告之以祥刑"者，苏轼取《尚书》经说，吕侯为周穆王时司寇，《尚书·吕刑》载"惟吕命，王享国百年，耄荒，度作刑以诘四方"，孔颖达疏"穆王于是用吕侯之言，训畅夏禹赎刑之法。吕侯称王之命而布告天下，史录其事，作《吕刑》"③，"祥刑"谓善用刑

---

① （清）黄生撰、（清）黄承吉合按：《字诂义府合按》，中华书局1984年标点本，第39页。
② 《史记》卷4《周本纪》，中华书局1982年标点本，第134—135页。
③ （汉）孔安国传，（唐）孔颖达疏，廖名春、陈明整理：《尚书正义》，第534—535、533页。

法，即慎刑之义，《吕刑》载周穆王曰"吁！来，有邦有土，告尔祥刑。在今尔安百姓，何择，非人？何敬，非刑？何度，非及？两造具备，师听五辞；五辞简孚，正于五刑；五刑不简，正于五罚；五罚不服，正于五过。五过之疵：惟官，惟反，惟内，惟货，惟来。其罪惟均，其审克之！五刑之疑有赦，五罚之疑有赦，其审克之！简孚有众，惟貌有稽。无简不听，具严天威。墨辟疑赦，其罚百锾，阅实其罪。劓辟疑赦，其罪惟倍，阅实其罪。剕辟疑赦，其罚倍差，阅实其罪。宫辟疑赦，其罚六百锾，阅实其罪。大辟疑赦，其罚千锾，阅实其罪。墨罚之属千，劓罚之属千，剕罚之属五百，宫罚之属三百，大辟之罚其属二百：五刑之属三千。①上下比罪，无僭乱辞，勿用不行，惟察惟法，其审克之！上刑适轻，下服；下刑适重，上服。轻重诸罚有权。刑罚世轻世重，惟齐非齐，有伦有要。罚惩非死，人极于病。非佞折狱，惟良折狱，罔非在中。察辞于差，非从惟从。哀敬折狱，明启刑书胥占，咸庶中正。其刑其罚，其审克之！狱成而孚，输而孚。其刑上备，有并两刑"②。皆系"吕侯称王之命而布告天下"，遂谓之《吕刑》。所谓"其言忧而不伤，威而不怒"者，即"吁！来，有邦有土，告尔祥刑。在今尔安百姓，何择，非人？何敬，非刑？何度，非及？……五刑之疑有赦，五罚之疑有赦，其审克之！简孚有众，惟貌有稽。无简不听，具严天威"。所谓"慈爱而能断"者，即"上下比罪，无僭乱辞，勿用不行，惟察惟法，其审克之！上刑适轻，下服；下刑适重，上服。轻重诸罚有权。刑罚世轻世重，惟齐非齐，有伦有要"。所谓"恻然有哀怜无辜之心"者，即"罚惩非死，人极于病。非佞折狱，惟良折狱，罔非在中。察辞于差，非从惟从。哀

---

① 此处文甚古奥，或有不可通处，《史记》以训诂代经文，可持之对读，《史记·周本纪》云"诸侯有不睦者，甫侯言于王，作修刑辟。王曰：'吁，来！有国有土，告汝祥刑。在今尔安百姓，何择非其人，何敬非其刑，何居非其宜与？两造具备，师听五辞。五辞简信，正于五刑。五刑不简，正于五罚。五罚不服，正于五过。五过之疵，官狱内狱，阅实其罪，惟钧其过。五刑之疑有赦，五罚之疑有赦，其审克之。简信有众，惟讯有稽。无简不疑，共严天威。黥辟疑赦，其罚百率，阅实其罪。劓辟疑赦，其罚倍洒，阅实其罪。膑辟疑赦，其罚倍差，阅实其罪。宫辟疑赦，其罚五百率，阅实其罪。大辟疑赦，其罚千率，阅实其罪。墨罚之属千，劓罚之属千，膑罚之属五百，宫罚之属三百，大辟之罚其属二百：五刑之属三千。'命曰《甫刑》"。甫侯即吕侯，《甫刑》即《吕刑》。

② （汉）孔安国传，（唐）孔颖达疏，廖名春、陈明整理：《尚书正义》，第545—551页。

敬折狱,明启刑书胥占,咸庶中正。其刑其罚,其审克之!狱成而孚,输而孚。其刑上备,有并两刑"。所谓"故孔子犹有取焉"者,《史记·儒林列传》云"故孔子闵王路废而邪道兴,于是论次《诗》《书》,修起《礼》《乐》"①,《汉书·艺文志》曰"《书》之所起远矣,孔子纂焉,上断于尧,下讫于秦,凡百篇,而为之序"②,《隋书·经籍志》谓"孔子观《书》周室,得虞、夏、商、周四代之典,删其善者,上自虞,下至周,为百篇,编而序之"③,相传在《尚书》成书过程中,经孔子编纂,即"孔子纂焉""删其善者""编而序之",《吕刑》收入《尚书》,孔子之所以编选,其理由何在,苏轼认为"其言忧而不伤,威而不怒,慈爱而能断,恻然有哀怜无辜之心",遂谓之"故孔子犹有取焉"。苏轼此论以"慈爱""恻然""忧而不伤,威而不怒"评《尚书》,与孔子以"思无邪"(《论语·为政》),"乐而不淫,哀而不伤"(《论语·八佾》)评《诗》相较,实有异曲同工之妙,读者当识其所以"取焉"者,一言以蔽之,取乎仁、得乎中而已矣。所谓"《传》曰'赏疑从与',所以广恩也,'罚疑从去',所以慎刑也"者,苏轼取自班固史说,与上引孔传经说稍有出入,《汉书·冯野王传》云"京兆尹王章讥王凤颛专权,荐野王代凤。章既坐诛,野王惧,遂病,满三月赐告,与妻子归杜陵就医药。凤风御史劾奏之。杜钦时在凤莫府,奏记于凤,为野王言曰:'二千石病赐告得归有故事,不得去郡亡着令。《传》曰"赏疑从予",所以广恩劝功;"罚疑从去",所以慎刑,阙难知也。今释令与故事而假不敬之法,甚违阙疑从去之意。'"④ 杜钦所引"赏疑从予",苏文作"赏疑从与","与"即"予",义可两通,与其指称苏文意引孔传经说,毋宁归于班固史说,孔传"刑疑附轻,赏疑从重",杜钦引《传》"赏疑从予","罚疑从去",两相对读,乃杜钦意引孔传,而苏轼又从而引之,并非记诵之误,亦非有意发挥。上文已论,苏轼结撰考卷,三易其稿,审慎之至,

---

① 《史记》卷121《儒林列传》,第3115页。
② 《汉书》卷30《艺文志》,中华书局1962年标点本,第1706页。按《汉志》此说,盖本于刘歆《七略》。
③ 《隋书》卷32《经籍志》,中华书局1973年标点本,第914页。
④ 李之亮:《苏轼文集编年笺注》,巴蜀书社2011年版,第127页郎注所引。按:与《汉书·冯奉世传》核对,此处为节选引用。

所引关乎命题主旨，当无如此误记，辗转引用与有意发挥，不可混同论之。《尚书·大禹谟》有言"罪疑惟轻，功疑惟重"，孔安国传云"刑疑附轻，赏疑从重，忠厚之至"，孔颖达疏曰"罪有疑者，虽重从轻罪之；功有疑者，虽轻从重赏之"，苏轼据此立论，其论说采摘者，复出入经史，深得策论命题之旨，镣铐之舞，舒展自如，天纵之才，无怪乎文忠公汗出称快矣。《刑赏忠厚之至论》可作应试时论读，亦可作苏轼经学读，愈剖析展开，愈觉学养深厚，经旨大意，在在可见，唯读者善识取焉。

> 当尧之时，皋陶为士，将杀人，皋陶曰"杀之"三，尧曰"宥之"三。故天下畏皋陶执法之坚，而乐尧用刑之宽。四岳曰"鲧可用"，尧曰"不可！鲧方命圮族"，既而曰"试之"。何尧之不听皋陶之杀人，而从四岳之用鲧也？然则圣人之意，盖亦可见矣。《书》曰"罪疑惟轻，功疑惟重。与其杀不辜，宁失不经"，呜呼，尽之矣。

疏证：所谓"当尧之时，皋陶为士，将杀人，皋陶曰'杀之'三，尧曰'宥之'三"者，论者多以为苏轼臆测杜撰，如陆游《老学庵笔记》卷8记载"东坡先生《省试刑赏忠厚之至论》有云'皋陶为士，将杀人，皋陶曰杀之三，尧曰宥之三'，梅圣俞为小试官，得之以示欧阳公。公曰：'此出何书？'圣俞曰：'何须出处！'公以为皆偶忘之，然亦大称叹。初欲以为魁，终以此不果。及揭榜，见东坡姓名，始谓圣俞曰：'此郎必有所据，更恨吾辈不能记耳。'及谒谢，首问之，东坡亦对曰：'何须出处。'乃与圣俞语合。公赏其豪迈，太息不已"[①]。然苏文"三杀三宥说"，亦非毫无依据，如杨万里在《诚斋诗话》中说"欧阳公作省试知举，得东坡之文惊喜，欲取为第一人，又疑其是门人曾子固之文，恐招物议，抑为第二。坡来谢，欧阳问坡所作《刑赏忠厚之至论》，有'皋陶曰杀之三，尧曰宥之三'，此见何书，坡曰'事在《三国志·孔融传》注'。欧退而阅之，无有。他日再问坡，坡云'曹操灭袁绍，以袁熙妻赐

[①] （宋）陆游撰，李剑雄、刘德权点校：《老学庵笔记》卷8，中华书局1979年版，第102页。

其子丕。孔融曰:"昔武王伐纣,以妲己赐周公。"操惊问何经见,融曰:"以今日之事观之,意其如此。"尧皋陶之事,某亦意其如此'。欧退而大惊曰'此人可谓善读书,善用书,他日文章,必独步天下'。然予尝思之,《礼记》云'狱成,有司告于王。王曰宥之,有司曰在辟。王又曰宥之,有司又曰在辟。三宥不对,走出,致刑于甸人',坡虽用孔融意,然亦用《礼记》故事,其称王谓王三皆然,安知此典故不出于尧"①。按《礼记·文王世子》不称王而称公,盖杨万里误记,将苏文"三杀三宥说",既溯源于《文王世子》,又取意于《三国志·孔融传》注,此乃杨氏卓见,苏轼经史汇通,可见一斑。龚颐正《芥隐笔记》"杀之三宥之三"条曰"东坡试《刑赏忠厚之至论》,其间有云'皋陶曰杀之三,尧曰宥之三',梅圣俞以问苏出何书,答曰'想当然耳'。此语苏盖宗曹孟德问孔北海'武王伐纣,以妲己赐周公'出何典?答曰'以今准古,想当然耳'。一时猝应,亦有据依"②,取杨万里所谓苏轼"用孔融意"之说,敖英在《绿雪亭杂言》中曰"愚按东坡斯言,非无稽臆断也。在《文王世子》曰'公族有罪,有司谳于公。其死罪,则曰:某之罪在大辟。公曰:宥之。有司又曰:在辟。公又曰:宥之。有司又曰:在辟。三宥,不对,走出,致刑于甸人。'即此而观东坡之意,得非触类于此乎"③,则取杨万里用《礼记》故事之说。杨万里、敖英所引与《礼记》原文相较,皆有出入,按《礼记·文王世子》载"公族其有死罪,则磬于甸人。其刑罪,则纤剸,亦告于甸人。公族无宫刑。狱成,有司谳于公。其死罪,则曰:某之罪在大辟。其刑罪,则曰:某之罪在小辟。公曰:宥之。有司又曰:在辟。公又曰:宥之。有司又曰:在辟。及三宥,不对,走出,致刑于甸人。公又使人追之,曰:虽然,必赦之。有司对曰:无及也。反命于公。公素服,不举,为之变,如其伦之丧,无服,亲哭之"。由此可见,敖英所引乃节选原文,内容有所省略,《礼记》原文"三杀三宥"情节,更为显明。苏轼所谓"当尧之时,皋陶为士,将

---

① 丁福保辑:《历代诗话续编》,中华书局1983年版,第148—149页。
② (宋)龚颐正:《芥隐笔记》,《丛书集成初编》本,中华书局1985年版,第312册,第2页。
③ (明)陶珽编《说郛续》卷20,《说郛三种》本,上海古籍出版社1988年版,第981页。

杀人"事,有移花接木之嫌,然"三杀三宥"之说,汇通经史大意,确有所本,于命题论证无碍,苏文归之为"故天下畏皋陶执法之坚,而乐尧用刑之宽",所谓"用刑之宽"者,命题出处《尚书·大禹谟》的"罪疑惟轻","与其杀不辜,宁失不经",亦即上文"罚疑从去所以慎刑"之义。①苏轼于史实小疵,而于经史大意,醇而不杂,《孟子·万章上》有"不以文害辞,不以辞害意,以意逆志,是为得之"②,其是之谓乎。所谓"四岳③曰'鲧可用',尧曰'不可!鲧方命圮族'④,既而曰'试之'"者,命题出于《尚书·大禹谟》中的"功疑惟重",亦即上文"赏疑从与所以广恩"之义。《尚书·尧典》云"帝⑤曰:'咨!四岳,汤汤洪水方割,荡荡怀山襄陵,浩浩滔天。下民其咨,有能俾乂?'佥曰:'於!鲧哉。'帝曰:'吁!咈哉,方命圮族。'岳曰:'异哉!试可乃已。'帝曰:'往,钦哉!'九载,绩用弗成"。孔颖达疏曰"帝曰'咨嗟',嗟水灾之大也,呼掌岳之官而告以须人之意,'汝四岳等,今汤汤流行之水,所在方方为害。又其势奔突荡荡然,涤除在地之物,包裹高山,乘上丘陵,浩浩盛大,势若漫天。在下之人其皆咨嗟,困病其水矣。有能治者将使治之'。群臣皆曰'呜呼',叹其有人之能,'惟鲧堪能治之'。帝又疑怪之曰'吁!其人心很戾哉!好此方直之名,命而行事,辄毁败善类',言其不可使也。朝臣已共荐举,四岳又复然之。岳曰'帝若谓鲧为不可,余人悉皆已哉',言不及鲧也,'惟鲧一人试之可也。试若无功,乃黜退之',言洪水必须速治,余人不复及鲧,故劝帝用之。帝以群臣固请,不得已而用之,乃告敕鲧曰'汝往治水,当敬其事哉'。鲧治水九载,已经三考而功用不成,言帝实知人,而朝无贤臣,致使水害未

---

① 按:此乃梅赜所献《伪古文尚书》及伪孔传内容,宋代无伪古文之说,苏轼皆视为《尚书》真本。

② (汉)赵氏注,(宋)孙奭音义并疏,廖名春、刘佑平整理:《孟子注疏》,北京大学出版社1999年版,第253页。

③ 孔传:"四岳,即上羲和之四子,分掌四岳之诸侯,故称焉。"见汉孔安国传,唐孔颖达疏,廖名春、陈明整理:《尚书正义》卷2《尧典》,第40页。

④ 孔传:"圮,毁。族,类也。言鲧性很戾,好比方名,命而行事,辄毁败善类。"见汉孔安国传,唐孔颖达疏,廖名春、陈明整理《尚书正义》卷2《尧典》,第41页。

⑤ 此指尧。

读苏轼《刑赏忠厚之至论》札记

除，待舜乃治"①。将苏文此处所引与《尚书·尧典》孔颖达疏相较，孔疏"岳曰'帝若谓鲧为不可，余人悉皆已哉'，言不及鲧也，'惟鲧一人试之可也。试若无功，乃黜退之'，言洪水必须速治，余人不复及鲧，故劝帝用之"，即苏文所引"四岳曰'鲧可用'"；孔疏"帝又疑怪之曰'吁！其人心很戾哉！好此方直之名，命而行事，辄毁败善类'，言其不可使也"，即苏文所引"尧曰'不可！鲧方命圮族'"；孔疏"帝以群臣固请，不得已而用之，乃告敕鲧曰'汝往治水，当敬其事哉'"，即苏文所引"既而曰'试之'"。由此可见，苏轼引据《尚书·尧典》，实则提炼孔疏而成，化繁为简，通晓大意，其经学功底，深厚且精。所谓"何尧之不听皋陶之杀人，而从四岳之用鲧也？然则圣人之意，盖亦可见矣"者，苏轼引命题出处为《尚书·大禹谟》皋陶谋划之言作答，"《书》曰'罪疑惟轻，功疑惟重。与其杀不辜，宁失不经'②，呜呼，尽之矣"。苏文此段用《尚书》经义，于皋陶或虚或实，于引据或经或疏，皆援为己用，出入自如③，贯通《尚书》义理，化佶屈聱牙为提纲挈领，而其点题之处，复回归于策论题旨来源《大禹谟》，可谓善用《书》者也。

  可以赏，可以无赏，赏之过乎仁；可以罚，可以无罚，罚之过乎义。过乎仁，不失为君子；过乎义，则流而入于忍人。故仁可过也，义不可过也。古者赏不以爵禄，刑不以刀锯。赏之以爵禄，是赏之道行于爵禄之所加，而不行于爵禄之所不加也。刑之以刀锯，是刑之威施于刀锯之所及，而不施于刀锯之所不及也。先王知天下

---

  ① （汉）孔安国传，（唐）孔颖达疏，廖名春、陈明整理：《尚书正义》卷2《尧典》，第40—42页。

  ② 孔疏："罪有疑者，虽重，从轻罪之；功有疑者，虽轻，从重赏之。与其杀不辜非罪之人，宁失不经不常之罪；以等枉杀无罪，宁妄免有罪也。"见汉孔安国传，唐孔颖达疏，廖名春、陈明整理《尚书正义》卷4《大禹谟》，北京大学出版社1999年版，第92页。

  ③ （宋）罗大经《鹤林玉露》乙编卷之三"东坡文"条："《庄子》之文，以无为有，《战国策》之文，以曲作直，东坡平生熟此二书，故其为文，横说竖说，惟意所到，俊辩痛快，无复滞碍……叶水心云：'苏文架虚行危，纵横倏忽，数百千言，读者皆知其所欲出，推者莫知其所自来，古今议论之杰也。'"（中华书局1983年标点本，第167—168页）按：罗大经所谓"以无为有"者，非凭空捏造，实此无而彼有；叶水心所谓"读者皆知其所欲出，推者莫知其所自来"者，苏轼引据经典，非寻章摘句之徒可比，触类旁通，无所不达，倘欲推之，不可拘泥字句，当从经典大意处着手。

之善不胜赏，而爵禄不足以劝也；知天下之恶不胜刑，而刀锯不足以裁也。是故疑则举而归之于仁，以君子长者之道待天下，使天下相率而归于君子长者之道，故曰"忠厚之至"也。

疏证：论者谓此段以苏轼议论为主，皆自得之辞，似乎与引据无关，然细审之，亦有经学痕迹存焉。所谓"可以赏，可以无赏，赏之过乎仁；可以罚，可以无罚，罚之过乎义"者，《孟子·离娄下》云"可以取，可以无取，取伤廉；可以与，可以无与，与伤惠；可以死，可以无死，死伤勇"[①]，文气何其相似，苏轼《上梅直讲书》亦自述道"今年春[②]，天下之士群至于礼部，执事与欧阳公实亲试之。诚不自意，获在第二。既而闻之人，执事爱其文，以为有孟轲之风，而欧阳公亦以其能不为世俗之文也而取焉"[③]，是以观之，苏文此处确与孟轲之风有关，可见苏轼引据经典，非寻章摘句之徒可比，触类旁通，无所不达。所谓"过乎仁，不失为君子"者，《论语·宪问》曰"君子而不仁者有矣夫，未有小人而仁者也"，《论语·里仁》云"君子去仁，恶乎成名？君子无终食之间违仁，造次必于是，颠沛必于是"。所谓"过乎义，则流而入于忍人"者，《孟子·离娄下》有"非义之义，大人弗为"，《孟子·告子上》有"恻隐之心，仁也；羞恶之心，义也"，恻隐之心可过，仍不失为仁人君子，羞恶之心不可过，"则流而入于忍人"，何谓忍人？《左传·文公元年》有"初，楚子将以商臣为大子，访诸令尹子上。子上曰：'君之齿未也。而又多爱，黜乃乱也。楚国之举，恒在少者。且是人也，蠭目而豺声，忍人也，不可立也。'弗听"，杜预注"能忍行不义"[④]，由此可见，"过乎义，则流而入于忍人"，即孟子所谓"非义之义"，既"过乎义"，则走向反面，"能忍行不义"。与"忍人"相对，有所谓"不忍人"，《孟子·公孙丑上》有"人皆有不忍人之心。先王有不忍人之心，斯有不忍

---

① （汉）赵氏注，（宋）孙奭音义并疏，廖名春、刘佑平整理：《孟子注疏》卷8上《离娄章句下》，北京大学出版社1999年版，第228页。
② 北宗仁宗嘉祐二年（1057）春。
③ 王水照选注：《苏轼选集》（修订本），第300页。
④ （周）左丘明传，（晋）杜预注，（唐）孔颖达正义，浦卫忠等整理：《春秋左传正义》卷18《文公元年》，北京大学出版社1999年版，第487页。

人之政矣。以不忍人之心,行不忍人之政,治天下可运之掌上。所以谓人皆有不忍人之心者,今人乍见孺子将入于井,皆有怵惕恻隐之心,非所以内交于孺子之父母也,非所以要誉于乡党朋友也,非恶其声而然也。由是观之,无恻隐之心,非人也;无羞恶之心,非人也……恻隐之心,仁之端也;羞恶之心,义之端也"。由此可见,"不忍人之心"即"恻隐之心","恻隐之心"即仁,"过乎义,则流而入于忍人",亦即义过则违仁。《孟子·梁惠王下》有"贼义者谓之残",忍人可谓残忍,"过乎义"则害于义。仁为"恻隐之心",过之无妨,《论语·卫灵公》有"民之于仁也,甚于水火。水火,吾见蹈而死者矣,未见蹈仁而死者也","当仁,不让于师",仁为善端,纵使过之,亦不失君子之风,《孟子·公孙丑上》有"取诸人以为善,是与人为善者也,故君子莫大乎与人为善"。是以苏轼提炼为"故仁可过也,义不可过也",此处关乎孔孟经义大旨,苏文却能不露声色,娓娓道来,犹如自得之辞,实在大家手笔。所谓"古者赏不以爵禄,刑不以刀锯。赏之以爵禄,是赏之道行于爵禄之所加,而不行于爵禄之所不加也。刑之以刀锯,是刑之威施于刀锯之所及,而不施于刀锯之所不及也。先王知天下之善不胜赏,而爵禄不足以劝也,知天下之恶不胜刑,而刀锯不足以裁也,是故疑则举而归之于仁,以君子长者之道待天下,使天下相率而归于君子长者之道,故曰'忠厚之至'也"。此处论证"刑赏忠厚之至"背后之社会学原因,苏轼以先秦散文笔触,层层推进,《尚书·大禹谟》有"罪疑惟轻,功疑惟重",孔安国传"刑疑附轻,赏疑从重,忠厚之至",此策论命题所取,则昆仑之源也,"古者赏不以爵禄,刑不以刀锯","赏之以爵禄"如何,"刑之以刀锯"云云,则河之众流也,"先王知天下之善不胜赏,而爵禄不足以劝也;知天下之恶不胜刑,而刀锯不足以裁也",则为转掉纵横也,"是故疑则举而归之于仁,以君子长者之道待天下"(《孟子·尽心下》),则海之会归也,"使天下相率而归于君子长者之道,故曰'忠厚之至'也",则为百川朝宗也,其行文排山倒海,论理不容辩驳,以是观之,诚无愧"苏海"之誉矣。陆游《老学庵笔记》卷8"国初尚《文选》,当时文人专意此书,故草必称'王孙',梅必称'驿使'①,月必称'望舒',山水必称'清辉'。至庆历后,恶其陈腐,诸作者始一洗之。方其盛时,士子至为之语曰:'《文选》烂,秀才半。'建炎以来,尚苏氏文章,学者翕然从之,而蜀士尤盛。亦有语曰:'苏文熟,吃羊肉。苏文生,吃菜羹。'"②苏文转移一代文风,其引领开拓轨迹,必脉络有自,此论如此早熟,亦可概见矣。

《诗》曰"君子如祉,乱庶遄已","君子如怒,乱庶遄沮",夫君子之已乱,岂有异术哉?时其喜怒,而无失乎仁而已矣。《春秋》之义,立法贵严,而责人贵宽。因其褒贬之义以制赏罚,亦"忠厚之至"也。

疏证:策论以经典命题,苏文以经典展开,此段结尾亦以经典结束,其时文应试乎,经学论文乎,抑或经世议论乎,盖兼三者而有之。所谓"《诗》曰'君子如祉,乱庶遄已','君子如怒,乱庶遄沮'"者,《诗经·小雅·巧言》作"君子如怒,乱庶遄沮。君子如祉,乱庶遄已",毛传"遄,疾。沮,止也","祉,福也",郑笺"君子见谗人如怒责之,则此乱庶几可疾止也","福者,福贤者,谓爵禄之也,如此,则乱亦庶几可疾止也",孔疏"君子在位之人,见谗人之言,如怒责之,则此乱庶几可疾止。君子在位之人,见有德贤者,如福禄之,则此乱亦庶几可疾止"③,苏轼调整引用次序,与下文"时其喜怒"相应。"夫君子之已乱,岂有异术哉?"刑赏之策,关乎治乱,在位君子,别无他途,喜则赏之,怒则罚之,惟喜怒不失其时(自身情绪得到有效控制,"时其喜怒",一作"制其喜怒"),则赏罚皆有其度,苏文"过乎仁,不失为君子;过乎义,则流而入于忍人。故仁可过也,义不可过也",上文业已论之,仁过不失为君子,而义过则违仁,则所谓"仁可过义不可过"者,即此"无

---

① 《四库全书总目·老学庵笔记》提要云:"今考'驿使寄梅'出陆凯诗,昭明所录,实无此作,亦记忆偶疏。"(《四库全书总目》,中华书局1965年影印本,第1046页)
② (宋)陆游撰,李剑雄、刘德权点校:《老学庵笔记》,第100页。
③ (汉)毛亨传,(汉)郑玄笺,(唐)孔颖达疏,龚抗云等整理:《毛诗正义》,北京大学出版社1999年版,第755—756页。

失乎仁而已矣"。所谓"《春秋》之义"者，见诸《春秋》笔法，《左传》谓之"《春秋》之称"，《左传·成公十四年》云"故君子曰：《春秋》之称，微而显，志而晦，婉而成章，尽而不污，惩恶而劝善，非圣人谁能修之？"《左传·昭公三十一年》云"故曰：《春秋》之称，微而显，婉而辨。上之人能使昭明，善人劝焉，淫人惧焉，是以君子贵之"，如何"惩恶而劝善"，实现"善人劝焉，淫人惧焉"，"《春秋》之义"以褒贬作赏罚，《孟子·滕文公下》曰"世衰道微，邪说暴行有作，臣弑其君者有之，子弑其父者有之。孔子惧，作《春秋》。《春秋》，天子之事也。是故孔子曰：'知我者，其惟《春秋》乎！罪我者，其惟《春秋》乎！'""孔子成《春秋》而乱臣贼子惧"，亦即"褒贬之义"也。所谓"立法贵严，而责人贵宽"者，"立法贵严"，非严厉之义，此"罚疑从去"之谓也，"责人贵宽"，亦"所以慎刑也"。所谓"因其褒贬之义以制赏罚，亦'忠厚之至'也"者，依照"《春秋》之义"，以《春秋》褒贬原则，作为赏罚标准，即"立法贵严，而责人贵宽"，此亦"刑赏忠厚之至"。命题来源《尚书·大禹谟》有"临下以简，御众以宽。罚弗及嗣，赏延于世"，"好生之德，洽于民心，兹用不犯于有司"云云，苏文"立法贵严"，即"临下以简"，苏文"责人贵宽"，即"御众以宽"，皆合乎刑赏忠厚之义，最后回归题旨，圆熟流美，完成策论，匪特辞章佳构，不啻经学专题论说，儒学仁政思想，在在可证，川云岭月，其出不穷，唯读者善识取焉。

读《荀子》札记十九则

李佳喜*

摘 要：王先谦作《荀子集解》，汇集众说，断以己意，集清代荀学研究之大成。近人王天海作《荀子校释》，进一步采集日本及近人之说，近于完备。然仔细研读，仍有校勘未备、文意未明者，试举诸条，以求正于师友方家。

关键词：《荀子》 校勘 札记

1. "辨莫大于分，分莫大于礼，礼莫大于圣王。圣王有百，吾孰法焉？"（《非相篇》①，P79）

杨注"礼莫大于圣王"曰："圣王，制礼者。言其人存，其政举。"案：杨注盖谓礼之行否，取决于圣王，即人存政举、人亡政息之意。然推寻文意，"礼莫大于圣王"于义未明，疑当作"礼莫大于法圣王"，脱一"法"字。且杨氏作注时已脱，故曲为之说。上句言礼以法圣王为大，下句紧接着追问"圣王有百，吾孰法焉"，文意始通。

---

* 作者简介：李佳喜，四川大学2016级中国史（中国儒学）专业在读硕士研究生。主要学习领域：经学、小学及出土简帛文献。此文得到霞绍晖老师逐条校阅，特此致谢。然妄陋之处，责全在己。

① 王先谦撰，沈啸寰、王星贤点校：《荀子集解》，中华书局1988年版。下同。

2. "人何以能群?曰:分。分何以能行?曰:义。故义以分则和,和则一,一则多力,多力则强,强则胜物,故宫室可得而居也。"(《王制篇》,P164)

王天海曰:"'义以分',疑当作'以义分',正承上'以义'而言。"(《荀子校释》①,P382)案:王说以为"曰义"当作"曰以义",故有此解。然"曰分""曰义"结构一致,"义"前不当有"以"字,王说误。窃疑"义以分则和"当作"分以义则和","义""分"二字倒错。上句问"分何以能行",此句答"分以义则和",方成文意。

3. "天下胁于暴国,而党为吾所不欲于是者,日与桀同事同行,无害为尧,是非功名之所就也,非存亡安危之所堕也。"(《王制篇》,P171)

案:此句王先谦、陶鸿庆、梁启雄、王天海之说均有未安。于省吾曰:"党,应读作'常'。"帆足万里曰:"'于是'二字衍。"(《荀子校释》,P404)俞樾曰:"'堕'字义不可通,当作'随',字之误也。随,从也。"三说是也。《天论篇》曰"怪星之党见","党见"即"常见"。"是,此也。"句意盖谓:天下胁于暴国,而常为吾所不欲者,是日与桀同事同行也;虽无害己之为尧,然此非功名之所就也,非存亡安危之所从也。言居于乱世,虽无损内在之德行,然功名乃至存亡安危之事,皆不可论也。

4. "故百技所成,所以养一人也。而能不能兼技,人不能兼官,离居不相待则穷,群而无分则争。"(《富国篇》,P176)

案:疑"故百技所成,所以养一人也"当在"人不能兼官"以下;"而能不能兼技"之"而"字衍。上句曰"欲恶同物,欲多而物寡,寡则必争矣",与此句"百技所成,所以养一人也"文意无涉,而此句句首却有"故"字,颇为可疑。杨注曰:"技,工也。一人,君上也。言百工所成之众物以养一人,是物多而所奉者寡,故能治也。"杨氏紧承上文之意而曲为之说,是其所见本已有倒错也。久保爱注此句曰:"言人不能独

---

① 王天海:《荀子校释》(修订本),上海古籍出版社2016年版。下同。

立而赡也。百技互通其功,而后相养。盖说以群成也。《孟子》曰'一人之身而百工之所为备',亦此意也。"(《荀子校释》,P422)久保爱之说是也,然未能订正原文之倒错。窃疑原文当作:"能不能兼技,人不能兼官,故百技所成,所以养一人也,离居不相待则穷,群而无分则争。"

5. "之所与为之者之人,则举义士也。"(《王霸篇》,P203)

王引之训句首之"之"为"其"。久保爱、王天海以"之人"二字为衍文(《荀子校释》,P475)。案:二说是也,然仍有未备。杨注曰:"所与为政之人,则皆用义士。"然寻诸上文,"为之者"之"之"字并无所指,不能即以为"政"。杨注以"政"说之,窃疑原文中本有"政"字,讹作"之"。"政"读章母耕部,"之"读章母之部,耕、之二部旁对转可通。原文或作:"之所与为政者,则举义士也。"

6. "天下为一,诸侯为臣,通达之属莫不从服,无它故焉,以济义矣。"(《王霸篇》,P204)

案:"无它故焉,以济义矣","矣"字不通,疑当作"也"。下文曰"无它故焉,略信也","是无它故焉,唯其由礼义而由权谋也",三者对举,后两者皆用"也",此处不当独用"矣"。又此《王霸篇》多"无它故焉"句式,其下句语词皆用"也",不用"矣",如"无它故焉,四者齐也","是无它故焉,四者并亡也","是亦无它故焉,知一政于管仲也","无它故焉,道德诚明,利泽诚厚也"。

《荀子》全书"无它故焉"下句所用之语词,除《修身篇》"是无他故焉,或为之,或不为之耳"用"耳"字外("耳"字于文意可通,与"也"同,"矣"字则不可通矣),其余皆用"也",无用"矣"之例。如《王制篇》"无它故焉,非其道而虑之以王也","无它故焉,得之分义也";《富国篇》"此无它故焉,生于节用裕民也","此无它故焉,不知节用裕民也","无它故焉,忠信调和均辨之至也","是无它故焉,知本末源流之谓也","是无它故焉,其所以失之一也";《议兵篇》"无它故焉,明道而分钧之","无它故焉,由其道故也","无它故焉,能凝之也";《强国篇》"是无它故焉,桀、纣者,善为人所恶也;而汤武者,善为人所好也"。荀书"无它故焉"之下句,亦有不用语词者,如《富国篇》"无它故焉，其所是焉诚美，其所得焉诚大，其所利焉诚多"，"无它故焉，人主自取之"。

7. "功壹天下，名配舜、禹，物由有可乐如是其美焉者乎？"（《王霸篇》，P218）

卢文弨曰："元刻本无'焉'字"。王天海曰："《治要》及诸本俱无。"物双松曰："由，犹同。"（《荀子校释》，P505）案：无"焉"者是也，然"同"亦不通。窃疑"由"字乃衍文，原文作"功壹天下，名配舜、禹，物有可乐如是其美者乎"。"其"，之也。

8. "人主欲得善射，射远中微者，悬贵爵重赏以招致之，内不可以阿子弟，外不可以隐远人，能中是者取之，是岂不必得之之道也哉！虽圣人不能易也。欲得善驭，及速致远者，一日而千里，悬贵爵重赏以招致之，内不可以阿子弟，外不可以隐远人，能致是者取之，是岂不必得之之道也哉！虽圣人不能易也。"（案：从王念孙之说，补"速"前之"及"字。）（《君道篇》，P241—242）

冢田虎曰："一日而千里，此五字，注入正文与？然此篇无注，则后人旁书也。"王天海曰："'一日而千里'五字与文不协，当是古注混入，冢说是。"（《荀子校释》，P556）案：此段结构井然，"一日而千里"疑是衍文，然冢田虎视为旁书混入，则未必。《儒效篇》曰"舆固马选矣，而不能以至远一日而千里，则非造父也"，"一日而千里"或涉此而衍。

9. "故明主有私人以金石珠玉，无私人以官职事业，是何也？曰：本不利于所私也。"（《君道篇》，P242）

王先谦曰："'本'字无意义，'大'之误也。"钟泰曰："作'本'者是。欲以利之而适害之，故曰'本不利'。"王天海曰："'本'字不误，《治要》《外传》皆同此文；本，原本、本来。"（《荀子校释》，P557）案："本"字不误，然钟泰、王天海皆未明此句文意。本，立国之本，即上文所谓官职事业。言官职事业乃立国之本，不可当成利益授予亲私之人也。

10. "霸者之善著焉，可以时记讬也，王者之功名不可胜日志也。"（《强国篇》，P304—305）

王念孙曰："'不可胜'下当有'数'字。"俞樾曰："讬"乃"记"字之讹，记、志义同；"'日志也'上亦当有'可以'二字，与'可以时记也'一例"。案：二说是也，原文当作"霸者之善著焉，可以时记也；王者之功名不可胜数，可以日志也"。然俞樾释句意曰"言霸者之善所以明著者，以其可以时记也"，以"时记"为因，以"善著"为果，则延续杨注颠倒因果之误。句意当为：霸主之善甚为显著，故可以以时记录；王者之功名不可胜数，故可以日记录。"善著""功名不可胜数"是因，"时记""日志"是果。

11. "一废一起，应之以贯，理贯不乱。不知贯，不知应变，贯之大体未尝亡也。乱生其差，治尽其详。"（《天论篇》，P318）

案：疑"未尝"二字乃衍文。荀意谓：或废或起，能应之以贯则治，不能应之以贯则乱，贯之大体亦亡也。梁启雄曰"道贯虽能随时应变，灵活地变动，而其原则性的大体未尝失掉"，熊公哲曰"礼自孔子时已不全，然大体尚有可考者"，王天海曰"此言贯之主体未曾丢失"（《荀子校释》，P699），皆不知"未尝"二字乃衍文，而曲为之说也。

12. "故其立文饰也至于窕冶"（《礼论篇》，P363）

案：此句脱一"不"字，原文当作"故其立文饰也，不至于窕冶"。杨注曰："窕读为姚。姚冶，妖美也。"言立文饰而不至于妖美，与下文"其立麤衰也，不至于瘠弃；其立声乐恬愉也，不至于流淫惰慢；其立哭泣哀戚也，不至于隘慑伤生"句式一致。他本皆不误，独此《荀子集解》本误。

13. "称情而立文，因以饰群别、亲疏、贵贱之节而不可损益也。"（《礼论篇》，P372）

杨注曰："群别，谓群而有别也。"案：此文与《礼记·三年问》同，孔颖达读为"称情而立文，因以饰群，别亲疏、贵贱之节而不可损益也"。是为正解。杨注以"群别"为一词，文义不通。

14. "心枝则无知，倾则不精，贰则疑惑。以赞稽之，万物可兼知也。……故君子壹于道而以赞稽物。壹于道则正，以赞稽物则察，以正志行察论，则万物官矣。"（《解蔽篇》，P398—400）

杨注曰："赞，助也。稽，考也。"久保爱曰："'赞'字，以上文（'疏观万物而知其情，参稽治乱而通其度'）例，则当'参'误。"钟泰曰："《易·说卦》'幽赞于神明'，注：赞神明也。故'赞'训明不训助。"（《荀子校释》，P858）案：上文"参稽治乱而通其度"，杨注曰："参，验。稽，考也。"参、稽乃同义。而在此句中，若赞、稽同义则"以赞稽物"不通。玩味文意，"赞"当为名词，而非动词，以上三说皆误。窃疑"赞"乃"类"字之讹，"以类稽之，万物可兼知也"，"以类稽物则察"，文意始明。荀书屡言此意，如《非相篇》"以近知远，以一知万，以微知明"，"以人度人，以情度情，以类度类，以说度功，以道观尽"，"类不悖，虽久同理"；《儒效篇》"以古持今，以一持万"；《王制篇》"以类行杂，以一行万"，皆言"以类稽"物，则万物可兼知也。

15. "（一）空石之中有人焉，其名曰觙。其为人也，善射以好思。耳目之欲接则败其思，蚊虻之声闻则挫其精，是以辟耳目之欲，而远蚊虻之声，闲居静思则通。思仁若是，可谓微乎？（二）孟子恶败而出妻，可谓能自强矣；有子恶卧而焠掌，可谓能自忍矣，未及好也。辟耳目之欲，可谓能自强矣，未及思也。蚊虻之声闻则挫其精，可谓危矣，未可谓微也。（三）夫微者，至人也。至人也，何强，何忍，何危？故浊明外景，清明内景。圣人纵其欲，兼其情，而制焉者理矣。夫何强，何忍，何危？故仁者之行道也，无为也；圣人之行道也，无强也。仁者之思也恭，圣者之思也乐。此治心之道也。"（《解蔽篇》，P402—404）

案：第二节错乱不可读，历代注家众说纷纭，虽有所得，皆未能备。窃疑第二节当作："孟子恶败而出妻，可谓能自强矣，未及微也；有子恶卧而焠掌，可谓能自忍矣，未及微也；辟耳目之欲、远蚊虻之声，可谓危矣，未可谓微也。"作"未及好也""未及思也"者，盖涉上文"善射以好思"而误，而不知第一节言觙"善射以好思""闲居静思则通"，皆为否定，言其思仁若是，仍不可谓"微"。荀书所肯定之最高价值乃"微"，而非"好"与"思"。且第三节言"微"者无强、无忍、无危，则第二节"可谓能自强矣""可谓能自忍矣""可谓危矣"后皆言不可谓"微"明矣。

16. "所受乎天之一欲，制于所受乎心之多，固难类所受乎天也。"（《正名篇》，P427）

案：此句疑有错简，且难以恢复原貌，但文意尚可疏通。历代注家众说纷纭，皆未得其正解。郭嵩焘曰："以有欲之性听命于心，而欲遂多纷驰，而日失其故，漓其真。"刘师培曰："受于心者，即外欲也。此言人性虽受于天，然外欲甚多，若本性为其所制，则人性遂与本性相违。"（《荀子校释》，P921）二说皆思孟学派之思路，与荀子之思想体系不合。上句曰"欲不待可得，所受乎天也；求者从所可，受乎心也"，杨注曰"天性有欲，心为之节制"。下文曰"欲过之而动不及，心止之也"，亦是以心制欲之意。俞樾曰："此文当云'所受乎天之一，所受乎心之多，固难类也'。言天之与人有定也，人之心无穷也，固不可同耳。"此说稍近之，然仍有未备。窃疑此文当云"所受乎天之欲一，所受乎心之制多，固难类也"。言人先天之欲望无异，但每个人受到内心之节制不同，故有圣贤、下愚之别，不可同也。

17. "凡禹之所以为禹者，以其为仁义法正也。然则仁义法正有可知可能之理。然而涂之人也，皆有可以知仁义法正之质，皆有可以能仁义法正之具，然则其可以为禹明矣。……今使涂之人者以其可以知之质，可以能之具，本夫仁义之可知之理、可能之具，然则其可以为禹明矣。"（《性恶篇》，P443）

陶鸿庆曰："本夫仁义之可知之理、可能之具。"当作"本夫仁义法正之可知可能之理"，"上文两言之而不言'可能之具'，此四字涉上句而错乱其文也"（《荀子校释》，P953）。案：陶氏补"法正"二字，是也；然其改"可知之理、可能之具"为"可知可能之理"则非。窃疑此句仅作"本夫仁义法正"，以下皆衍文。上句已言"可以知之质""可以能之具"，此处不当重言之。句意谓：涂之人皆有可以知之质、可以能之具，若使之本乎仁义法正，则可以为禹矣。段首曰"凡禹之所以为禹者，以其为仁义法正也"，正相呼应。

18. "故刑当罪则威,不当罪悔;爵当贤则贵,不当贤则贱。"(《君子篇》,P451)

案:"不当罪悔",诸本皆作"不当罪则侮"。杨注曰"不当则为下所侮贱",亦作"侮"。独此《荀子集解》本讹作"悔",又脱一"则"字。

19. "昭昭乎其知之明也,郁郁乎其遇时之不祥也。拂乎其欲礼义之大行也,暗乎天下之晦盲也。"(《赋篇》,P482)

杨注曰:"郁郁,有文章貌。拂,违也。此盖误耳,当为'拂乎其遇时之不祥也,郁郁乎其欲礼义之大行'。晦盲,言人莫之识也。"案:此句文字颠倒错乱,杨校亦未能备。疑原文当作:"昭昭乎其知之明也,暗乎天下之晦盲也;郁郁乎其欲礼义之大行也,拂乎其遇时之不祥也。"言虽有昭昭之明而人莫能识,欲礼义之大行而不遇其时。文意畅然。

清末巴蜀学人李滋然行述考

任利荣[*]

摘　要：清末巴蜀学人李滋然幼承家学，通小学，兼宗汉宋，拔成都尊经书院，以进士第为广东诸县知县。李滋然赏识人才，爱才举才，康有为、梁启超、梁用弧、李家驹等皆出其座下。光绪二十年（1894）他力辩康有为《新学伪经考》非离经叛道之著，救其于水火，其后才有康有为之公车上书，其对中国近现代史可谓影响深远。清帝逊位，李滋然怀故国之思，发奋著书。其世系师承、仕宦经历、学问著述是清末巴蜀学人中别具风采者。

关键词：清末　李滋然　世系师承　仕宦经历　学问著述

巴蜀之地历史悠久，清末，虽值时局动荡，遭兵燹祸乱，但仍然是西南地区乃至全国的文化重阵，人才辈出。川东李氏家族在西南地区可谓名声赫赫，至晚清则有李滋然声名远播。李滋然幼承家学，通小学，宗汉学，拔成都尊经书院，以进士第分发担任广东诸县知县。李滋然赏识人才，爱才举才，康有为、梁启超、梁用弧、李家驹等皆出其座下，他曾力辩康有为《新学伪经考》非离经叛道之著，救其于水火，始乃才有其后康有为之公车上书，否则康氏性命不保，于中国近现代史可谓影响深远。清帝逊位，李滋然怀故国之思，发奋著书，成为清末巴蜀学人中别具一格者。以下笔者拟从其世系师承、仕宦经历、学问著述三方面考辨其行述，以就教方家。

---

[*] 作者简介：任利荣，河北阳原人，四川省社会科学院助理研究员。主要研究方向：清代经学文献，中国书籍史。

一 世系师承

李滋然,字命三,号树斋,室号知君父斋。咸丰辛亥年(1851)三月初六日吉时生于四川重庆府长寿县,廪生。原籍湖北黄州麻城县孝感乡,世袭云骑尉。曾祖父李心澄,号静斋。祖父李能昱,号子昭,敕赠修职郎;祖母陈氏,乾隆庚辰(1760)科进士陈于际的女儿,敕赠孺人。从伯祖父李能巽,乐至县训导。族伯祖父李能诗,乾隆庚辰(1760)恩科举人;李能瑚,广东上川司巡检;李能坦,原任浙江杭嘉湖兵备道,历署按擦使司盐运使司;李能琎,广东合浦县丞。父亲李曾白,号鲁生,道光乙酉(1825)科举人,甲辰(1844)科大挑二等,选授黔江县教谕。著有《读经质疑》六卷、《封圻阨塞》四卷、《沿边要害》四卷、《七省海防》二卷、《守拙斋日记》二十卷、《守拙斋文存》二十卷、《诗存》十余卷。咸丰辛酉(1861)边匪入川,从容殉难。奉旨追赠国子监学正,世袭云骑尉,袭次完时给予恩骑尉世袭罔替。入祀省城昭忠祠,敕授修职郎,例赠文林郎。母亲,傅氏。伯叔父李孟白,贡生;李思白,道光辛卯(1831)科举人,南江县训导。再从伯叔父李介白,嘉庆甲子(1804)科举人,国史馆誊录,湖北黄安县知县,道光乙酉(1825)科同考试官。兄长李容然,早卒。有两个姐妹,长姐早卒。族兄李郁然,嘉庆己卯(1819)科举人,道光壬午(1822)恩科进士,历广东阳山、饶平等县知县,乙酉(1825)科乡试同考官;李彬然,嘉庆丙子(1816)科举人,己卯(1819)恩科进士,刑部山西司主事,主讲锦江东川书院。妻子董氏,儿子李培申、李培右,四个女儿。

《李滋然墓表并铭》① 有言:

> 其先世自楚之麻城迁居今治,至先生凡十六世,世以忠孝著称。六世祖秀春,明世宗朝官御史,抗疏劾大学士严嵩,明史有传。八世祖士震官云南嵩明知府,与子长庚同殉难。庚弟开先,隐居著述,

---

① 中华民国《长寿县志》卷14《金石·李滋然墓表并铭》,中华民国十七年(1928)石印本,第15页。

累征不仕，著有《读易辨疑》若干卷。十世祖稚圭，明季诸生，被掳不屈死。川东推忠孝，必首称李氏。延至先生考曾白公，以道光己酉举人授黔江教谕，发逆伪翼王石达开窜入，曾白公与都司谭健缨城固守，援绝，赋绝命诗，朝服坐明伦堂，自解所佩忠孝带系煖阁，从容以殉。贼入，弃尸城濠，阅四旬，面色如生，后乃殡殓。方事亟时，曾白公命其配左太夫人携先生及姊星夜间道出避地酉阳门生家。洎闻已殉节，始扶榇归葬城北十里之王家岩。事闻，蒙赉恤银，赏云骑尉世职。先生每念及先人死事状，未尝不泪涔涔泣下，七十年如一日也。

由上可知李滋然的先祖在明代即声名大震，所谓"川东推忠孝，必首称李氏"，至其父李曾白亦是如此。太平天国运动时李曾白任黔江县教谕，与都司固守城池，然"援绝，赋绝命诗，朝服坐明伦堂，自解所佩忠孝带系煖阁，从容以殉"，悲壮之至，可歌可泣。因其父殉国之举，乃蒙赏世袭云骑尉。李滋然深受其先祖及父亲的影响，辛亥革命后成为众多忠于清王朝的遗民之一。除了先祖和父亲忠烈之举对他的熏陶感染外，李氏一族也是书香世家，有着较为深厚的家学渊源，这也为李滋然成为通经致用之士奠定了坚实的基础。

李滋然的教育始自其父李曾白：

> 曾白公生先生晚，钟爱逾恒，蒙养之教，尤谆谆焉。故先生自胜衣就傅庭，授以经史，便读汉注，兼治朱子小学，朴学本源早基于此，即遭兵祸，稚弱茕茕，慨念前徽，益以衣德绍闻为任，而于古今学术源流、汉宋师法寝馈既久，识判遂精，不槩执夫一家之言，淬励渊微，俨负时望。①

首先，可见朴学根基源自其父亲李曾白，读汉注又兼治朱子小学，这成为他的治学方向，留存后世的多种著述处处体现了他的家学渊源。其父以身殉难之后对他的培养责任主要落在叔父李思白、叔父李少白、

---

① 中华民国《长寿县志》卷14《金石·李滋然墓表并铭》，第15页。

族兄李莪然的身上，他们对李滋然的启蒙教育是相当成功的。

其次，还拜当时不少老夫子为师，有余翼曾[①]、杨士瀛[②]、周泽溥[③]、陈于藻[④]、杨德坤[⑤]等。在他们的悉心教导下，终于获得张之洞的拔识，进入尊经书院学习。在尊经书院求学期间，李滋然的受业恩师中有不少名家大儒，若伍肇龄[⑥]、徐昌绪[⑦]、钱保塘[⑧]、钱宝宣[⑨]、王闿运[⑩]、霍润生[⑪]、王树枏[⑫]、张之洞[⑬]、陈懋侯[⑭]、丁文诚[⑮]、刘秉璋[⑯]、游智开[⑰]、薛华墀[⑱]、毛昫[⑲]、蒋茂龄[⑳]、张思升[㉑]、郭立纪[㉒]、郭光熙[㉓]等。其中王闿运、王树枏、张之洞的名望不言而喻。李滋然与王闿运、王树枏、游智开等关系较为亲密，曾经参与了不少王闿运著述的出版校订工作。[㉔]

---

① 字辅山，贡生。
② 字亮辅，丙午副榜。
③ 字伯泉，辛卯科举人，现掌教长寿县凤山书院。
④ 字陆谭，黔江县庠生，咸丰辛酉殉难，世袭云骑尉。
⑤ 字静夫，甲辰科举人，奉节县教谕。
⑥ 字崧生，邛州人，丁未进士，翰林院编修，主讲尊经、锦江两书院。
⑦ 字舫夫，丙辰进士，翰林院侍讲学士，主讲东川书院。
⑧ 字堤江，浙江海宁己未举人。任四川大足县知县，前主讲尊经书院。
⑨ 字徐山，浙江嘉兴庚子举人，甘肃候补知县，前主讲尊经书院。
⑩ 字壬秋，湖南湘潭丁巳举人，前主讲尊经书院。
⑪ 字雨林，山西沁水人，庚申进士，任长寿县知县。
⑫ 字晋卿，直隶新城让人，丙戌进士，户部主事，任四川青神县知县，戊子科乡试同考官。
⑬ 字达夫，直隶南皮癸亥探花，两广总督，四川学政，岁科蒙取经优等，调入尊经书院肄业。
⑭ 字伯双，福建人，丙午进士，翰林院编修，四川学政，蒙取经古优等第一名正调补送尊经书院。
⑮ 字稚璜，贵州平潭府人，癸丑翰林，四川总督，代课尊经书院。
⑯ 字仲良，安徽人，庚申翰林，四川总督，月课蒙超等第一。
⑰ 字子代，湖南宝庆府辛亥举人，任广东布政使司，前任四川按察使司，月课屡蒙取超等第一。
⑱ 字丹亭，成都府训导，尊经书院监院。
⑲ 字梦亭，候选郎中，龙安府训导，尊经书院监院。
⑳ 字介眉，己酉拔贡，任长寿县教谕。
㉑ 字小堂，任长寿县教谕。
㉒ 字协五，任长寿县教谕。
㉓ 字纯斋，丁卯举人，任长寿县教谕。
㉔ 王闿运编《七言律体诗》即有长寿李滋然校刊之衔名。

尊经书院的求学经历让李滋然在学问上取得了重大的进步：

> 因之所学益进，于是研精小学，以求形声文字之源，而溯其微言大义。凡井田、学校、礼乐、兵刑、田赋、选举、考工、舆地、天文靡不博闻强记，而于历代兴衰之故与夫贤奸忠孝之分，尤能鉴其诚伪，究其得失，通之治世大纲，其归宿必取法先哲首重实践，盖以汉学为本，宋学为用，沟通融贯，采撷精华，发为挽近通儒大师千秋之业，非墨守穿凿、冥心坐照者可比也。①

最终李滋然在光绪戊子年（1888），以第六名的成绩举于乡，己丑年（1889）连捷成进士。名在第四，殿试三甲，后即以知县分发广东，自此开始了他的仕宦生涯。

二 仕宦经历

李滋然进士及第后，即用知县②，分发广东，历任电白、文昌、曲江、揭阳、普宁、东莞、顺德诸县，治粤达十五年左右。宰政电白六年为最久，曲江、揭阳、顺德各一年，在其治理一方之时颇有惠政，尤以拔识推举人才为著。

光绪十五年（1889）入粤，由于广东巡抚游智开曾在蜀地任职，对李滋然极为重视，加之乡试主考官为贵筑李端棻，亦对其颇为倚重，故而被起用为光绪十七年辛卯（1891）、光绪十九年癸巳（1893）、光绪二十年甲午（1894）恩、正四科同考官，得人称盛：

> 所取知名士若新会梁启超、三水梁知鉴、广东驻防汉军李家驹、顺德梁用弧，其尤者前工部主事康祖诒，今名有为者，固粤中新学宗盟，又宣室前席，首承顾问之人也。当祖诒甲午乡试，本房奇其

---

① 中华民国《长寿县志》卷14《金石·李滋然墓表并铭》，第15页。
② 即用，清代铨选官员有"即用"之制。谓遇缺即可补用。见《清会典·吏部六·文选清吏司》《清会典事例·吏部十七·满洲铨选》。

文而弗敢荐，先生赏之，加批帮荐乃获售，祖诒感之，执弟子礼甚恭。①

梁启超、梁知鉴、李家驹、梁用弧、康有为皆出自其座下，除康有为外皆称李滋然为"房师"。对康有为而言，李滋然于他不仅有拔识之恩，同时亦有救命之恩。事起于光绪二十年（1894）秋七月给事中余晋珊②上书请求禁毁康有为《新学伪经考》一书。《康南海自编年谱》光绪二十年（1894）三十七岁载：

> 七月，给事中余晋珊劾吾惑世诬民，非圣无法，同少正卯，圣实不容，请焚《新学伪经考》，禁粤士从学。

在请求禁毁《新学伪经考》的奏文中，对康有为及其书大加挞伐：

> 再查有广东南海县举人康祖诒，以诡辩之才，肆狂瞽之谈，以六经皆新莽时刘歆所伪撰，著有《新学伪经考》一书，刊行海内，腾其簧鼓，煽惑后进，号召生徒，以至浮薄之士，靡然向风从游甚众。康祖诒自号长素，以为长于素王，而其徒亦逐各以"超回""轶赐"为号。伏思孔子之圣为生民所未有，六经如日月经天，江河行地。自汉儒表章，宋儒注释，而经学愈以昌明。……康祖诒殆乃逞其狂吠，僭号长素，且力翻成案以痛诋前人，似此荒谬绝伦，诚圣贤之蟊贼，古今之巨蠹也。昔太公戮华士，孔子诛少正卯皆以其言

---

① 中华民国《长寿县志》卷14《金石·李滋然墓表并铭》，第15页。
② 关于首次弹劾康有为者为谁，多数认为是安维峻。安维峻（1854—1880），字晓峰、小峰，晚号槃阿道人，甘肃秦安人，初以拔贡朝考用为七品京官。光绪六年（1880）中进士，历任翰林院编修、福建道监察御史、内阁侍读、京师大学堂总教习等职。安维峻于光绪二十年（1894）十二月初二日上《请诛李鸿章疏》而震撼朝野，被誉为"陇上铁汉"，不久被谪戍军台5年。胡建华在《首请毁禁〈新学伪经考〉者非安维峻》一文中提到关于安维峻上奏禁毁《新学伪经考》之事，出自湖南平江苏舆《翼教丛编》卷2，《安晓峰御史请毁禁〈新学伪经考〉片》。查检该书，此文后有附言："此摺以两广督署钞出，上谕亦未见奏人姓名。初传安晓峰太史上，后太史自述所寄葵园师，言疏劾康逆学术悖谬，正值倭事日棘，稿具未进，询知此疏为今上海道余晋珊观察联沅所上，附谨订于此。"可知上此奏疏者当为余晋珊。

伪……今康祖诒之非圣无法惑世诬民，较之华士少正卯有其过之无不及也。……请旨饬下广东督抚臣行令将其所刊《新学伪经考》立即销毁，并晓谕各书院生徒及各属士子返歧趋而归正路，毋再为康祖诒所惑。至康祖诒离经叛道应如何惩办之处，恭候圣裁。①

康有为罪名之大足可明证，不仅面临毁板烧书的厄运，而且还将其比作"华士""少正卯"，性命亦着实堪忧。光绪皇帝着令两广总督李瀚章②处理此事，李瀚章收到寄谕后即派李滋然查办。李滋然有意保全康有为，故在其调查后略云：

> 遵即亲赴书坊，调取《新学伪经考》一书，详加查核。此书大旨以尊崇孔子攻诘刘歆增窜六经为主，自命为二千年未有之卓识，全书据援之博，仇校之精，深思锐入，洵可称坚苦卓绝。但自信过深，偏见遂执，有不合己意者，则妄加窜改，反诬为古人所窜入，深文剖击，不遗余力，岂足为定论乎？今就全书详加校阅，有不可据者十条，签帖原文，恭呈大鉴。其立论虽主诋汉儒，其大旨尤为尊孔子。若律以离经叛道，则全书并无实证。伏读圣朝功令，文人著书立说，其有诋毁程朱，显违御案者，则应亟行毁板，不可听其刊行，如毛奇龄《四书改错》之类是也。若汉魏诸儒，门户是非，从古水火，今文古文，排击聚讼，自汉迄今，实难数指。国朝阎若璩之《古文尚书疏证》，王鸣盛之《尚书后案》，孙星衍之《尚书今古文注疏》，魏源之《尚书古微》，皆攻古文尚书之伪；刘逢禄之《左氏春秋考证》，万斯大之《学春秋随笔》，攻左传之伪者也；魏源

---

① 苏舆：《翼教丛编》卷2，《近代中国史料丛刊》第65辑，台北：文海出版社有限公司1966年版。

② 李瀚章（1821—1899年），又名章锐，字敏旃，号筱泉，晚号钝叟。安徽合肥人。李鸿章之兄。道光拔贡。曾任湖南永定、益阳、善化（今长沙）知县，江西吉南赣宁道和广东督粮道、按察使、布政使。同治四年（1865）任湖南巡抚，曾率兵镇压太平军与贵州苗民起义。同治六年（1867）授江苏巡抚，未任。旋署湖广总督。同治七年（1868）任浙江巡抚。次年再署湖广总督。光绪元年（1875）任四川总督。次年回任湖广。因母丧居家六年。后再任漕运总督。光绪十五年（1889）调任两广总督兼署广东巡抚。光绪二十一年（1895）告归。康有为之案正时值其任广东巡抚之时。

之诗古微,攻毛诗之伪者也。诸书皆经儒臣先后奏请或收入《钦定四库全书》,或采入正续《皇清经解》。虽提要所标详,不无疵议,而圣朝宽大,类皆纠其误而存其书。该举人"伪经考"不过就各家所说,折中己意而推阐之,细考全篇罅漏甚多,虽自命甚高,而著论无坚朴不破之才,立说甚少灏博周匝之笔,故刊板已行,而信之者少。若遽目以非圣无法,惑世诬民,不特该举人罪不至此,即取全书之词义以观,亦断不能到言伪而辩,行僻而坚之一境。即其书具存,亦不过一二门徒互相标榜而已。至谓其能煽惑后进,靡然向风,如是书之前后乖违,自相矛盾,尚未有此学力也。至该举人以长素为字,已自童年,因其行一,故为长,粤中士人久知之,盖取文选陶征士诔"长实素心"之语,非谓长于素王也。又遍查全书,录称门人姓字者不一,实无"超回""轶赐"等语,确系外间诋毁哗笑之言。谨据见闻所及,详为述呈,可否免予销毁之处,恭候宪裁。①

李滋然大力为康有为开脱,"不过就各家所说,折中己意而推阐之,细考全篇罅漏甚多,虽自命甚高,而著论无坚朴不破之才,立说甚少灏博周匝之笔,故刊板已行,而信之者少";"不特该举人罪不至此";"即其书具存,亦不过一二门徒互相标榜而已。至谓其能煽惑后进,靡然向风,如是书之前后乖违,自相矛盾,尚未有此学力也"等语,拳拳护佑之心可见。

其后李瀚章据李滋然签复增改覆奏:

揆诸立言之体,未免乖违,原其好学之心,尚非离畔。其书于经义无所发明,学人弗尚,坊肆不鬻。即其自谋生徒,亦皆专攻举业,并不以是相授受,虽刊不行,将自澌灭。似不至惑世诬民,伤坏士习,臣已札行地方官,谕令自行销毁,以免物议。至该举人意在尊崇孔子,似不能责以非圣无法,拟请毋庸置疑。②

---

① 高伯雨《听雨楼随笔》,辽宁教育出版社1998年版,第176—177页。
② 苏舆:《翼教丛编》卷2,《近代中国史料丛刊》第65辑。

在李瀚章、李滋然的极力回护下，解除了康有为面临的杀身之祸，同时也免除了其牢狱之灾。书版令其自行销毁，终而人书两全，着实是康有为之幸。若康有为此时因《新学伪经考》被杀，或者入狱，亦不会有其后的公车上书、戊戌变法，历史可能当是另一番境况。

关于救康有为之事，《金石·李滋然墓表并铭》中亦详细言明：

金石·李滋然墓表并铭

  光绪二十二年，遵旨饬查《新学伪经考》一案，以祖诒原著，大旨尊崇孔子，攻讦刘歆伪解，于经学源流、授受师法，反复申辨，曲极详尽，并非左袒。惟祖诒师心自用，立言过当，比之为毛西河、魏默深一流，康氏赖以保全，语在先生采《薇集中》，世之湛然于经学者咸题之。①

关于李滋然救护康有为之事，另有记载曰：

  瀚章奉寄谕后，命准补电白知县李滋然"迅赴坊间，调取康祖诒《新学伪经考》一书，有无离经叛道等情，详悉查核。分别签名禀后，以凭革职"。滋然禀覆，略谓："遵即亲赴书坊，调取《新学伪经考》一书，详加查核。此书大旨以尊崇孔子，攻讦刘歆增窜六经为主，自命为二千年未有之卓识。全书援据之博，仇校之精，深思锐入，洵可称坚苦卓绝。但自信过深，偏见遂执。有不合己意者，则妄加窜改。有不变窜改者，反诬为古人。"②

顾颉刚评其保护康有为之举言："盖以学派相同，遂生怜才之念也。"③

李滋然任电白县令期间，其治政能力得到充分肯定，李鸿章在《李滋然刘盛芳王耀曾分调署文昌电白新兴知县片》中有言：

---

① 中华民国《长寿县志》卷14《金石·李滋然墓表并铭》，第15页。
② 徐凌霄、徐一士：《凌霄一士随笔二》，《民国笔记小说大观》卷180，山西古籍出版社2016年版，第625页。
③ 钱谷融：《顾颉刚书话》，浙江人民出版社1998年版，第212页。

查有电白县知县李滋然精明强干,办事稳练。①

光绪二十八年(1902)任揭阳县令②,任内充光绪二十九年(1903)乡试考官,时有秀才吴汝霖③,颇有才名,考试时被李滋然拔为第三,至呈上级复核时,广东学政朱祖谋④见吴汝霖文中有"改良进步"四字,乃将其撤去,吴汝霖便名落孙山。李滋然于此叹息心痛不已,日后在京中,每遇揭阳人,则为吴汝霖惋惜。吴汝霖的弟弟吴沛霖以诗记此事:

> 准拟乘风破壁飞,文章昔日重秋闱。
> 吹求一语遭时忌,落拓十年与愿违。
> 同调夙怜陈下第,赏音难解李高郙。
> 亦知得失浑间事,执固无须笑古微。⑤

李滋然于光绪三十年(1904)任曲江知县。刚到地方即考试观风,高度重视一地之文教,以骈文出告示曰:

> 为观风事,照得气运恒验于文词,人才每征诸学术,故制科取士,典礼綦隆,而载道明经,阐扬匪易,我国家二载宾兴,自昔重求贤之举,尔多士十年学富,今秋逢大比之年,用觇举识,渊深宏博,可别丰裁,要皆辉煌乎史册,岂特焜耀于乡邦,溯彼先型,每深翘企,念兹继起,恒藉引新。本县叼宴琼果,悉膺花县,铁马金戈,碧血痛先人之烈……此日风前珠玉,含毫效食菜之蚕;他日镜

---

① 顾廷龙、戴逸:《李鸿章全集·奏议》,《国家清史编纂委员会·文献丛刊》,合肥教育出版社2008年版,第169页。
② 参见孙淑彦《揭阳历代县长考论》,揭阳市民俗博物馆2005年版。
③ 吴汝霖(1866—1934年),字雨三,桂岭双山人。
④ 朱祖谋(1857—1931年),原名朱孝臧,字藿生,一字古微,一作古薇,号沤尹,又号彊村,浙江吴兴人。光绪九年(1883)进士,官至礼部右侍郎,清末"四大词人"之一。
⑤ 吴沛霖、吴汝霖:《泽庵诗集》卷1《胞兄雨三五十生日祝寿诗并序》,1934年铅印本。诗人在中自注中说:"癸卯秋秋闱,史卷出李公命三房,已决取第三名及第。嗣以监临朱祖谋指摘卷中有'改良进步'四字,脱之。"李公遇揭人辄谈及而惋惜之。陈雄思解元前亦曾落第者,家兄曾课其孙醒民,阅其遗著而慨叹之。陈雄思为揭阳乾隆诗人,著有《龙津草堂诗草》。

里芙蓉，策马看花之客。特示。①

光绪三十年（1904）又调任顺德县。《顺德县志》中载：

> 滋然经术湛深，文章尔雅，以儒术饰吏事而恫福无华，清介绝俗，尤根于至性。甫下车，手书牌示榜诸大堂，文曰"本县如有受民间钱财，不得还乡"②。

治理地方身先士卒，同时又对犯罪之人颇多怜悯之心：

> 捕盗则幅斤短衣，身先卒伍，破获不少。相验命案，躬诣尸前，有疑窦，手自检摩，不准件役妄报。县狱湫隘污浊，夏热尤苦。滋然捐廉设木栅，狱门外俾轻犯烧得休憩，罪囚德之。③

处理江尾教案，持正不阿，忤洋人之意；邑中办团练征收亩捐，遭贵绅忌恨；粤督抚岑春煊④勒令县捐征余蛮子军费三万金，李滋然廷辩抗忤。⑤另有一说乃是被岑春煊弹劾李滋然办学不力：

> 光绪末叶，以办学遭大府驳诘，侃侃直陈，语侵督部，奏劾去官。解组之日，萧然儒素。⑥

不论何种原因，至光绪三十年（1904）由于被弹劾，李滋然结束了近二十年的仕宦生涯。李滋然为官清廉自守，办案持正不阿，大力兴学，振

---

① 高拜石：《新编古春风楼琐记》第11集，北京作家出版社2005年版，第221页。
② 《顺德县志》咸丰民国合订本，中山大学出版社1993年版，第1242页。
③ 《顺德县志》咸丰民国合订本，第1242页。
④ 岑春煊（1861—1933），广西壮族自治区西林县那劳乡那劳村人，字云阶，乙酉年（1885）科举人，晚年自号炯堂老人。出生于官宦世家，系清朝云贵总督岑毓英的第三子。为人爱国然性严厉，喜弹劾，属吏鲜当意。
⑤ 关于是否岑春煊所为有待考证，征余蛮子银也是值得商榷的，余蛮子是重庆大足县之民乱首领，而岑春煊未及至广东旋调至四川，此事仅见《顺德县志》记载，聊备一说。
⑥ 中华民国《长寿县志》卷14《金石·李滋然墓表并铭》，第15页。

拔贫寒之士,与民惠政。

> 先生之为牧令也,辄榜通衢,并树木堂下,官不取民一钱,誓真诚与民相见,有乾嘉朝陈鹏年、汪辉祖、刘衡、刘荣之遗风。方其宰电白也,有两族争坟山,讼几百年不解,其一呈契署顺治朝年月日,先生批曰:"伪契。"盖电白隶版图为康熙间,非顺治朝也,讼遂寝。绅民颂之,大府称之,宰相必用读书人,牧令亦然。先生治庶狱,矜慎对,两造絮案,作家人语,手批口判,案无留牍。办理教案,尤能持平,曲江任内,判结民教讧案尤多。揭阳治匪甚严,有旨嘉奖。然每莅治所,培植士类,振拔单寒,风气为之一变,暇则巡行四野,敦劝农桑,此先生服官之大较也。①

光绪三十三年(1907),李滋然的弟子李家驹②出使日本时,请他作随员一同赴日,不久李滋然重新获得起用,赏县丞衔,然此时李滋然并无实际的权力,开始整理著述并陆续刊行。

> 旋以门人李家驹出使日本,奏以先生同行,因得访日本诸佚书,遂补成曾白公《尒疋旧注考证》刊刻行世。③

宣统皇帝登基后,进呈其所著书《周礼古学考》《群书纲纪》等,得旨褒扬,赏主事衔,以学部小京官用。

> 归国保县丞,会冲皇嗣位,典学方殷殷,先生于宣统三年七月走京师,以所著书进呈,奉旨授学部七品小京官,旋给主事衔,将

---

① 中华民国《长寿县志》卷14《金石·李滋然墓表并铭》,第15页。
② 李家驹(1871—1938年),汉军正黄旗人,字柳溪。清光绪进士。授翰林院编修。光绪二十九年(1903)任湖北学政。光绪三十一年(1905)任东三省学政。光绪三十二年(1906)任京师大学堂监督,授学部右丞。次年为出使日本大臣。光绪三十四年(1908)改派为考察日本宪政大臣,授内阁学士。宣统元年(1909)署学部左侍郎,并协理开办资政院事宜。次年任学部右侍郎。宣统三年(1911)兼协同纂拟宪法大臣、资政院副总裁、法制院院使、资政院总裁。
③ 中华民国《长寿县志》卷14《金石·李滋然墓表并铭》,第15页。

以先生充师保之任。乃是年十二月二十五日，奉孝定景皇后懿旨，颁允兆庶祈请，改制共和，冲皇退位深宫。①

辛亥革命后，祝发不问世事，自号采薇僧，著有《采薇僧集》。李滋然每逢清帝退位的十二月二十五日，便痛哭不食，九年如一，其对清王朝的故国之思令人唏嘘。

  初，武汉事起，天下骚然，中原鼎沸，京师风鹤日警，穷蹙不能居，乃南走上海，除夕在泸读退位诏，有诗恫之。壬子元旦，成《申江感事诗》，今皆存集中。秋草含元，感愤有作，哀音变徵，不计声律。其年春，小泊扬州，至梅花岭史忠正公墓，于是溯长江至金陵，过武昌，历夔、万而归，隐居不出，自号采薇僧，庐曾白公墓下凡九年，日食籧粝，若将终身。每至十二月二十五日，必北向哭，终日仅食白粥一盂，晨夕至曾白墓焚香展拜。墓前石磴凡六十余级，虽扶掖必躬行祈，寒暑雨疾风霰雪无间也。丁巳复辟十日，民军重建共和，讹言取消优待条件，先生闻之，亟驰书门人梁启超，力言是举非出清廷意，极请始终维护，洒洒数千言，辞婉而旨哀。后得梁复书，允为保全，先生之心乃安。

  庚申夏，复自言当重往神京，一觐旧君，秋初即袱被以出，至易州谒崇陵，周览宝城碑楼、隆恩殿，布衣草屦，往返数万里无倦容，遗臣血泪，浪浪襟袖，至不能止。

直至中华民国十年（1921），李滋然生命的最后一年，仍心怀故国。此年冬十月李滋然拖着病弱之躯进京觐见了退位后的宣统皇帝，并进呈他在草庐中所撰的《明夷待访录纠谬》一书。

  前清皇帝逊位后十年，太岁辛酉春正月壬寅朔越十有三日甲寅，天清地宁，日耀月穆，欣逢万寿圣节，鋆衡以前法部郎中且曾会办参议事，政变以后，侍亲京第，杜门宣南斋，服冠佩从诸大夫后，

---

① 中华民国《长寿县志》卷14《金石·李滋然墓表并铭》，第15页。

祝嘏于乾清宫丹墀下。礼也，先期待漏于隆宗门，旧军机大臣直庐联座一老翁，清癯短小，须发苍皓，服二品服，兀坐榻上，与人不甚交接，而时微闻吟咏声。

李滋然此举算是了却了自己心中的一桩大事，不久即离世。《金石·李滋然墓表并铭》综计其生平言：

承忠孝世家之遗泽，幼遘咸同东南之难，不幸孤露，稍长而劬于学，悾悾矍矍，陶冶群言。……特以忠裔遗孤，志气卓越，又与李二曲、孙夏峰诸子为近；遭遇时变，不期而同，先生之志哀矣。①

三　学问著述

李滋然，家学深厚，承自其父李曾白。

故先生自胜衣就傅庭，授以经史，便读汉注，兼治朱子小学，朴学本源早基于此，即遘兵祸，稚弱茕茕，慨念前徽，益以衣德绍闻为任，而于古今学术源流、汉宋师法寝馈既久，识判遂精，不槩执夫一家之言，淬励渊微，俨负时望。②

读经史汉注，自郑许入手以端其根基，兼治朱子小学，奠定了坚实的朴学基础。后受张之洞提拔入尊经书院学习，师从王闿运、王树枏等名家。概而言之则"自郑许入手以端其基，历治训故考据掌故辞章，放之极于经世之学，溯其渊源，方之阎若璩、戴震、惠士奇诸先儒无多让焉；推之程朱以阐其理而尽其用，则又陆桴亭、陈确庵之选也"③。著述颇丰，大体可知有十余种：

---

① 中华民国《长寿县志》卷14《金石·李滋然墓表并铭》，第15页。
② 中华民国《长寿县志》卷14《金石·李滋然墓表并铭》，第15页。
③ 中华民国《长寿县志》卷14《金石·李滋然墓表并铭》，第15页。

1.《李滋然与王幹臣函稿》一卷，上海图书馆藏光绪二十年（1894）李氏知君父斋抄本。此文另刊于1926年《国学月刊》第三期，名曰《致王幹臣书》。

2.《尔雅旧注考证》二卷，国家图书馆藏光绪三十四年（1908）刻本，该书为补辑其父李曾白之作，即当随李家驹随访日本所补全之书。《续修四库全书》据之影印。李曾白取材于类书、古注、小学类等文献，参考清人著述而成。李滋然作《补考》，佚文则主要取自《玉烛宝典》、《原本玉篇》、慧琳《一切经音义》、《倭名类聚钞》等。

3.《说文引汉律令考补正》一卷，国家图书馆等藏光绪三十四年（1908）排印《李氏三种》本（《知君父斋丛著》之一）。

4.《仓颉辑补斠证小笺》二卷，国家图书馆等藏光绪三十四年（1908）排印《李氏三种》本（《知君父斋丛著》之一）。该书为笺注王仁俊《仓颉辑补斠证》而作。

5.《孔子集语补遗商正》一卷，国家图书馆等藏光绪三十四年（1908）排印《李氏三种》本（《知君父斋丛著》之一）。

6.《周礼古学考》十一卷，上海图书馆等藏宣统元年（1909）田吴炤排印本；中国科学院图书馆等藏中华民国二十三年（1934）排印本。顾颉刚撰《李滋然事迹与著述》中言："证明《周官》为古文学，与刘逢禄《左氏春秋考证》同其功绩。意其人生于四川，当是廖平或王闿运之门人，故能申廖氏《今古学考》与《古学考》之绪。"①评此书"自是经学名著"。此书与《群经纲纪考》《明夷待访录纠谬》皆刊于同李家驹随访日本之时。

书首有宣统元年（1909）胡惟德、李家驹序，及光绪戊申年（1908）李滋然自序。是书卷1为"田赋考"、卷2为"封建考"、卷3为"赋税考"、卷4为"征役考"、卷5为"出军考"、卷6至卷8为"礼制考"、卷9为"职官考"、卷10为五官官爵数考、卷11周礼职官同于今学考，共计九类。区分《周礼》今学、古学，以今学为原文，古学为刘氏窜改。大都以见诸经及《孟子》《国语》群书者为真，而不见者为窜改。胡惟德评该书："远无惭郑贾之功臣，足当沈王之争友。令定海瑞安，当日获见

---

① 钱谷融：《顾颉刚书话》，浙江人民出版社1998年版，第212页。

是书，或能斟酌咨度，援为他山之助，而益光大其业云云。"《顾颉刚书话》称其颇"能申廖平《今古学考》与《古学考》之绪"。然仅以见诸经传为真不见为伪窜，失于武断，所论尚需辨证。

7.《群经纲纪考》十六卷，国家图书馆等藏宣统间日本江户排印本。

8.《明夷待访录纠谬》一卷，国家图书馆等藏宣统间排印本。该书专门驳难黄宗羲。

9.《四书朱子集注古义笺》六卷，国家图书馆等藏宣统间排印本。此书"旨在沟通汉、宋之邮，与潘衍桐《朱子论语集注训诂考》同其作用，而研究较深刻，若《清经解》而有三编，亦当辑入"①。

10.《四库全书书目表》四卷附《四库未收书目表》一卷，该书为一书名目录，只将《四库全书》中书名、卷数、撰者、版本诸项。四库著录本之余上栏，存目本入于下栏。辽宁省图书馆藏有宣统三年（1911）京华印书局排印本，中华民国十九年（1930）上海大东书局石印本影印《四库全书总目》附印本。②

11.《采薇僧集》一卷《诗草》一卷附《赠和诗草》一卷，原中国科学院图书馆藏中华民国六年（1917）刻本（《知君文斋丛书》之一）。

除了以上诸书之外，顾颉刚言"予尚有其文集二册，为辛亥后刻于蜀中者。中有一呈文，为查禁《新学伪经考》时保全康有为者"③。

李滋然的著述重小学、重《周礼》、亦推崇"四书"，是故其治学兼宗汉宋实非虚言。又关心时局，著《明夷待访录纠谬》，经世致用之学体现得淋漓尽致。

结　论

李滋然出身忠烈世家，蒙深厚家学，因父亲忠勇殉国加之张之洞的赏识被拔擢进入尊经书院，受业于王闿运，成为通经之士。进士及第即用知县，治粤十五余年，颇多惠政，尤以拔识人才为著，梁启超、李家

---

① 钱谷融：《顾颉刚书话》，第212页。
② 林申清：《四库书目家族》，《图书与情报》1998年第1期。
③ 钱谷融：《顾颉刚书话》，第212页。

驹、梁用弧、康有为等皆出其座下，而其智慧周旋，与李瀚章共同保全康有为之举，亦可见其爱才惜才之热忱。自辛亥革命后，心系前朝，故国之思令人唏嘘，自号采薇僧以明志，离世前还曾进京拜谒故君主，故国遗民之痛可谓甚矣！著述十余种，皆流传于世，影响颇深者若《周礼古学考》《四书朱子集注古义笺》《明夷待访录纠谬》等，足可彰其治学功力及其经学思想。作为清末巴蜀俊杰，李滋然为巴蜀文化又添上了浓墨重彩的一笔！

山东任希古与成都任奉古考略[*]

汪　璐[**]

摘　要： 任希古，一作知古，一作奉古，初唐诗人，《新唐书》列传第120《孝友》有传。任奉古，北宋初年成都人，正史未见其传。二人极易混淆，本文拟对其名字、籍贯、生平事迹、著述加以略做考述。

关键词： 任希古　任奉古　考略

一　名字、籍贯

任希古，《新唐书·列传》第120《孝友》载：

> 任敬臣字希古，棣州人。五岁丧母，哀毁天至。七岁，问父英曰："若何可以报母？"英曰："扬名显亲可也。"乃刻志从学。汝南任处权见其文，惊曰："孔子称颜回之贤，以为弗如也。吾非古人，然见此儿，信不可及。"十六，刺史崔枢欲举秀才，自以学未广，遁去。又三年卒业，举孝廉，授著作局正字。父亡，数殒绝，继母曰：

---

[*] 本文系四川省重大文化工程《巴蜀全书》子项目（BSQS2013Y04）、四川省哲学社会科学基地项目"巴蜀经部文献考（汉—明）"（SC16E032）的阶段性成果，曾发表于《儒藏论坛》第13辑，四川大学出版社2019年版。

[**] 作者简介：汪璐，生于1987年，重庆黔江人，四川大学古籍整理研究所馆员。主要研究方向：历史文献学、巴蜀文献。

"而不胜丧,谓孝可乎?"敬臣更进饘粥。服除,迁秘书郎。休沐,阖门诵书。监虞世南其人,岁终,书上考,固辞。召为弘文馆学士,俄授越王府西阁祭酒。当代,王再表留,进朝请郎。举制科,擢许王文学。复为弘文馆学士,终太子舍人。①

计有功《唐诗纪事》卷6 "任希古"条载:

字敬臣,棣州人。②

曹学佺《石仓历代诗选》卷21载:

任奉古,字敬臣,棣州人。③

《全唐诗》卷44又载:

任希古一作知古,一作奉古。

任希古,字敬臣,棣州人。五岁丧母,刻志从学,年十六刺史崔枢欲举秀才,自以学未广,遁去。后举孝廉,虞世南器之。永徽初,与郭正一、崔融等同为薛元超所荐,终太子舍人。诗六首。④

关于任希古名字、籍贯,姚吉成,刑恩和《〈新唐书〉列传第一百二十〈孝友任希古〉辨证》一文专门做了考辨,认为"将'任希古'载作'任奉古',当是'希'与'奉'二字字形相近,抄写致误"⑤。"任知古、

---

① 《新唐书》卷195《孝友》,中华书局1975年标点本,第5580页。
② (宋)计有功:《唐诗纪事》,上海古籍出版社1965年版,第75页。
③ (明)曹学佺:《石仓历代诗选》卷21,文渊阁《四库全书》,集部,第1387册,第290页。
④ (清)彭定求等:《全唐诗》,中华书局1960年版,第543页。
⑤ 姚吉成、刑恩和:《〈新唐书〉列传第一百二十〈孝友任希古〉辨证》,《管子学刊》2013年第1期。

任奉古均为任希古之误。"① 其籍贯为棣州，即今山东阳信人。曹学佺在《石仓历代诗选》中误将任希古作任奉古。

初唐时棣州有任希古，北宋初年亦有成都籍任奉古，恰与前抄误的山东籍任奉古同名。关于成都任奉古，正史未见其传。冯椅《厚斋易学》附录二"任奉古〈发题〉"条引《中兴书目》云：

> 《周易发题》一卷，本朝成都乡贡三传任奉古撰。②

曹学佺在《蜀中广记》卷94《著作记第四》子部"南华正义"条曰：

> 唐剑南道士文如海著，宋太平兴国八年，成都道士任奉古锓诸木，岁久不传。元玄学讲师钱大中翻刻之，吴澄序。③

史载任奉古教授的弟子门人皆为蜀人。

> 李畋渭卿，自号"谷子"。少师任奉古，博通经史，以著述为志。④

四川绵竹杨绘云：

> 庄遵以《易》传扬雄，雄传侯芭，自芭而下世不绝。传至沛周郑，郑传乐安任奉古，奉古传广凯，凯传绘。所著《索蕴》，乃其学也。⑤

---

① 姚吉成、刑恩和：《〈新唐书〉列传第一百二十〈孝友任希古〉辨证》，《管子学刊》2013年第1期。
② （宋）冯椅：《厚斋易学》附录二《先儒著述下》，文渊阁《四库全书》本，经部，第16册，第844页。
③ （明）曹学佺：《蜀中广记》卷94《著作记第四》，文渊阁《四库全书》本，史部，第592册，第525页。
④ （宋）王辟之：《渑水燕谈录》卷6，《丛书集成初编》本，中华书局1985年版，第209册，第52页。
⑤ （宋）陈师道：《后山谈丛》卷1，文渊阁《四库全书》本，集部，第1037册，第66页。

蜀人张及为亡友杨锡所作《哀亡友辞》中云：

> 亡友杨锡字孝隆，诚至之士也。昔与赵郡李畋、蜀郡任玠、南阳张逵洎及结文学友，咸治经义于乐安先生，悉潜心于六教，然后观史传，遍百家之说，探奥索微，取其贯于道者。①

虽史料无明确记载任奉古籍贯，由以上可推知，任奉古约太平兴国八年（983）即北宋初年间在世，主要活动于成都，当为蜀地成都人，人称乐安先生。

二　生　平

棣州任希古主要事迹，据姚吉成、刑恩和《〈新唐书〉列传第一百二十〈孝友任希古〉辨证》一文梳理如下：

1. 约太宗贞观七年（633）前——高宗永徽三年（652）前，刻志从学；

2. 约高宗永徽三年（652）前——永徽四年（653）前，任著作局正字；

3. 约高宗永徽四年（653）——永徽六年（655），服父丧；

4. 约高宗永徽六年（655）——显庆四年（659），任秘书郎；

5. 约高宗显庆四年（659）——永隆元年（680），为弘文馆学士、越王府记室参军及许王文学；

6. 约高宗永隆元年（680）——中宗弘道元年（683），任太子舍人。

成都任奉古主要事迹，史载较少，据笔者梳理大致如下②：

1. 宋代成都乡贡；

2. 宋太宗太平兴国八年（983），刻《南华正义》，岁久不传；

---

① （宋）张及：《哀亡友辞》，载曾枣庄、刘琳主编《全宋文》卷324，上海辞书出版社、安徽教育出版社2006年版，第16册，第68页。

② 参见冯椅《厚斋易学》、曹学佺《蜀中广记》、陈师道《后山谈丛》、黄休复《茅亭客话》。

3. 约宋真宗咸平、景德、大中祥符前后（998—1016），教授弟子门人，有成都张及、杨锡、李畋、任玠、张逵等人。

三 著 述

任希古为初唐时著名诗人，有诗六首，《奉和太子纳妃太平公主出降》《和东观群贤七夕临泛昆明池》《和左仆射燕公春日端居述怀》《和长孙秘监伏日哭热》《和李公七夕》《和长孙秘监七夕》皆收入《全唐诗》。另著有《周易注》十卷、《越王孝经新义》十卷、《任希古集》十卷（或作五卷）。

表1　　　　　　　　唐任希古著述

序号	著述	著录	备注	存佚
1	《周易注》十卷	中华民国《山东通志》卷127		佚
2	《越王孝经新义》十卷	朱彝尊《经义考》		佚
3	《任希古集》十卷（五卷）	《旧唐书》卷47《志》第27作十卷	《旧唐书》卷47、中华民国《山东通志》作五卷，《新唐书》《通志》《宋史·艺文志》作十卷	佚
4	诗六首			存

成都任奉古亦博通经史，在《周易》《孝经》方面均有著述，《宋史·艺文志》均著录。尤其通于《易》，其再传弟子杨绘称："庄遵以《易》传扬雄，雄传侯芭，自芭而下世不绝。传至沛周郯，郯传乐安任奉古，奉古传广凯，凯传绘。"① 杨绘所著《易索蕴》，乃传其学。著有《周易发题》一卷、《明用蓍求卦》一卷、《孝经讲疏》一卷。

郑樵《通志》卷63《艺文略》著录《孝经讲疏》一卷，误将成都任

---

① （宋）陈师道：《后山谈丛》卷1，文渊阁《四库全书》本，集部，第1037册，第66页。

奉古作任希古。嘉庆《四川通志·经籍志》著录《明用蓍求卦》一卷，误将任奉古作为唐代人。

表2　　　　　　　　　宋任奉古著述

序号	著述	著录	备注	存佚
1	《周易发题》一卷	《宋史·艺文志》		佚
2	《明用蓍求卦》一卷	《宋史·艺文志》、嘉庆《四川通志·经籍志》	《宋史·艺文志》作宋时人，嘉庆《四川通志·经籍志》引《宋志》误作"唐任奉古撰"	佚
3	《孝经讲疏》一卷	《宋史·艺文志》、嘉庆《四川通志·经籍志》	郑樵《通志》卷63《艺文略》作任希古，盖传抄之误	佚

综上所述，任希古，字敬臣，棣州人（今山东阳信县）。初唐诗人，史载曾误作任奉古。著有《周易注》十卷、《越王孝经新义》十卷、《任希古集》十卷（或作五卷）、诗六首，现仅存诗六首。任奉古，宋代蜀地成都人，道士，人称乐安先生。著有《周易发题》一卷、《明用蓍求卦》一卷、《孝经讲疏》一卷，均已亡佚。两人在名字、时代、著述方面均有相近或相似性，容易混淆抄误，需加以辨别。

宗教情怀

诺矩罗阿罗汉信仰在中国的流传

哈 磊[*]

摘 要：中国佛教的住世阿罗汉信仰是以玄奘法师所译《法住记》为主要经典依据的，其中记述了住世十六大阿罗汉的名号与住处，及其住世护法的愿行等，对中国佛教罗汉信仰影响很大。但中国的罗汉信仰的源头却并不限于《法住记》，《阿含经》的住世四大阿罗汉及道安、慧远师徒的宾头卢信仰也是中国罗汉信仰的重要源头。本文的最后部分讨论了十六大阿罗汉中的诺矩罗阿罗汉信仰，主要是依据民间相传的雁荡、中岩、牛头三大道场的文献记述和感应故事展开的。

关键词：《法住记》 阿罗汉 住世 诺矩罗 道场

自从玄奘法师译出《大阿罗汉难提蜜多罗所说法住记》（以下简称《法住记》）后，诺矩罗阿罗汉，作为留形住世，护持佛法的十六大阿罗汉中的一员，开始为中国佛教所熟悉和接受，并受到信众的崇仰和礼敬。自晚唐贯休禅师绘画十六大阿罗汉像后，相关的塑像、画像及感应故事在各地佛教寺庙和信众中广泛流传，而与之相关的十六、十八大阿罗汉像赞、题咏也大量出现在僧人、文人的语录和文集中。而诺矩罗住锡温

---

[*] 作者简介：哈磊，生于1968年，宁夏吴忠人，四川大学道教与宗教文化研究所教授。主要研究方向：佛教义理、佛教文献与中国佛教史。

州雁荡山、四川眉州中岩等地的说法,也就随之流传开来。本文依据相关佛教文献及诗文资料,以诺矩罗阿罗汉为中心,对此信仰进行了初步的梳理,由于时间仓促,不足之处还请各位方家指正。

一 《法住记》与十六大阿罗汉住世护法

无论十六大罗汉还是十八大罗汉信仰,其经典依据都是建立在《法住记》上,它是中国佛教阿罗汉住世、护法信仰最重要的经典依据,因此很受重视。加上该文涉及中国佛教非常关注的佛教在世间存亡的预言,也有关于佛之亲传弟子十六大阿罗汉住世护法的详细说明,因此译出之后,就受到广泛的关注和引用。如道宣《广弘明集》、靖迈《古今译经图记》、道世《法宛珠林》、遁伦《瑜伽论记》、法宝《俱舍论疏》等诸书都有记述、引用。《一切经音义》也收录了慧琳为《法住记》做的注音和释义。至于后代之经论疏记,佛教史传之引用、讲述,则在在皆是,此处不再一一列举了。

(一)《法住记》的翻译和主要内容

对于该文的译出时间,《大唐内典录》卷7记为:"《大阿罗汉难陀蜜多法住记》(七纸),唐龙朔年(661—663)玄奘于坊州玉华宫寺译。"① 而智升的《开元释教录》卷8,同样依据《大唐内典录》而记作:"《大阿罗汉难提蜜多罗所说法住记》,一卷[见《大唐内典录》,永徽五年(654)闰五月十八日,于大慈恩寺翻经院译,沙门大乘光笔受]。"二录对于该文译出的时间、地点都略有出入。②

对于该文的性质,《大唐内典录》及静泰之《众经目录》《开元释教录》等诸录皆将之归入"贤圣集传"类,与无著菩萨的传记《婆薮盘豆法师传》、记载佛法正脉历代传承的《付法藏因缘传》等属于一类。虽不似经之尊崇,但也仍然归入贤圣之作的范围了。

---

① 《大正藏》第55册,第302页,中栏。
② 按:二录对《法住记》之译出时间有出入,或许与记录者误将《法住记》与同为玄奘法师所译之《法住经》之译出年代、地点相混淆有关。

关于《法住记》的讲述者——庆友尊者，该文中有较为具体的叙述：

> 如是传闻：佛薄伽梵般涅槃后八百年中，执师子国胜军王都，有阿罗汉名难提蜜多罗（唐言庆友），具八解脱、三明、六通、无诤、愿、智、边际定等，无量功德，皆悉具足。有大威神，名称高远。以愿、智力，能知此界一切有情种种心行。复能随顺，作诸饶益。化缘既毕，将般涅槃。集诸苾刍、苾刍尼等。说己所证诸妙功德，及应所行利乐有情诸胜事业，皆悉成办。①

阿罗汉难提蜜多罗（Nandimitra），汉译庆友，斯里兰卡人，生活年代在佛灭八百年后的胜军王（梵 Jayasena，音译阇耶犀那）时代，住地在当时斯里兰卡的国都，是一位定、慧俱解脱的阿罗汉，中国习惯称之为"大阿罗汉"。漏尽之外，兼具种种神通、无诤三昧、愿力、智力，且能证入灭尽定（边际定），在当时具有崇高的声誉。此《法住记》即为其入无余依涅槃前，为最后利益众生而说。此说通过历代口耳相传，后来由人记为梵文，至玄奘大师时，译为汉文。

《法住记》的主旨是关于佛法住世的预言。曾见载于《法住经》②《增壹阿含经》《弥勒下生经》等多种佛经，故难提蜜多罗阿罗汉对此叙述较略，内容较详的部分是关于十六大阿罗汉受佛亲自嘱托，长久住世护持佛法的部分，兼述众生以供养三宝的三种类型，得在弥勒佛龙华会上得度的因缘。因为龙华会的内容也多见于弥勒下生诸经，故叙述亦略。因此《法住记》最为后人关注的部分，就是十六大阿罗汉住世、护法的部分了。③

---

① CBETA，T49，No. 2030，p. 12，c。
② 按：也是玄奘大师所译，全名《佛临涅槃记法住经》，一卷，以百年为单位，叙述佛教住世的圣法坚固、寂静坚固、正行坚固、法义坚固、法教坚固等十个阶段。收入《大正藏》第 12 册，属涅槃部。
③ 按：文中关于大乘诸经、小乘五藏的说法，也受到较多关注。法国佛教学者列维曾作《法住记及所记阿罗汉考》一文，取材丰富，分析细密，参考价值甚高。此文收入张漫涛主编《现代佛教学术丛刊》第 100 册之《佛教文史杂考》大乘文化出版社 1979 年版，第 33—108 页。

（庆友云）"佛、薄伽梵般涅槃时，以无上法付嘱十六大阿罗汉并眷属等，令其护持，使不灭没。及敕其身，与诸施主作真福田，令彼施者，得大果报。"时诸大众闻是语已，少解忧悲。复重请言："所说十六大阿罗汉，我辈不知其名何等？"庆友答言："第一尊者，名宾度罗跋啰惰阇。第二尊者，名迦诺迦伐蹉。第三尊者，名迦诺迦跋厘堕阇。第四尊者，名苏频陀。第五尊者，名诺距罗。第六尊者，名跋陀罗。第七尊者，名迦理迦。第八尊者，名伐阇罗弗多罗。第九尊者，名戍博迦。第十尊者，名半托迦。第十一尊者，名啰怙罗。第十二尊者，名那伽犀那。第十三尊者，名因揭陀。第十四尊者，名伐那婆斯。第十五尊者，名阿氏多。第十六尊者名注荼半托迦。如是十六大阿罗汉，一切皆具三明、六通、八解脱等无量功德。离三界染，诵持三藏，博通外典。承佛敕故，以神通力延自寿量，乃至世尊正法应住，常随护持。及与施主，作真福田，令彼施者，得大果报。"

上文提到的十六大阿罗汉，第一尊者宾度罗跋啰惰阇即通常所说的宾头卢阿罗汉。第二、第三尊者，即两迦诺迦尊者。第十半托迦、第十六注荼半托迦即盘特伽与其弟周利盘特伽兄弟二人，第十一啰怙罗，即罗睺罗。第十五阿氏多，即阿逸多，意译为无能胜。第七尊者即相传以三昧水清净悟达国师宿障者。以上十六尊者，有的有事迹可考，有些则名号仅见录于此，事迹多被湮没。事迹可考者，其事迹广泛记载于四部《阿含经》及《阿罗汉具德经》《分别功德论》等经论传记中。另外，巴利语的《长老偈》等或有记述，此处无法详加叙述了。①

对于十六大阿罗汉所住之地，《法住记》也有具体叙述：

尔时苾刍、苾刍尼等，复重请言："我等不知十六尊者多住何处，护持正法，饶益有情？"庆友答言："第一尊者与自眷属千阿罗汉，多分住在西瞿陀尼洲。第二尊者与自眷属五百阿罗汉，多分住

---

① 另外，由于阿罗汉之名号，汉译诸经或取音译，或取义译，二译之间又各取不同之故，造成了众多的理解困难，其他阿罗汉名号失考之处甚多，尚请见谅。

北方迦湿弥罗国。第三尊者与自眷属六百阿罗汉，多分住在东胜身洲。第四尊者与自眷属七百阿罗汉，多分住在北俱卢洲。第五尊者与自眷属八百阿罗汉，多分住在南赡部洲。第六尊者与自眷属九百阿罗汉，多分住在耽没罗洲。第七尊者与自眷属千阿罗汉，多分住在僧伽荼洲。第八尊者与自眷属千一百阿罗汉，多分住在钵剌拏洲。第九尊者与自眷属九百阿罗汉，多分住在香醉山中。第十尊者与自眷属千三百阿罗汉，多分住在三十三天。第十一尊者与自眷属千一百阿罗汉，多分住在毕利扬瞿洲。第十二尊者与自眷属千二百阿罗汉，多分住在半度波山。第十三尊者与自眷属千三百阿罗汉，多分住在广胁山中。第十四尊者与自眷属千四百阿罗汉，多分住在可住山中。第十五尊者与自眷属千五百阿罗汉，多分住在鹫峰山中。第十六尊者与自眷属千六百阿罗汉，多分住在持轴山中。"

这十六位大阿罗汉所住之地，是按照佛教的空间和地理观念来叙述的，四大部洲之外，有些地名如耽没罗洲、僧伽荼洲、钵剌拏洲等地名，具体住地难以明了，这里仅分析与现代史地概念相合的数处：第二尊者迦诺迦伐蹉，居住地在迦湿弥罗，相当于今天印巴交界的克什米尔地区。第五尊者的居住地则似在印度。第九尊者的居住地，则在大雪山之北的香醉山中，第十五尊者则住在古印度摩揭陀国王舍城附近的灵鹫山中。

（二）十六大阿罗汉住世、护法

因为十六尊者三明、六通、愿、智、三昧皆已成就，因此可以顺应众生的清净心愿、善念而起护佑之行，护持佛法，增长信众的智慧和福德：

> 诸仁者！若此世界一切国王、辅相大臣、长者居士、若男若女，发殷净心，为四方僧，设大施会；或设五年无遮施会；或庆寺、庆像、庆经幡等施设大会；或延请僧，至所住处，设大福会；或诣寺中经行处等，安布上妙诸坐、卧具、衣、药、饮食，奉施僧众；时此十六大阿罗汉及诸眷属，随其所应，分散往赴。现种种形，蔽隐圣仪。同常凡众，密受供具。令诸施主，得胜果报。如是十六大阿

罗汉，护持正法，饶益有情。

这里提到的培植众生福报的方式有：布施僧众宗教所需、日常所需等；向寺庙、佛像、佛经供养经幡等；在家中斋僧等；或在寺中修行场所，供养僧人四大类日常用品，如衣服、饮食、卧具、汤药等。这些都是《阿含经》以来，佛教各宗共同认可的、适当的供养方式。有意思的是，阿罗汉接受供养时，是以"蔽隐圣仪，同常凡众"的形象，来秘密地接受信众的供养的。也就是说，虽然十六大阿罗汉和他们的弟子、同伴会来参加信众举办的斋会、法会，但却不是以智慧超群、神通广大、相貌出众等大众所认可和想象中的圣僧形象出现的，而是完全以普通僧人的形象出现。其中的意味，很值得思考。汉译佛经《请宾头卢法》中宾头卢应供的事例，提供了一些启示。

> 近世有一长者，闻说宾头卢阿罗汉受佛教敕，为末法人作福田，即如法施设大会，至心请宾头卢。氍氀下遍布华，欲以验之。大众食讫，发氍氀，华皆萎。懊恼自责，不知过所从来。更复精竭，审问经师，重设大会。如前，华亦复皆萎。复更倾竭，尽家财产，复作大会，犹亦如前。懊恼自责，更请百余法师，求请所失，忏谢罪过，如向上座。一人年老，四布悔其愆咎。上座告之："汝三会请我，我皆受请。汝自使奴，门中见遮。以我年老，衣服弊坏，谓是被摈赖提沙门，不肯见前。我以汝请，欲强入，汝奴以杖打我头破，额右角疮是。第二会亦来，复不见前。我又欲强入，复打我头，额中疮是。第三会亦来，如前被打头，额左角疮是。皆汝自为之，何所懊恼？"言已不现。长者乃知是宾头卢。自尔以来，诸人设福，皆不敢复遮门。若得宾头卢，其坐华即不萎。①

这个故事通过宾头卢三次应供，三次被打的经历，说明众生其实并不能正确分辨谁是真正具有高尚品德和过人智慧，能够给众生带来幸福和祥和，值得敬重和供养的人。人们往往只是通过相貌、服装、地位等外在

---

① 《大正藏》第32册，第784页，中栏。

特征来判断人,所以常常错失了真正的"福田"。那么,阿罗汉为什么不明确地以圣人的形象来展示给世人,避免众人的误解呢?佛教经典中这样说:一则众生如知其为圣人,就会生起追求布施所得大福报的强烈贪欲,而忽视财富无常能招致痛苦的缺陷,不知对财富生厌离心;二则崇拜圣人时,往往就会对贤善之人生起轻视、不敬之心,另招苦果;三则阿罗汉以庸、愚之形示人,使众人知道在相貌平凡的大众之中,有可能存在着圣人,从而不敢过分以貌取人,自致损伤;四则阿罗汉示人以庸、愚之形,可以帮助众人破除对于相貌、服饰代表德行、能力、财富等的错觉,破除对于出众相貌的迷恋之情,有助于清净心、平等心的生起,而平等心是破除我慢、获得智慧和解脱最为重要的因素之一。所以在十六大阿罗汉和五百大阿罗汉信仰中,这些阿罗汉多数是以平常人、丑人、病人或者癞、痴人的形象出现的,对于信众对贫病、无助之人生发善心,起到了很强的引导和强化的作用。

(三)佛法消亡

当然《法住记》中也提到了释迦牟尼佛的正法最后消亡的情形:

> 至此南赡部洲人寿极短,至于十岁,刀兵劫起,互相诛戮。佛法尔时当暂灭没。刀兵劫后,人寿渐增至百岁位。此洲人等,厌前刀兵、残害、苦恼,复乐修善。时此十六大阿罗汉与诸眷属,复来人中,称扬显说无上正法,度无量众,令其出家,为诸有情作饶益事。如是乃至此洲人寿六万岁时,无上正法流行世间,炽然无息。后至人寿七万岁时,无上正法方永灭没。……尔时十六大阿罗汉与诸眷属,绕窣堵波,以诸香花持用供养,恭敬赞叹,绕百千匝,瞻仰礼已,俱升虚空,向窣堵波作如是言:"敬礼世尊释迦如来、应、正等觉!我受教敕,护持正法。及与天、人,作诸饶益。法藏已没,有缘已周。今辞灭度。"说是语已,一时俱入无余涅槃……尔时世尊释迦牟尼无上正法。于此三千大千世界永灭不现。①

---

① 《大正藏》第49册,第13页,上、中、下栏。

这段文字表达了非常独特的佛法"末世说"。与在中国佛教中流传甚广、影响甚远的"正法五百年、像法五百年、末法一千年（或说一万年）"不同，《法住记》表达了截然不同的佛法持久兴盛的情景：佛法之兴盛，从人寿百岁递减至人寿十岁，又从人寿十岁渐增至人寿七万岁时，释迦牟尼佛的教法才会从此三千大千世界消逝。此时距弥勒佛之出世，已经为时不远了。

另外，与民间曾经长期流行的种种"末世论"，以及基督教等其他宗教的"末世论""世界末日说"不同，《法住记》所叙述的佛教末法并不与天灾、人祸、刀兵劫难、世界的毁灭相联系，虽然刀兵劫难发生时佛法也会暂时隐没。此说与《阿含经》《弥勒下生经》等佛经关于正法之消失的叙述虽有不同之处，但也多有相合之处。联想到1997年、1999年、2012年等种种"世界末日说"，以及绵延中国历史一千多年的、常致社会动荡的"弥勒下世说"和出自佛教界部分僧俗假托神通而宣说的种种灾异、劫难之说，《法住记》关于法灭的叙述，充分彰显了乐观和理性的精神特质，启人深思之处，着实不少。

二　道安与中国佛教的住世阿罗汉信仰

阿罗汉，梵语为 arhat，意译应供，意思是应该尊敬的、值得供养的，是声闻乘的最高成就者的称号，佛的十号中也有"应供"一号，代表了一切烦恼清净、德行没有瑕疵的最高修行成就。在大乘佛教兴起前，佛教各宗派中阿罗汉都具有极崇高的地位，大乘兴起后，阿罗汉的地位相对于佛和菩萨有所下降，但仍占具重要地位。佛教传入中国之初，译传的经典多为《阿含经》部之单译经，其中多数与阿罗汉有关，因此阿罗汉在中国佛教初期有着相当崇高的地位。

根据《阿含经》及佛教史传的说法，在释迦牟尼佛在世，佛弟子中证得阿罗汉果的人非常多，千二百五十阿罗汉是大小乘佛经中极为常见的表述。随着释迦牟尼佛灭度，千二百阿罗汉也相继进入无余涅槃。后世出现了阿罗汉也多随缘灭度，因此住世阿罗汉甚少。到佛法传入中国的时代，虽然在《高僧传》中仍记载有阿罗汉出现，如佛图澄、鸠摩罗什的老师等，但毕竟寥若晨星，因此证得阿罗汉的宗教信仰转向崇敬、

诺矩罗阿罗汉信仰在中国的流传

礼拜住世阿罗汉，而将其作为一种仪式而进入僧众的日常宗教生活，发端于东晋时期的道安法师。他是最早供养宾头卢阿罗汉的人，同时也是最早行沐浴圣僧之行的中国僧人。

（一）供养宾头卢阿罗汉

在《增壹阿含经》译出之前，中国佛教最早知道有阿罗汉长久住世的，是魏晋时期佛教领袖道安法师。

> 安常注诸经，恐不合理，乃誓曰："若所说不堪远理，愿见瑞相。"乃梦见胡道人，头白眉毛长，语安云："君所注经，殊合道理。我不得入泥洹，住在西域。当相助弘通，可时时设食。"（后《十诵律》至，远公乃知和上所梦，宾头卢也），于是立座饭之，处处成则。安既德为物宗，学兼三藏。所制僧尼轨范、佛法宪章……天下寺舍，遂则而从之。①

《高僧传》卷5《道安传》的这则材料，揭示了道安知道有阿罗汉长久住世的因缘：由于安公之世，佛经传译不广，所译经论绝大多数不完整，译语也不通畅，理解起来十分困难。安公就根据自己对经文的理解来注释经论。由于所见不广，安公深惧注释不够准确而误导信众，因此立誓，希望三宝加被而给予启示。宾头卢阿罗汉应安公之愿而托梦，证明安公所注之经非常合乎佛理。并且说自己无法入涅槃（泥洹），并请安公为自己经常设食供养。安公于是为宾头卢尊者设立神座，并以饭食供养。自安公供养之后，各地寺庙也都开始效法，为阿罗汉设斋供养，在此之后，遂成为中国佛教的通行之例。有意思的是，安公虽然为阿罗汉设斋供养，但安公却并不知道自己供养的是哪一位阿罗汉。直到安公去世之后，鸠摩罗什入华，《十诵律》译出，庐山慧远法师读到其卷37所记宾头卢因示现神通而被佛驱摈，而离开阎浮提（此处指印度本土）的故事，方知为安公示现入梦的阿罗汉为宾头卢。

---

① 《大正藏》第50册，第353页，中栏。

> （宾头卢颇罗堕长老以神通力，在大众面前，凌空摘取树提居士所供养的栴檀钵）佛种种因缘呵责宾头卢："云何名比丘，为赤裸外道物木钵故，于未受大戒人前现过人圣法？"呵责已，语颇罗堕："尽形寿摈汝，不应此阎浮提住。"宾头卢受佛教已，头面礼佛足，右遶，还自房。所受僧卧具、床榻，尽以还僧。持衣、钵入如是定，于阎浮提没，瞿耶尼现。到已，多教化优婆塞、优婆夷，多畜弟子。起僧坊、房舍。畜共行弟子、近行弟子，广宣佛法。①

宾头卢尊者因为在没有受大戒（此处指比丘戒）的僧俗大众面前，为了获取树提长老的栴檀钵，而有意示现神通，违反了"不得故意示现神通"的戒条，遭到了僧众的批评和非议，佛知道此事后，当众批评宾头卢尊者，并依戒律将宾头卢尊者摈出印度本土，终生不得返回。宾头卢遂往瞿耶尼洲，并广宣佛法，教化众生。

在《十诵律》之外，还有不少经典记录了宾头卢的事迹，如《佛说三摩羯经》、《鼻奈耶》卷6、《增壹阿含经》卷44、《杂阿含经》卷23第604经②、《经律异相》等诸多经论、著述中都有宾头卢尊者受佛教敕而长久住世、不入涅槃的记载。《杂阿含经》中还有"宾头卢头发皓白、辟支佛体"，"以手举眉，视王而言"之形象描绘，后世遂据此塑造了宾头卢尊者之形象。

（二）沐浴圣僧

道安法师不仅是两晋时期的佛教领袖，同时也是弥勒净土信仰的发起人。由于誓愿往生兜率天弥勒内院之因缘，于是发生了沐浴圣僧之行为。

> 安每与弟子法遇等，于弥勒前立誓：愿生兜率。后至秦建元二十一年正月二十七日，忽有异僧，形甚庸陋，来寺寄宿。寺房既迮，处之讲堂。时维那直殿，夜见此僧从空隙出入，遽以白安。安惊起，

---

① 《大正藏》第23册，第269页，上栏、中栏。
② 按：印顺法师认为此经实际上是《阿育王传》，误编入汉译《杂阿含经》中。

礼，讯问其来意。答云："相为而来。"安曰："自惟罪深，讵可度脱？"彼答云："甚可度耳。然须臾浴圣僧，情愿必果。"具示浴法。安请问来生所往处，彼乃以手，虚拨天之西北，即见云开，备睹兜率妙胜之报。尔夕，大众数十人悉皆同见。安后营浴具，见有非常小儿伴侣数十，来入寺戏，须臾就浴。果是圣应也。①

文中叙述道安法师本愿往生弥勒净土，但心中忧虑宿世罪孽深重恐怕难以往生。于是有"异僧"（相貌异、行为异）出现，解除了安公的忧虑，并告诉了浴僧的具体方法，随后还为安公开显了兜率天弥勒净土的胜妙境界。文中所述"异僧"，与《法住记》"时此十六大阿罗汉及诸眷属，随其所应，分散往赴。现种种形，蔽隐圣仪。同常凡众，密受供具"之语，有相合之处。"果是圣应"之语，表达了安公诸人及佛教界的看法：认为"异僧"及"非常小儿伴侣数十"，都是圣人。这是道安时期两个与供养、沐浴住世阿罗汉相关的记载。

（三）《请宾头卢法》的译出

自安公为宾头卢尊者设座、供食之后，汉地各地寺庙纷纷效仿，供养、礼请住世阿罗汉宾头卢遂成为汉地佛教的一大流行法事。后来发现，迎请、供养宾头卢的活动，在印度早已流行，并且还有相关的仪式和规范，于是即有《请宾头卢法》的译出。最早记录《请宾头卢法》的是《出三藏记集》卷4：《请宾头卢法》一卷。② 列入"新集续撰失译杂经录第一"中。对于本经的译者年代，僧祐也未加确定："将是汉魏时来，岁久录亡？抑亦秦凉，宣梵成文屇止？或晋宋近出，忽而未详？译人之阙，殆由斯欤？"③

虽然不知此经之作者，但僧祐对于《请宾头卢法》还是相当重视的，并依据本经，作了一部《供养圣僧缘记》，具体的迎请、供养之法都是依

---

① 《大正藏》第50册，第353页，中栏、下栏。
② 《大正藏》第55册，第23页，中栏。
③ 《大正藏》第55册，第23页，下栏。

据此失译的《请宾头卢法》。①

关于《请宾头卢法》的作者，隋代《众经目录》（法经录）、《众经目录》（彦琮录）及唐代静泰的《众经目录》皆作安世高译，然《出三藏记集》中未做考订，不知上述经录依何而定为安世高译。自《大唐内典录》起，并列安世高及刘宋孝武帝释慧简两位译者，有时为区别二译，特在慧简译题目上加"经"字。慧简译本现存，收入《大正藏》第32册之"论集部"。

全文约530余字，包括三部分内容：因宾头卢为树提长者现神通，佛摈之不令入涅槃而为后世众生作福田；迎请宾头卢尊者的几种情形和相应的做法；一个迎请的具体事例。文本未标明译人，说明这是印度或西域流行的一种信仰仪式。自安公设供、汉地开始流行迎请圣众的法事，《请宾头卢法》即适应此要求而译出，此迎请阿罗汉之习俗似乎一直延续到唐代，《法苑珠林》的作者道世所集《诸经要集》卷5之"圣僧缘"中，全文引用了《请宾头卢法》并且加以评述：其中有"今见斋家，多不依法，但逐人情，安置凡人。全不忧佛及圣僧"之语②，可见在唐代时不仅佛教寺庙、信众家中也常常有设斋迎请宾头卢等圣众的法事活动。道世还说梁武帝时还曾译出《圣僧法用》五卷，"故梁武帝时，汉国大德英儒，共请西域三藏，纂集《圣僧法用》，翻出五卷。如前所述，略亦同之"③。认为梁代所译《圣僧法用》中所述迎请圣僧之要义，与自己所述大致相同。可见自安公始，中经宋、梁，延至唐代，迎请圣僧之法事在中国常盛而不衰。

三　四大住世阿罗汉与十六大住世阿罗汉

（一）四大住世阿罗汉

安公供养宾头卢阿罗汉事，最可靠的经典依据在《增壹阿含经》卷44中。经中记载了佛亲自嘱咐宾头卢等四大阿罗汉弟子长久住世、护持

---

① 《大正藏》第55册，第92页，上栏。
② 《大正藏》第54册，第43页，上栏。
③ 《大正藏》第54册，第43页，下栏。

佛法的情形。

> 尔时,迦叶去如来不远,结加趺坐,正身正意,系念在前。尔时,世尊告迦叶曰:"吾今年已衰耗,年向八十余。然今如来有四大声闻,堪任游化,智慧无尽,众德具足。云何为四:所谓大迦叶比丘、君屠钵汉比丘、宾头卢比丘、罗云比丘。汝等四大声闻要不般涅槃。须吾法没尽,然后乃当般涅槃。大迦叶亦不应般涅槃,要须弥勒出现世间。所以然者,弥勒所化弟子,尽是释迦文佛弟子。由我遗化,得尽有漏。摩羯国界毘提村中,大迦叶于彼山中住。又弥勒如来将无数千人众,前后围绕,往至此山中。遂蒙佛恩,诸鬼神当与开门,使得见迦叶禅窟。"①

文中,佛在八十高龄、临将涅槃之时,嘱咐摩诃迦叶、君屠钵汉、宾头卢、佛的亲生子罗云(罗睺罗)四位大阿罗汉不要进入无余涅槃,而要长久留在世间护持佛法。并且特别要求摩诃迦叶一直住世至弥勒佛成佛后,带领千百万人来到摩诃迦叶禅窟,亲见释迦牟尼佛之弟子之后,迦叶方得进入无余涅槃。《增壹阿含经》及《弥勒下生经》等经文中还有摩诃迦叶持释迦牟尼佛金色袈裟而等待弥勒佛的不同说法。

自从《增壹阿含经》《弥勒下生经》及《十诵律》译出后,四大阿罗汉长久住世、护持佛法的观念,就逐渐被中国佛教所接受。不过与宾头卢、摩诃迦叶之住世的事迹广为人知的情形不同,关于罗睺罗和君屠钵汉阿罗汉住世的情形,则汉译佛典的相关记载甚少。

(二)十六大阿罗汉与十八大阿罗汉

在《法住记》译出之前,住世阿罗汉的说法主要是关于摩诃迦叶等四人。但在北凉(397—439年)时,道泰等译出坚意菩萨所造《入大乘论》,其在卷1《义品》中首次提到了十六大阿罗汉住世护法的说法:

> 又尊者宾头卢、尊者罗睺罗,如是等十六(人)诸大声闻,散

---

① 《大正藏》第2册,第788页下栏至第789页上栏。

> 在诸渚。于余经中，亦说有九十九亿大阿罗汉，皆于佛前取筹，护法、住寿于世界。东方弗婆提渚、麦渚、粟渚、师子渚、阎浮渚、大阎浮渚、跋提梨伽处、罽宾，乃至阿耨大池，诸贤圣等皆住，守护佛法。①

《入大乘论》首次提到了十六大阿罗汉住世的说法。在这十六人中，虽然仅提到了宾头卢和罗睺罗，但估计和《法住记》的来源相同。至玄奘大师译出《法住记》，住世阿罗汉的经典依据则告完备，可能迎请宾头卢等阿罗汉的法事活动遂达鼎盛之势。

唐代湛然在《法华文句记》卷 2 中，将四大阿罗汉住世护法和十六大阿罗汉住世护法两说并举。

> 四大罗汉名如前。佛敕云：吾法灭尽，然后涅槃。准《宝云经》第七，佛记十六罗汉，令持佛法。至后佛出，方得入灭。彼经一一皆列住处、人名、众数等。故诸圣者皆于佛前，各发誓言：我等以神力故，弘护是经，不般涅槃。宾头卢、罗云在十六数，却不云迦叶。②

湛然在文中说明《宝云经》卷 7 也提到了十六大阿罗汉住世护法的说法，但此说不见于今本。湛然对于宾头卢、罗云（罗睺罗）列入十六之数，而摩诃迦叶不入十六之数感到奇怪。从唐以后，十六大阿罗汉住世的说法似乎比四大阿罗汉住世的说法更为流行，即使后来罗汉由十六之数演变为十八，也依然没有增入君屠钵汉和摩诃迦叶，可见四大罗汉住世之说已经随着《阿含经》被冷落而少为人知了。

南宋志磐所著《佛祖统纪》卷 33 讨论了四大阿罗汉和十六大阿罗汉和十八大阿罗汉的经典依据：

> 《法住记》始宾度罗，终半托迦，凡十六位。除四大罗汉、十六

---

① 《大正藏》第 32 册，第 39 页，中栏。
② 《大正藏》第 34 册，第 179 页，上栏。

罗汉。余皆入灭。四大罗汉者，《弥勒下生经》云：迦叶、宾头卢、罗云、军徒钵叹。十六罗汉，出《宝云经》。然宾头卢、罗云已在十六之数。今有言十八者，即加迦叶、军徒（《妙乐》①，宾头卢，此云不动）。有于十六加宾头卢者，即是宾度罗。加庆友者，自是佛灭百年造《法住记》者。述十六罗汉受嘱住世，则知庆友不在住世之列。今欲论十八住者，当以《妙乐》为证。净觉撰礼赞文，亦撮妙乐。②

这段文字讨论了十八大阿罗汉应该包括哪些人的问题，在宋代时，十六阿罗汉和十八大阿罗汉两种说法都已开始流行，对于住世大阿罗汉到底包括哪些人，当时已经不太清楚了，志磐列出了四大阿罗汉住世和十六大阿罗汉住世两种说法，指出十八住世大阿罗汉应当在十六数之上，加上摩诃迦叶和军徒钵叹（君屠钵汉），而不应该加宾度罗（宾头卢），因为宾度罗即宾头卢的另一种译名，而庆友是《法住记》的作者，只是叙述十六大阿罗汉住世的《法住记》的作者（实际上庆友叙述《法住记》后，即入涅槃，自然不在住世之数），因此如果一定要说十八大阿罗汉，应当依据湛然《法华文句》的说法，净觉作《十八罗汉礼赞文》时，也采用了四大阿罗汉加十六大阿罗汉而合为十八大阿罗汉的说法。

四　诺矩罗阿罗汉的三大道场

在十六大阿罗汉中，与宾头卢、罗云、半托迦、注荼半托迦（周利盘特伽）等阿罗汉在《阿含经》及律藏、佛教史传中具有丰富的记载不同，诺矩罗的相关事迹甚少，因此佛教典籍对其介绍相当简略，如作于南宋绍兴年间的《翻译名义集》解释为："诺矩罗，此云鼠狼山。"③《法华经文句辅正记》卷1载："五，诺矩罗，此名鼠。即与眷属八百罗汉，

---

① 《妙乐》，即《法华文句》，（唐）湛然著，10卷，收入《大正藏》第34册。
② 《大正藏》第49册，第319页，中栏。
③ 《大正藏》第54册，第1064页，下栏。下同。

多分住于南赡部洲。"① 上面两种文献对诺矩罗一词的释义,都是依据玄奘法师所译的《法住记》的梵文而来。诺矩罗,梵文作 nakula,又音译为诺距罗、诺讵罗、诺拘罗等,意为大黄鼠、鼠狼。除此之外,关于他的生平事迹等,几乎没有介绍。因此中国佛教的诺矩罗阿罗汉信仰,主要以罗汉像和罗汉道场为载体,间有感应故事为辅助而流传。由于罗汉像的部分学界研究成果较多,加上篇幅的限制,下面仅讨论与诺矩罗阿罗汉相关的三大道场。

(一) 雁荡山

道场,梵文为 bodhi－maṇḍa,本意指释迦佛觉悟成佛的地方,后来泛指一切修行的场所,诺矩罗道场虽然也有修行场所的意味,如贯休诗"雁荡经行云漠漠,龙湫宴坐雨蒙蒙"之句中,宴坐,意指打坐、禅修;经行,指其专心、正念而行,皆有修行之意,故此处道场即含其修行场所之意。在此层含义之外,尚有"净土"之意,即圣人所居清净之地的含意,此即天台宗所说"方便有余土",指圣人所居住而凡夫、常人不能见、不能进入的清净之地,此处圣人,特指诺矩罗阿罗汉及其同伴等。这种地域的神圣化,在各种阿罗汉的感通故事中,常常可见,因此,道场、净土概念是帮助理解阿罗汉住世、护法而又与众生不在同一个空间的重要概念,在下文的分析中我们也能体现会到这一点。

在与诺矩罗阿罗汉相关的三大道场中,以雁荡山最为著名,而沈括实据介绍之功:

> 温州雁荡山,天下奇秀,然自古图牒未尝有言者。祥符中,因造玉清宫,伐山取材,方有人见之,此时尚未有名。按西域书,阿罗汉诺矩罗居震旦东南大海际雁荡山,芙蓉峰龙湫。唐僧贯休为《诺矩罗赞》,有"雁荡经行云漠漠,龙湫宴坐雨蒙蒙"之句。……山顶有大池,相传以为雁荡。下有二潭水,以为龙湫。又有经行峡、

---

① CBETA,X28,No.593,p.651,a.《续藏经》,第28册。

宴坐峰,皆后人以贯休诗名之也。①

这段文字在后世关于雁荡山和诺矩罗的词条中,出现频率最高,随着此文入选中学课本,雁荡山与诺矩罗阿罗汉更是达到了人尽皆知的地步。稍微可惜的是,文中所引西域书,未能说明书名。而贯休的《诺矩罗赞》,也未见录于贯休的《禅月集》中,此处虽不至于怀疑其引文的真实性,但无法获得准确的文献说明,毕竟是一件憾事。沈括在文中说雁荡山是北宋大中祥符年间才为世人所知,但晚唐诗僧兼画家贯休却早已作诗咏赞了,可见佛教界对于雁荡山及其为诺矩罗道场的了知,是远远早于一般大众的,而世外净土的神圣观念,或许是雁荡山扬名于世的重要因素。

约与乐清县的雁荡山被视为诺矩罗的道场同时,平阳县的南雁荡也曾被当作诺矩罗道场,南宋祝穆这样说:

> 南雁荡,在平阳县。北自穹岭,岭迤至西五十里间,皆雁荡山也。初,吴越钱王与僧愿齐,同参韶国师于天台。愿齐游永嘉,礼智觉真身,闻平阳明王峰顶有雁荡山,天晴则钟梵相闻。杖锡寻访,喜曰:此山水尽处,龙雁所居,岂非西域书所谓"诺矩罗震旦雁荡龙湫"者耶!结茅其间。黄冕仲云:观此,则平阳雁荡,五代时已著。乐清雁荡,乃祥符间始见。②

这段文字叙述了平阳南雁荡被指认为诺矩罗道场的具体因缘。文中吴越钱王虽难以确指,但僧愿齐确为吴越国时的高僧,被赐法号"崇法",曾参天台德韶禅师。《景德传灯录》卷26、《佛祖统纪》卷10,皆有其传。文中"结茅其间"之语,说明明王峰顶的南雁荡在愿齐之前,尚未有佛寺。南雁荡"天晴则钟梵相闻",表明此处的诵经、佛事活动具有神异

---

① (宋)沈括:《梦溪笔谈》卷24《雁荡山》,文渊阁《四库全书》本,子部,第862册,第839页。

② (宋)祝穆:《方舆胜览》卷9《瑞安府》,文渊阁《四库全书》本,史部,第471册,第639页。

性。而雁荡之名，正合于西域书"诺矩罗震旦雁荡龙湫"之语。这里愿齐禅师的神奇见闻，是确立南雁荡为诺矩罗道场的主要依据。

总之，无论乐清雁荡也好，平阳雁荡也好，作为诺矩罗道场，都依据佛教的经典（西域书）或中国佛教的传说而成立，而神奇见闻、感应是成立神圣道场的主要依据。

（二）中岩

南宋良渚沙门宗鉴所作《释门正统》卷3中，列举了位于中国的阿罗汉化现道场多处：

> 据《法住记》，诸大罗汉，各承佛嘱，住一世界、一方所，为后人津梁。今永嘉雁荡、天台石桥、眉阳中岩、西蜀牛头，皆化现异迹之所。①

文中提到了温州雁荡山、浙江天台山石桥、四川眉阳的中岩、四川西部的牛头，都是阿罗汉化身出现、度化信众、造福众生的地方。天台、雁荡作为罗汉道场，知名已久，四川中岩，是指何处呢？南宋祝穆在《方舆胜览》中说：

> 中岩，在青神县。诺矩罗尊者道场。游者渡江，入岩口，有唤鱼潭。循山三里许，始至寺中。有罗汉洞，即牛头以木钥扣石笋处。冯当可《题三峰诗》："古院无人僧作佛，碧潭有水鱼化龙。当年矩诺小游戏，一石击碎成三峰。"②

文中说四川青神的中岩寺，是诺矩罗阿罗汉的道场。寺中有"唤鱼潭""罗汉洞""三峰"等著名景观。文中没有详述中岩寺被指为诺矩罗阿罗汉道场的具体因缘和时间。由于文献佚失，我们现在所能看到的最早记

---

① 《卍续藏经》，第75册，第288页，下栏。
② （宋）祝穆：《方舆胜览》卷53《眉州》，文渊阁《四库全书》本，史部，第471册，第957页。

载，是北宋黄庭坚的游中岩题字：

> 山谷题名云：元丰庚辰岁，秋多雨。其八月戊午，晴。游慈姥岩，礼诺巨那尊者。岩下有泉，发山足，奔突，色如乳而味甘，取之不竭。岂巨那所奉供耶？余因竭其旧水，涫涤见石。少焉复盈坎，瀧瀧投涧中。唤鱼潭投斋余饭，鱼出食者数百，见人不惊。①

这段收于《蜀中广记》的文字，清晰地记录了黄庭坚以信众的身份朝敬诺矩罗道场的情形。说明至少在北宋时期，青神的中岩寺已经被视为尊者道场了。《山谷集·别集》卷11中另有《游中岩行记》，记山谷与亲友分别于元符三年（1100）八月戊午、九月甲子来游中岩，虽有亲友之情而至中岩，信敬之深，亦可见其一斑。

在古代文献中，记录中岩诺矩罗道场最为详细的文字，当属南宋范成大的《吴船录》：

> 壬午，发眉州六十里，午至中岩，号西川林泉最佳处。相传为第五罗汉诺矩那道场，又为慈姥龙所居。登岸即入山径，半里有"唤鱼潭"，水出岩下，莫知浅深，是为龙之窟宅，人拍手潭上，则群鱼自岩下出，然莫敢玩。两年前，有监司从卒浴其中，若有物曳入岩下，翌日尸浮出江上。又半里，有深源泉。凡五里至慈姥岩，岩前即寺也。凡山中岩、潭、亭、院之榜，皆山谷书。山谷贬戎州，今叙州也。有亲故在青神，遂至眉游中岩，自此不复西。盖元不识成都，疑有所畏避云。入寺侧，出石磴半里余，有三石峰，平正如高楼，巍阙巉嶪，奇伟不可名状。前二峰，后一峰，如品字。前二峰之间，容一径可以并行。至中峰之下，有石室，诺矩那庵也。旧说：有天台僧过病僧，（病僧）与一木锁匙，曰：异日至眉之中岩，以此匙扣石笋，我当出见。已而果然，天台僧怃然，识为病僧。以赴海中斋会，既回，如梦觉。自此中岩之名遂显。三峰，上人谓之

---

① （明）曹学佺：《蜀中广记》卷12《名胜记第十二·上川南道·眉州》，文渊阁《四库全书》本，史部，第591册，第165页。

石笋，余观之，乃三石楼，笋盖不足道。①

这段文字不仅具体介绍了中岩寺的主要景观，黄庭坚在中岩寺处处题字的因缘，还记述了中岩作为诺矩罗道场而著名的具体事件。而天台僧与病僧的交往，木钥叩石笋、海中赴斋等感应、传奇故事，最终完成了中岩为诺矩罗道场的神圣空间的建构。这里值得注意的是十六大阿罗汉道场与天台五百大阿罗汉道场之间若隐若现的联系。

（三）西蜀牛头

前引《释门正统》说西蜀牛头也是大阿罗汉的道场，但所指不明。从前文所引《方舆胜览》的文字来看，似乎也与诺矩罗阿罗汉有关。幸好《蜀中广记》中有一段文字说明，可以确定"西蜀牛头"，是指四川梓州的上牛头寺，它也与诺矩罗阿罗汉相关，所以也被视为尊者的道场。

> 宋元徽初，有异僧亡名氏，到梓州上牛头寺，主僧厚相礼待。别去，赠以木钥，曰：后思见我，当至中岩石笋，扣之。明年，寺内低头佛失珠，主僧窘甚。行至青神中岩，以钥扣石笋，峰裂为三，乃见昔僧，曰：盗取佛珠，江滨我得之久矣。主僧受珠而还。见本志。②

这个故事，交代了中岩石笋化为三峰的因缘，意在说明到牛头寺的"异僧"就是诺矩罗阿罗汉，而赠木钥一事，说明尊者预知有盗取珠之事，并以此为因缘，度化牛头寺主。文中说故事发生的时间是在宋元徽初，查元徽年号，为刘宋时期，早于《法住记》译出年代，此时尚不知诺矩罗阿罗汉事者，时间或不可信。但从祝穆、冯当可俱为南宋初人来看，至迟在南宋初年，梓州上牛头寺因为"木钥"的故事，就已经被看作诺矩罗阿罗汉的道场了。牛头僧虽与《吴船录》中的天台僧的说法有出入，

---

① （宋）范成大：《吴船录》卷上，文渊阁《四库全书》，史部，第460册，第852—853页。
② （明）曹学佺：《蜀中广记》卷88《高僧记第八·川北道一》，文渊阁《四库全书》，史部，第592册，第440页。

但从《方舆胜览》中"即牛头以木钥叩石笋处"之语来看,牛头僧或许是更为可靠的说法。

结　语

上文对住世阿罗汉信仰的源流,进行了一个粗略的梳理,可以大体看得出来中国流传甚久的十八大阿罗汉信仰演进的大致轨迹。从当代人的立场来看,这些说法或有诸多匪夷所思之处,然自佛教之观念来看,或许自有合乎其逻辑之解释。从其演进之种种因缘,也可以看出中国文化、宗教心理的深层结构与取向,此处留待有意者思之。

纪大奎《老子约说》儒道互释思想研究[*]

杨子路[**]

摘　要：清乾嘉时期思想家纪大奎除精通易学、算学外，又归宗于朱子阳明之学，所撰《老子约说》一书实采取儒道双向互释之诠释策略，既以儒学解老，申论儒家德性伦理与礼学思想，并从儒家政治精英主义角度弱化老子无为自治与公平之政道；又以道家之学诠解易、礼等儒家经学，承继老子尚阴贵柔、体无守静、知反用弱之说。其书虽力辟丹术下品，实亦间杂内丹家言。从《老子约说》儒道互释策略可知，纪氏注老既非乾嘉朴学所谓无征不信、以寻求"客观"理解为目标，亦并非象山"六经注我"式诠释而完全消解、同化《老子》思想。

关键词：纪大奎　《老子约说》　清代思想

纪大奎，字向辰，号慎斋，江西临川龙溪人，清代易学家、理学家，先后于山东、四川各县任地方官，官至重庆府合州知州。同治九年（1870）《临川县志》、光绪二年（1876）《抚州府志》《国朝耆献类征初编》《续碑传》《清史稿》及《清史列传》有传。其中《抚州府志》抄自

---

[*] 此文系重庆市社会科学规划青年项目（2017QNZX06），教育部人文社会科学研究西部和边疆地区项目（18XJC730001）系列成果之一。

[**] 作者简介：杨子路，生于1987年，四川苍溪人，西南大学政治与公共管理学院哲学系副教授。

《临川县志》，叙述较其他传记稍详。据传记等资料记载，慎斋自幼从父纪松杆受学，十五六岁即知慕古人，乾隆四十四年（1779）己亥中顺天乡试举，充四库馆誊录，七年后出任山东商河知县，后调邱县、昌乐、栖霞、福山、博平等任知县；嘉庆十一年（1806）六十岁丁忧复出，赴任四川成都府什邡县知县①，什邡留春苑今存其所书《善行碑》一通，嘉庆二十三年（1818）正式升任重庆府合州知州。道光二年（1822）告病还乡，三年后瞑目端坐而卒。

关于慎斋生卒年，今人李松柏②记为1756—1825年，杨忠明③、赵均强④、赖贵三⑤亦从此说，不知何据。王闯据《中国第一历史档案馆藏清代官员履历档案全编》收纪氏所上折子落款等文献，推断其生卒年为1746—1825年⑥，此说为是。笔者另检《崇祀录》所载族人证辞称纪氏"生于乾隆十一年丙寅岁九月初八日戌时，卒于道光五年乙酉岁九月十五日亥时，得寿八十岁"⑦，更为明证。

慎斋少时从父习易，以邵康节先天易学为宗，撰有《观易外编》《易问》《双桂堂稿》《双桂堂稿续编》等书二十余种，分别收入《纪慎斋全集》及《续集》。又旁涉历算、术数。任四库馆誊录期间所撰《笔算便览》"兼及筹算，述宣城梅氏（梅文鼎）之义，简明易能，良裨初学"⑧。同治九年（1870），梅启照重刻《算经十书》便取此附书后。诸可宝《畴人传三编》、张之洞《书目答问》附二《国朝著述诸家姓名略总目·算学家》补《畴人传》《续畴人传》之遗时，均将纪氏收入。此外，慎斋《双桂堂稿》卷九也收有他关于《汉书·律历志》与《九章算术》的札记各

---

① 参见秦国经《中国第一历史档案馆藏清代官员履历档案全编》，华东师范大学出版社1997年版，第24册。
② 参见李松柏《循吏纪大奎》，载《抚州市文史资料》第1辑，抚州市政协文史资料研究委员会等1988年印。
③ 杨忠明等：《抚州人物》，方志出版社2002年版，第93页。
④ 参见赵均强《性与天道以中贯之：刘沅与清代新理学的发展》，河南人民出版社2011年版。
⑤ 参见赖贵三《台湾易学人物表》，台北：里仁书局2013年版。
⑥ 参见王闯《道与世降：清代老学的传承和演变》，博士学位论文，华中师范大学，2015年。
⑦ （清）纪运覃等辑：《崇祀录》，清道光二十三年刻本，第16页。
⑧ （清）诸可宝：《畴人传三编》卷2，《续修四库全书》，史部，第516册，第541页。

一篇。①

作为理学传人，慎斋修己则会通朱、陆，循理自律兼参究心性，中顺天乡试举后，有达官欲请为其子课读，可引荐其入馆阁，慎斋以其非道而辞；安人则兴修水利、劝导乡学，反对以威权滥刑治理"邪教"民变，注重安抚乡民，被时人尊为一代循吏，逝世后入祀乡贤祠、合州名宦祠。同乡李祖陶推崇慎斋能于考据之风盛行、理学萧条之际，"自修卓然，于澜倒波翻之中独延正学之一脉"②。同治《临川县志》《清史稿》及《清史列传》本传亦表彰其为政重德轻刑，并禁李文功"邪教"吴忠友清凉教诱众作乱等事功。然而受近世儒家道统观念影响，传统传记大多忽略慎斋思想、实践③与道家道教之关联。

慎斋实曾深究老学与道教内丹、科仪，撰有《老子约说》《周易参同契集韵》，并辑订《悟真篇》。又在儒家象数易学、天人感应观念基础上，兼采道教、佛教经籍、科仪编撰《求雨全书》，几经刊刻，流行一时。

晚年任合州知州时，曾问学于江西同乡④、内丹家傅金铨。就《老子约说》而言，此书世传嘉庆十三年（1808）《纪慎斋先生全集》本，严灵峰《无求备斋老子集成续编》将其收入，郭康松先生据《无求备斋老子集成续编》本点校，再收入《老子集成》。《老子约说》上、中、上三篇有其弟纪大娄评注，续篇亦为慎斋原撰、大娄补录。书前有大娄于乾隆戊申年（1788）所作的叙言。其叙称，《老子》经流衍而愈离其宗，或因"天地不仁""圣人不仁"之论而流祸于申、韩刑名之术；或因"失道而后德，失德而后仁，失仁而后义，失义而后礼"之说而流于王、何清谈放诞之行；或因"不遇兕虎""不避甲兵"之言，而流于摄生浅术、玄幻丹术而迷其本、罔其识。⑤ 有研究据此判断慎斋注老即为廓清"异

---

① 参见杨子路《道教与中国传统数学互动的思想文化史》，西南师范大学出版社 2019 年版。

② （清）李桓辑：《国朝耆献类征初编》卷 242，台北明文书局 1985 年版，第 600 页。

③ 按：中国古代行知论略相当于西方的实践（praxis）哲学问题。中西比较视域下的实践观，参见杨国荣《人类行动与实践智慧》，上海三联书店 2013 年版。

④ 关于傅金铨的江西移民身份与其传道活动关系，参见 Elena Valussi, Printing and Religion in the Life of Fu Jinquan: Alchemical Writer, Religious Leader, and Publisher in Sichuan, in *Daoism: Religion, History and Society*, No. 4, 2012。

⑤ 《老子约说》上篇，《老子集成》第 10 卷，宗教文化出版社 2011 年版，第 208 页。

端"对《老子》的"误读"。① 出于理学家的道德严格主义②，慎斋注老固有辟除"异端"之目的。然而《老子约说》亦非只以儒释老、张扬理学，其间亦有吸收老学乃至内丹学用此重释儒经之处，不可不察。

一 以儒释老

慎斋以儒释老有两个层次：一是援仁义礼智四德之说解老；二是以"理气心性"性理之论释老。

（一）以仁德释无为

《老子约说》开篇即称："天地生万物而不有，圣人成万物而不居，仁故也。"③ 此句谓老学宗旨即"生而不有"之天道与"功成而弗居"之人道，实为既作为自然律，亦作为道德律之无为法则。就道德律而言，无为指非任性而为（消极意义）且因自然而为（积极意义）。老子所说自然即自然而然，亦即万物之本真状态④，故无为指不伤害或成就他者之自然本真状态。而孔学之仁于消极意义上指"我不欲人之加诸我也，吾亦欲无加诸人"（《论语·公冶长》），在积极意义上则指"己欲立而立人，己欲达而达人"（《论语·雍也》）。在伦理规范层面，老、孔之学并不矛盾。作为理学家，慎斋甚至认为，人可能实践老子无为道德律的前提，恰恰是人皆具有趋向成仁之内在德行。故老氏所言无为论，实正合乎孔学论仁宗旨。

然而，《老子》传世本有数处在表面意义上似否定"仁说"。如老子称："天地不仁，以万物为刍狗；圣人不仁，以百姓为刍狗。"（《老子》第五章）从字面意义看，此论似纯以工具性态度看待万民与政治，故申

---

① 参见王闯《道与世降：清代老学的传承和演变》，博士学位论文，华中师范大学，2015年。
② 参见王汎森《权力的毛细管作用：清代的思想、学术与心态》，台北：联经出版事业股份有限公司 2013 年版。
③ 《老子约说》上篇，《老子集成》第 10 卷，第 209 页。
④ 安乐哲、郝大维认为"无"是副词限定语，而非逻辑否定词，故将"无为"译为 non-determinate action，参见 Ames, Roger T. & David L. Hall., *Daode jing*: *making this life significant*: *a philosophical translation*, New York: Ballantine Books, 2003。

韩之术亦资取老学。而牟宗三则认为两句并非否定命题，而为遮显语句，即自然之道"超过仁与不仁之对待而显一绝对冲虚"①，以合老子无为之义，此解则颇受隋唐重"玄学不二论"思想影响。

慎斋的诠释则仍依循形式逻辑，以此两句为充分条件假言命题，即释此句义为"如果天地/圣人不仁，那么天地/圣人以万物/百姓为刍狗"（p→q），而并非直接肯定天地、圣人不仁的实然判断。慎斋诠释之关键是预设"刍狗之象其外而窒塞其中"，与橐籥象虚通相反，称老子后言"天地之间，其犹橐籥乎？虚而不屈，动而愈出。此天地之所以不以万物为刍狗也。又曰：多言数穷，不如守中。此圣人之所以不以百姓为刍狗也。是故虚而不屈者，仁之体也；动而愈出者，仁之用也"②。既然老子肯定天地如"橐籥"之论，意即天地以虚通为体；进而推出老子乃否定"刍狗"之说，意即天地非以窒塞为体，而圣人以天地为法，故进而可推出天地/圣人并非窒塞万物/百姓（非q）。而"p→q"之逆否命题即"非q→非p"成立，故天地不仁、圣人不仁作为原假言命题之前件，并不能成立。

慎斋之说一则反对借不仁之谓述，将政治降格为价值无涉而纯任工具理性的治理术，甚而将老学释为权谋之术；二则又以万物、众人皆有之"中"为"橐籥"之至妙，批判落于一偏、"蔽于空寂"之断灭论，以致"所谓仁，非仁也，济其私意焉而已矣"③，即著空之论实则出于一己私欲而放弃伦理责任，由本体上的虚无主义滋生出价值上的虚无主义。

（二）辨仁义礼智四德真伪以释自然

传世本《老子》又有"绝圣弃智，绝仁弃义，绝巧弃利"之言，更似以自然论彻底批判儒学所崇圣、智、仁、义对人素朴本真之性之戕害。然而慎斋认为，"老子当伯者之世，见夫行习日非，而学皆为伪，非圣智也而矫为圣智，非仁义也而矫为仁义，诈焉以为巧，私焉以为利，竞以

---

① 牟宗三：《才性与玄理》，广西师范大学出版社2006年版，第123页。
② 《老子约说》上篇，《老子集成》第10卷，第209页。
③ 《老子约说》上篇，《老子集成》第10卷，第210页。

其学欺天下之人"①。实强调老子并非否定仁义，而是批判矫作圣智仁义而实出于私欲动机之机巧聪明与伪善行径。

《德经》开篇又称："失道而后德，失德而后仁，失仁而后义，失义而后礼。夫礼者，忠信之薄而乱之首。"慎斋则引《礼记》"忠信之人，可以学礼，苟无忠信之人，则礼不虚道"，称"丧其道德仁义以为礼，而欲人之不相欺焉寡矣"。②故而在慎斋看来，老子并非反对礼仪，而是认为礼不能离道德仁义而为用。慎斋进而谈道："夫三百三千之致于一，犹三十辐之共一毂也。是故毂之无，无于有者也，非寂灭以为无。毂之虚，虚于实者也，非茫荡以为虚。此谷神之所以为天地根也。吾故曰老子深于礼，以其知一也。"③可见，慎斋认为老子并非主张断灭空，其所说之"无"并不是指非存在，而是使"有"能成其用者之虚者，犹如毂中之无能成三十辐条之用，器、室中之虚无能成器、室之用。而老子本深通于礼者，其说并非否定礼仪三百、威仪三千，而是以"一"为成三百三千礼仪之用者。慎斋又引朱子"一者，诚也"之说，将《德经》次章所说"得一"释为思诚。故慎斋主张老子所否定者，只是丧失诚心而流于形式的僵化礼制礼俗。

要言之，《老子约说》强调："上德无为，则纯任自然，在仁而为仁，在义而为义，在礼而为礼，而无以仁为之，以义为之，以礼为之之意。故曰无为而无以为。"④即辨别仁义礼智四德真伪以释老子之自然。

（三）以性理释道德

慎斋认为："圣人之作《易》也，将以顺性命之理；老子之言道德，亦欲示人以性命之理。"⑤《老子约说》下篇开篇谈道："甚矣，生死之理微乎哉！万物日生死于天地之间，而不知其性命之理，而以其耳目口体之运动知觉为生，藏府血气之嘘纳荣枯为生，是其所以厚其生者，皆其

---

① 《老子约说》上篇，《老子集成》第10卷，第212页。
② 《老子约说》上篇，《老子集成》第10卷，第215页。
③ 《老子约说》上篇，《老子集成》第10卷，第216页。
④ 《老子约说》上篇，《老子集成》第10卷，第214页。
⑤ 《老子约说》上篇，《老子集成》第10卷，第228页。

所以致其死者也。"① 便以宋明儒性理之说释老子"生生之厚"以致动之死地之论。

以性释道见于慎斋对《老子》第二章的诠释。在一般注释家看来，《老子》此章主张抽象观念与物理现象均遵循"反者道之动"之法则。亦即当一个概念或物理现象产生后，则相反的概念与物理现象也将随之产生。为了说明此一论点，《老子》首先提及"美/恶""善/不善"等基本价值观念及中国传统形上学的核心范畴——"有/无"，进而列举了一组关系概念，即"难/易""长/短""高/下""前/后"，最后举出一个常见的物理现象——"音/声"（回声）。既然"反者道之动"是必然律，那么无为虽为因顺他者自然之消极行动方式，仍将转变为"有为"之积极治理效果。故而为了实现"有为"之治道，圣人当"处无为之事，行不言之教"，即治理应避免任意干预、控制与过度的政令言教。

这类诠释侧重工具理性之治道，"无为"被视为一种达到有效治理的手段，而非自身即具有伦理价值属性。相反，慎斋则诠释此章称："有所知而为之，私意日起，天真日漓。其所美者，物情之美也，非道之美也。所善者，智计之美也，非性之善也。"② 作为熟知中西算数并留下传世著作的学者，慎斋认为"天下皆知"之美、善，实多根于计算理性。作为一种流俗意见，世人所言之美、善，多是算计物之外在功用及人之感官愉悦后所形成的观念。慎斋则以理学家心性之说释老子无为之道，肯定无为之价值理性的向度，避免法家之学以计算理性（智计）将无为之道工具化。

慎斋释老除言理外，又借儒家易学气论释老以言事。而能贯通理事者，在人则为心。故慎斋引《孟子》"君子所性，仁义礼智根于心"解释老子之工夫论，称"人心日纵于外而不能啬于内，则性漓而天命失，故治人以事其天莫如啬。存心养性，啬之义也"③。即以儒家心学释老子俭啬工夫。

---

① 《老子约说》下篇，《老子集成》第10卷，第219页。
② 《老子约说》续篇，《老子集成》第10卷，第224页。
③ 《老子约说》下篇，《老子集成》第10卷，第222页。

二 援道释儒

慎斋虽宗朱子、阳明之学，然其说又颇受道家影响，《老子约说》一书便多借道家观念诠释儒家经学。慎斋解老虽欲辟玄幻丹术，然此书所述道家观念除老学外，亦资取道教内丹家说，不可不察。

（一）以尚阴贵柔诠仁谦之德

仁既为儒家所尚之总体德性，亦可与义、勇等德性相较而为特殊德性。此外，作为易学家，慎斋亦重视《周易》特别表彰谦德。而如《吕氏春秋·不二篇》所言，老学之宗旨在贵柔。故慎斋援老解易，便着重以老子阴柔之说释儒家仁、谦之德。慎斋猜测"老子得归藏之《易》者也，故其言皆合坤、乾之义，坤、乾者，乾归于坤，坤藏乎乾之谓也"①。故其书主阴阳和合、相反相成，且以阴柔为本，合乎《归藏易》以坤卦为先之义。

就六爻皆吉之地山谦卦而言，慎斋认为，谦卦六爻中，一阳爻象刚健之天道，五阴爻象柔顺之地道。谦卦乃坤卦得乾之一阳于中，而后可以立，"故静而后能动，翕而后能辟""非阴无以畜其阳，非柔无以行其刚，非仁无以精其义"。②又谦卦之下互卦一坎卦，初爻、五爻、上爻成一坤卦，"坎在坤中，坎中之阳，天地真一之机。负阴而抱阳，抱此者也。故非徒抑抑焉以下于人之谓谦"③。借老子负阴抱阳之说，申言无自尊之抑己下人实非谦卦之德。为可见，慎斋对仁、谦等儒家德性之诠释带有鲜明的道家色彩。刘咸炘《〈老子〉二抄》受其祖父刘沅儒道融通、兼明丹道之学熏染，便曾抄录《老子约说》论易四条。④

（二）以体无守静释易简之道

除尚阴贵柔之生存论外，慎斋亦借老子体无守静之"本体—工夫论"

---

① 《老子约说》下篇，《老子集成》第10卷，第222页。
② 《老子约说》续篇，《老子集成》第10卷，第228页。
③ 《老子约说》上篇，《老子集成》第10卷，第218页。
④ 参见刘咸炘《推十书》增补全本，上海科学技术文献出版社2009年版。

释易简之道，以试图为儒家式政治精英主义辩护。慎斋认为，《周易·系辞上传》开篇及《系辞下传》首尾皆言易简，而终以"设位"始能成之。即儒家精英政治理念实奠基于《易传》"设位说"这类等差秩序与角色伦理观念①之上。如上下各司其位，则治理者以无御有、以静制动，此既合乎儒家礼治理念，亦自有其治理效率，亦即《论语》所载孔子所论"无为而治"。慎斋主要进一步从"本体—工夫论"角度引证《老子》中体无守静之说称："天之道，生而不有，而万物莫不本于无；为而不恃，而万物莫不根于静。故无者有之原，静者动之根，至常之道也，至元之理也。圣人得其无以御天下之有，得其静以制天下之动，是以功成而不居。"②慎斋虽并未像王弼注《老子》首章那样构造出一个逻辑论证以辩护贵无之论，而是独断地宣称无乃万有本原，静为万化根基。但他的确试图为儒家式无为理念找到一个道家式的本体论基础。

然而与王弼以归谬法批判仁政、为《老子》价值意义上的无为观辩护不同，慎斋所论无为仅在工具论意义上合乎老子之学，他强调："无为以用人，天下相忘于名之可务而民不争；无为以理财，天下相忘于利之可图而民不为盗；无为以絜矩，天下相忘于嗜好得失之可以私而心不乱。"③在价值观上，此论并非道家式的自由（"自化""自正""自富""自朴"）与公平（"天之道，损有余而补不足"）理念④，而仍是建立在心性有别、尊卑有等的儒家政治精英主义观念上。慎斋所资老子无为观，实仅取其工具理性义，而舍其价值理性义。作为传统宗法伦理秩序的维护者，慎斋并非从自治自化出发，而是从安位守分以教化民众、治理地方社会的角度着手，故曾积极执行四川总督常明查禁天主教之令。⑤当然，这并不能否定慎斋心性之学的意义。

---

① 参见［美］安乐哲《儒家角色伦理学》，［美］孟巍隆译，山东人民出版社2017年版。
② 《老子约说》续篇，《老子集成》第10卷，第224页。
③ 《老子约说》续篇，《老子集成》第10卷，第225页。
④ 杨子路：《论六朝道教之德性伦理与道德教育思想》，《宗教学研究》2016年第4期。
⑤ 参见秦和平《基督宗教在四川传播史稿》，四川人民出版社2006年版；韦羽《18世纪天主教在四川的传播》，广东人民出版社2014年版。

(三) 以反、弱之义解复、坤二卦之道

慎斋认为乾道能成变化、以美利利天下，故为贵；而复卦为乾之一阳之始，而坤卦为乾之一阳之藏，故复、坤二卦之道不可不明。慎斋谈道："《老子》曰：反者道之动，盖言复也；曰：弱者道之用，盖言坤也。今夫坤、复之际，生物之大始也，有无之间也，动静之根也。"又称："静极则动，弱极则反，动而反，天下之物通矣。"① 又泽山咸卦上互卦为乾，余初爻、二爻、上爻成一坤卦，象乾在坤中，九四为乾中一阳，为其动、其用之本，"藏于坤则弱，动于坤则反，屈信之理也"②。亦以老子反、弱二义，解释咸卦象征的有机宇宙屈伸变化、消息往来之理。

(四) 以丹道注儒经

慎斋虽严大体、小体之辨，认为善摄生者"理以摄气，性以摄形""不顺而出于外，而逆而摄之于内"，力辟炼形住世之丹术，判其"以形色为生而不知形色之天性为生"③。然慎斋所非难者实为丹术之下品④，他本人曾撰《周易参同契集韵》，并辑订《悟真篇》，实深研道教内丹性命之术，并以心学摄之。于济南游趵突泉时，曾和诗回王雪舟问"海上仙踪果有无"，其首颔二联云："莫向三山认有无，茫茫踪迹断秋壶。神仙自爱水源净，达者先愁地脉枯。"自注称："壁间石刻阳明诗云：'绝喜坤灵能尔幻，却愁地脉还时枯。'丙午泉涸，人或以为先见，余谓身外求道，其涸可立而待，丧其源也，呼逝者如斯频复可危。顾何时从本地风光认取自家真面目乎？"⑤ 足见慎斋继承阳明学，以为并无心外仙境，学者于身外求道而不能于自心参究，恰似趵突泉涸。

慎斋知四川什邡时撰《示方亭书院学者读书入门三法》，亦以"金丹妙药"隐喻心学。蜀中名儒刘沅兼明理学、内丹，亦曾与之相交，并留

---

① 《老子约说》中篇，《老子集成》第 10 卷，第 216 页。
② 《老子约说》中篇，《老子集成》第 10 卷，第 217 页。
③ 《老子约说》下篇，《老子集成》第 10 卷，第 220 页。
④ 按：关于道教内外丹术所涉及的信念伦理问题，参见杨子路《道教信念伦理问题研究》，《哲学与文化》2017 年第 7 期。
⑤ （清）纪大奎：《双桂堂稿》卷 10，《纪慎斋先生全集》，清嘉庆十三年刻本。

有《与纪明府大奎书》收入《槐轩杂著》卷2存世。慎斋任合州知州后又问学于江西同乡、内丹家傅金铨，离任还乡后，向傅氏寄送其所著《双桂堂易注图解》一书。① 傅金铨由书信所授阴阳双修丹法中不合礼仪处，慎斋则回信婉拒。而傅氏晚年著《心学》一书，当亦受慎斋心性之学影响。可见，傅金铨之于慎斋实在师友之间。尽管慎斋并不完全认同傅金铨所传丹法，但他确重参究内丹。故缪荃孙任国史馆协修时，称"易有经学之易，有术数之易。朱子注《参同契》，《四库》列之道家，而不入经部。大奎未可补入儒林也"②，即不满其易学掺杂内丹家、术数家说。

受著书目的及儒家道统观念限制，《老子约说》引述内丹学甚为克制隐曲，然细读此书亦可见蛛丝马迹。如慎斋称，"六十四卦之中，惟谦卦以坤、艮之真土，抱坎体乾阳之真一于中，而上下皆阴，以言乎抱一，一之至矣，以言乎致柔，柔之至矣"③。谦卦之下互卦为坎卦，其象为两阴环抱一阳。慎斋熟读《参同》《悟真》，自然熟稔两书所言"真土""真一"等内丹名相，而其所言"抱一""致柔"工夫，实已是内丹家所诠释之老学。

综上可知，慎斋虽认同儒家文化，归宗朱子之学，但所撰《老子约说》一书实采取儒道双向互释之诠释策略，既以儒学解老，申论儒家德性伦理与礼学思想，并从儒家政治精英主义角度弱化老子无为自治与公平之政道；又以道家之学诠解易、礼等儒家经学，承继老子尚阴贵柔、体无守静、知反用弱之说。慎斋虽归宗朱子、阳明，然亦参究内丹性命之学，故注释《老子》虽力辟丹术下品，实亦间杂内丹家言。正如伽达默尔所言："真正的历史对象根本就不是对象，而是自己和他者的统一体，或一种关系，在这种关系中同时存在着历史的实在及历史理解的实在。"④ 从《老子约说》儒道互释策略可知，慎斋注老既非乾嘉朴学所谓无征不信、以寻求"客观"理解为目标，亦并非象山"六经注我"式诠

---

① 参见（清）傅金铨《赤水吟·复纪司马书》，《藏外道书》，巴蜀书社1992年版。
② 蔡冠洛：《清代七百名人传》第4编，台北：明文书局1985年版，第239页。
③ 《老子约说》续篇，《老子集成》第10卷，第228页。
④ ［德］伽达默尔：《真理与方法》，洪汉鼎译，商务印书馆2013年版，第424页。

释而完全消解、同化《老子》思想。

此外，慎斋虽自居并被世人视为乾嘉时期理学传人，然于老子学、内丹学等道家学说实多有吸取。他于巴蜀所交游之刘沅、傅金铨等人，亦是会通儒道乃至三教者。只不过刘、傅等作为地方士绅、道人，多吸收内丹养生、科仪、术数等民间文化以传其学；而慎斋作为地方州县官，更多的是传统宗法伦理、家国秩序的维护者。

宋代巴蜀佛教文学的内涵、特征与影响[*]

戴莹莹[**]

摘　要：宋代巴蜀地区的佛教与文学相辅相成、密不可分，保存了大量的佛教文学作品。据不完全统计，今存宋代巴蜀僧侣偈颂赞约为4200余首，巴蜀士人偈颂赞约为220余首，巴蜀士人禅诗约为2100余首，僧诗约为2500余首，巴蜀士人的佛教类文章约为570余篇，僧侣的佛教文章约为5100余篇。宋代巴蜀佛教文学主要指僧侣、文人士大夫、下层民众或民间艺人创作的宣扬佛教义理、教化普度众生、自证自悟或禅悦讽心之作。从宋代巴蜀佛教文学文献来看，佛教文学与传统文学和而不同，佛教文学源于传统文学，它的创作群体、创作内容、创作形式等皆受到传统文学的影响；同时，在生成体系、评价体系、结构体系等方面，二者又有着本质的不同。随着三教合一进程的推进，佛教文学与传统文学的差异性正在减少，二者逐渐走向互构。作为南禅重地的巴蜀地区，佛教文学与巴蜀禅宗、蜀学等又息息相关，主要呈现出七个特点。

关键词：宋代巴蜀　佛教文学　特征　影响

　　佛教与文学的关系研究是中国古代文学研究的重心之一，有着举足

---

[*] 本文系国家社会科学基金青年项目"宋代巴蜀佛教文学文献整理与研究"（16XZW014）的阶段性成果。

[**] 作者简介：戴莹莹，生于1984年，江苏连云港人，四川大学古籍整理研究所副研究员。主要研究方向：佛教文学。

轻重的地位。关于佛教文学的定义、分类等问题，日本学者深浦正文、前田惠学、小野玄妙、加地哲定、福井康顺等，中国学者孙昌武、项楚、张弘（普慧）、周裕锴、张培锋等皆有深入的论述。其中，大部分论述是围绕佛教文学的定义、分类、特征等的探讨，目前尚无定论。2007年，《郑州大学学报》（哲学社会科学版）第4期开设"中国佛教文学学科建设的理论与实践"专栏，高华平、张兵、普慧等学者讨论了佛教文学学科建设及其相关问题。2012年4月，《武汉大学学报》（哲学社会科学版）第2期刊出《重绘中国文学地图，建构中国宗教诗学》的笔谈，吴光正、李舜臣、张培锋、李小荣等重点阐述了"宗教文学史"与"佛教文学史"的书写。前贤时彦，筚路蓝缕，多有创见，功不可没。总的来说，目前关于佛教文学的讨论大多源于研究经验与总结提炼，鲜有文献整理基础上的条分缕析。本文拟以宋代巴蜀佛教文学为例，在文献整理、数据统计、史料分析的基础上，再次论述佛教文学的内涵、分类、特征、影响等问题。

一　宋代巴蜀佛教文学的主要内涵

宋代的巴蜀，既是南禅重地，也是文化重镇，佛教与文学相辅相成、密不可分，该地保存了大量的佛教文学作品。现存宋代巴蜀佛教文学文本主要来源于禅师语录、禅宗灯录、史书艺文志、僧传、别集、总集、小说等，内容较多、十分复杂。2015年，笔者以巴蜀籍贯的僧侣、文人士大夫等作品为基础，详细梳理了宋代巴蜀佛教文学文献，分类统计宋代巴蜀偈颂、士人禅诗、僧诗、佛文等具体数量，提炼总结其大致的特征、分类及其影响，作《宋代巴蜀佛教文学研究》草稿。据不完全统计，今存宋代巴蜀僧侣偈颂约为4200余首，巴蜀士人偈颂赞约为220余首，凡4400余首；宋代巴蜀士人禅诗约为2100余首，僧诗约为2500余首，凡4600余首；宋代巴蜀士人的佛教类文章约为570余篇，僧侣的佛教文章约为5100余篇，凡5700余篇。其中，文章又分为常规文体和佛教文体两类，常规文体包括传、记、书、序、跋、赋、论、说、铭等；佛教文体主要包括上堂、普说、小参、下火文、发愿文、忏悔文、庄严文、水陆仪等。因此，粗略可知，现存宋代巴蜀佛教文学文本（不含词作）约

15000 余篇。

具体来说，宋代巴蜀佛教文学主要包含三方面的内容：用于弘法的"载道"类作品，用于自修的"言志"类作品和用于"禅悦"的"缘情"类作品。

其一，"载道"类作品。"文以载道"，此语源于周敦颐的《周子通书·文辞》。"文"像车，"道"就像车上所载的货物。"文"是艺术，"道"是根本，言之不文，行之不远。同样，临济大师汾阳善昭认为，"心明则言垂展示，智达则语必投机，了万法于一言，截众流于四海"①。无论是"心明""智达"还是参悟"万法"，都需要语言这个载体。在弘法过程中，佛教徒创作了大量弘扬佛门义理、教化普度众生的具有文学性的偈颂、诗词文等。此类作品以弘法为基调，以文学为外在形式，用富有感染力的语言文字启发后学、接引学人。其中，斋愿文、下火文等佛事文能否称为"文学作品"历来皆有争议。根据近百年来引进的西方专业术语来看，它们不能算作"文学作品"。项楚认为，中国文学受汉语音义的影响，具有独特性。汉字排列组合之后会产生双声、叠韵、对仗、平仄等奇妙的现象，再次排列之后会产生更加复杂、更具有美感的组合，无限的组合之后文本的审美特征便逐渐凸显出来。如果仪式文本能够利用汉字组合的特点，产生美感，就可称为"文学文本"。②

其二，"言志"类作品。"言志"之语，源出于《左传·襄公二十七年》《尚书·尧典》《庄子·天下篇》《荀子·儒效》等，本指引用《诗经》中的话语来暗示自己的志气、抱负、思想等内容。在修行过程中，佛教认为第一义之真理非从他得而靠自己证悟，即所谓"自证"。佛教徒创作了大量表达自迷梦醒、无所依着的思想的作品，比如禅宗语录中的偈颂、诗歌、书信、序跋等。此类作品以自证为基调，用语言文字参禅悟道，积累德本，超越解脱。它和"载道"之文的相似之处，即皆以宣扬佛理为首，文学性只是锦上添花之物。

---

① （宋）释楚圆：《汾阳无德禅师语录》卷下，《大正新修大藏经》台北：新文丰出版公司1983年版，第47册，第619b页。

② 按：2015年10月13日，项楚在与谭继和、祁和晖、段玉明、郭齐、舒大刚、杨世文等学者交流时提出这个观点，大意如此。

福井康顺、高华平先生所谓的"佛教文学"即是这两种,"真正的佛教文学应当是为揭示或鼓吹佛教教理而有意识地创作的文学作品"①。应当包括"中国士人、居士创作的为解说佛教义理而与文学形式融为一体的文学作品"②。

其三,"缘情"类作品。六朝之时,陆机在《诗大序》中"吟咏情性"一说的基础上提出了"诗缘情而绮靡"一说。与《诗大序》不同,陆机认为文学的审美特征高于政教作用,这种观点成为后世诗学的重要理论之一。在学习佛法的过程中,佛教徒或者居士、士子等创作了大量表达人生无常、生灭迁流、入于禅定、愉悦心神的作品,其中以士人禅诗数量最多、内容最丰富、价值最高。此类作品重视创作者的真情实感,"信情貌之不差,故每变而在颜",而文学性、佛性禅理等皆是真情外化的表现。和前面两种观点不同的是,它更注重文学的审美特征和佛教愉悦身心的功能。

加地哲定所谓的"佛教文学"即是这一种,"是描写从人事局躅的尘世中解脱出来的、游心于大自然和崇高佛教之中并使之净化和提高的那种心境融和世界的文学"。"那些神韵缥缈的讽心之作才是真正的佛教文学。"③

从创作主体来说,宋代巴蜀佛教文学主要分为三类:士人、僧侣和下层民众。

其一,僧侣。僧侣文学是佛教文学的首要内容。尤其是某些宗教体裁的作品,僧侣创作的数量较多,比如偈颂、山居诗、渔父词、僧传和佛事文等。其中,偈颂、僧传、佛事文取材于佛经文本或者佛教修行,旨在宣传佛教教义、行法、规范和仪制。举例来说,偈颂、佛事文适用于三皈五戒到三坛大戒,为信徒、施主修福、荐亡。随着各种法事的进行,各种法事文体也随之产生,如发愿文、斋文、忏文、回向文、庄严文、押座文、水陆仪等。以巴蜀为例,虽然张商英、冯檝等居士亦有发

---

① [日]加地哲定:《中国佛教文学》序,刘卫星译,今日中国出版社1990年版,第1页。
② 高华平:《中国佛教文学的概念、研究现状及其走向》,《郑州大学学报》(哲学社会科学版)2007年第4期。
③ [日]加地哲定:《中国佛教文学》,第22—23页。

愿文等传世，苏轼等士人亦有赞颂流传，但此类文本的创作主体毫无疑问是僧侣。同时，从诗词等常规文体创作来说，僧侣作品风格也有不同。由于僧侣多居住山林，半隐于市，他们的作品如山居诗等，往往表达一种闲适安逸的生活状态。

其二，士人。随着文字禅的全面普及，士林和禅林的密切交往，士人参禅悟道、皈依佛门之事时而有之。他们创作了大量的文学作品，表达生住异灭、刹那无常、世事难料，如梦幻泡影之感，比如士人创作的带有佛教义理的诗词、偈颂、文章等。此类作品或以佛教术语为外在明显标志，如"红尘""梦幻""劫"等，或取材于佛经的思想，如《金刚经》中的"梦、幻、泡、影、露、电"六如思想，或借鉴佛经的文学样式，如韵散相间的说唱体、雅俗兼容的语言变体、问答体、语录体、四字格、譬喻、谐音等，宣传以禅法资心神、养善根、益慧命的思想。这些艺术形式和修辞手法，是佛教文学对中国传统文学艺术形式的重要补充。

其三，下层民众和民间艺人。随着佛教在民间的盛行，佛教教义对下层民众的社会生活产生了巨大的影响。其中，净土宗在民间拥有大量的信徒。据《龙舒净土文》卷6记载，王日休曾把参与净土会的人分为36种，即士人、有官君子、在公门者、医者、僧、参禅者、富者、贪吝者、孝子、骨肉恩爱者、妇人、仆妾、农者、养蚕者、商贾、工匠、多屯蹇者、骨肉怨憎者、渔者、网飞禽者、为厨子者、作福者、诵经人、贵人、大聪明人、卖酒者、开食店者、屠者、在风尘者、罪恶人、病苦者、疾恶欲为神者、劝军中人、劝恶口者、劝童男、劝室女，"宜随其所以为善，以资修进之功"①。这些信徒也会创作、吟诵一些作品，如为"八八儿口生莲华"所作。"有人养一鸜鸲，俗名八八儿。见僧念佛，亦学念佛。遂舍与僧，此僧常教念阿弥陀佛。后八八儿死，僧为小棺埋之。墓上生莲花一朵。开棺看，其根自口中生。人为偈云：'有一飞禽八八儿，解随僧口念阿弥。死埋平地莲花发，我辈为人岂不知。'盖念阿弥陀

---

① （宋）王日休：《龙舒增广净土文》卷6，《大正新修大藏经》，第47册，第269c页。

佛。"① 下层民众作品，既未传达高深的佛理，也不具备较强的文学性，采用口语俚语，自成一派。

同时，宋元时期，"说话"等民间说唱伎乐流行，下层艺人也创作了不少作品。灌园耐得翁《都城纪胜》"瓦舍众伎"条、吴自牧《梦粱录》卷20《小说讲经史》、周密《武林旧事》"诸色伎艺人"条、《西湖老人繁盛录》"瓦市"条记载了"说话"四家，其中"谈经者，谓演说佛书；说参请者，谓宾主参禅悟道等事。有宝庵、管庵、喜然和尚等。又有说诨经者戴忻庵"②。"说经、诨经：长啸和尚、彭道（名法和）、陆妙慧（女流）、余信庵、周太辩（和尚）、陆妙静（女流）、达理（和尚）、啸庵、隐秀、混俗、许安然、有缘（和尚）、借庵、保庵、戴悦庵、自庵、戴忻庵。"③ "说话"四家之中有"说经""说参请""说诨经"一类，勾栏瓦肆之中有专门的"说经"节目，也有以和尚命名的专业艺人，他们创作了佛教题材的说唱作品。同时，这些说唱文本或者类似禅宗语录体，如明陈继儒编《宝颜堂秘籍》所存《东坡佛印问答录》，或者以偈颂、佛事文为插词，如《六十家小说》之《雨窗集》收录的《花灯轿莲女成佛记》，容与堂本《水浒传》第99回《鲁智深浙江坐化宋公明衣锦还乡》，《金瓶梅词话》第80回《陈经济窃玉偷香李娇儿盗财归院》等。但此类作品流行民间，由于传抄和保管不善，大多亡佚，目前搜集的巴蜀佛教文学文献中并没有这一类。

当然，也有学者认为，"佛教文学"还可分为两类，即"作为正统文学的佛教文学"和"作为俗文学的佛教文学"④。事实上，根据文献梳理来看，这种分类只在理论上说得通，没有较大的可行性。传统文学的创作群体可分为两类：文人士大夫和下层民众、落魄士人，因而作品可分为雅俗两类。佛教文学的创作群体分为三类，其中僧侣的情况最为复杂、

---

① （宋）王日休：《龙舒增广净土文》卷6，《大正新修大藏经》，第47册，第274c—275a页。

② （宋）吴自牧：《梦粱录》卷20，《丛书集成初编》本，中华书局1985版，第3册，第196页。

③ （宋）周密：《武林旧事》卷6，《笔记小说大观》，江苏广陵古籍刻印社1983年版，第9册，第185页。

④ ［日］加地哲定：《中国佛教文学》，第49页。

也最难归类。

因此，结合文学理论和文献整理来看，佛教文学主要指僧侣、文人士大夫、下层民众或民间艺人创作的宣扬佛教义理、教化普度众生、自证自悟或禅悦讽心之作。它主要包含三个方面的内容，即用于弘法的"载道"类作品、用于自证的"言志"类作品和用于"禅悦"的"缘情"类作品。

二 宋代巴蜀佛教文学与传统文学的关系

从宋代巴蜀佛教文学文献来看，佛教文学与传统文学，既共存共生，又有着本质的不同。佛教文学源于传统文学，它的创作群体、创作内容、创作形式等皆受到传统文学的影响；同时，在生成体系、评价体系、结构体系等方面，佛教文学与传统文学又有着本质的不同。但是随着三教合一进程的推进，佛教文学与传统文学的差异性正在减少，二者逐渐走向互构。因此，在中国文学的整体之中，佛教文学与传统文学是合而不同，相互补充、相辅相成的。

首先，从社会文化环境、创作群体、语言文字、表达习惯等方面来说，佛教文学与传统文学是有机统一的整体。

从创作环境来说，无论是传统文学，还是佛教文学，都离不开整体的社会文化环境。两宋时期，文字禅兴盛，禅林和士林皆流行文字参禅之道，并留下了大量的文学作品。同时，上至宋太祖、太宗、真宗、孝宗等皇帝，张方平、王安石、富弼、文彦博、苏辙、张商英、李纲等大臣，欧阳修、苏轼、黄庭坚等文坛领袖，下至民间下层士人、民众，皆提倡和推动"三教融合"，以明教契嵩、圆悟克勤等为首的禅门大德皆致力于"援佛入儒"，争取"内护""外护"，这样的文化趋势影响了传统文学和佛教文学的创作内容。在某种程度上说，在儒释二教文化的比较与互构之中，传统文学与佛教文学的界限正在淡化。

从创作群体来说，佛教文学与传统文学大致相似。传统文学的创作群体主要包含文人士大夫和下层民众，其中尤以精英所做的雅文学流传最多，价值最高。东晋以来，僧人也参与了传统文学创作，"衲子诗源自东晋来"①。晋代高僧康僧渊、佛图澄、支遁等或多或少皆有诗歌传世,涉及山居、游览、唱和等多方面内容。佛教文学的创作群体主要包含僧侣、文人士大夫和下层民众三类。但是,弘法和自证两类作品,以僧侣为多;禅悦讽心的作品,以文人士大夫为多。

从创作形式来说,佛教文学受到传统文学的影响。佛教文学的外在表现形式,如体裁等明显受到传统诗歌形式的影响并随之演变。六朝之时,五言诗歌盛行,偈颂以四言、五言为主;两宋之时,七言诗歌盛行,偈颂以七言为主。反过来说,佛教文学的韵散相间的文本形式对中国话本、弹词、戏剧、小说、宝卷、评话等体裁影响深远。

其次,佛教文学与传统文学有着本质的不同。传统文学以文学性为重要标准,强调文学的审美性,并以之衡量文本艺术性的高低。佛教文学以宗教性为主要标准,其次强调文学的审美性。虽然传统文学也包含一些具有重要文化价值却较低艺术价值的文本,但往往视之为非主流的作品。如果以传统标准来看佛教文学,那么佛教文学的大部分内容都被排斥在外,正如张培锋、高华平等所说,"一些学者为了'保卫文学研究的纯洁性',更加强调所谓'纯文学',于是大批作品就被排除于文学研究范围之外,而且用'纯文学'的标准来衡量历史上一些'不纯'的文学,在取舍上、评价上就难免受到局限。比如,宋代佛教史上一些大家,如前面提到的延寿、智圆,以及赞宁、重显、契嵩、惠洪、克勤、宗杲等,其实也是当时的文章大家、史传大家、诗赞大家、语录大家,无论是作品的数量还是质量,都堪称一流,从一定意义来说,是他们的作品深刻影响了当时的文人和文坛"②。"如果取狭义的'中国佛教文学'的概念,那么作为'中国佛教文学'一部分的'佛典翻译文学'及广大作家作品的佛教因缘,将会从'中国佛教文学'中消失。这样,不仅会导致'中国佛教文学'的研究范围过于窄化,而且也会使研究者们在实际

---

① (明)王夫之著,戴鸿森笺注:《姜斋诗话笺注》卷2,人民文学出版社1981年版,第144页。

② 张培锋:《宋代佛教文学的基本情况和若干思考》,《武汉大学学报》(人文科学版)2012年第2期。

的操作中动辄'越位',无所适从。"① 因此,无论是生成体系,还是评价体系、结构体系,传统文学与佛教文学都有本质的差别。

从生成体系来说,佛教文学与传统文学属于两个不同的文化体系。佛教文学寄生于佛经,并成为佛教文化的表现形式之一。无论是佛教文学的内容、题材、体裁,还是意象、表现手法等,无不源于佛教。因此,佛教文学具有高度的统一性,宗教性是其根本特性。在某种意义上说,弘法类作品就是创作者"挖掘"佛典义理,结合社会体认,采用文学的形式"阐释"佛经的产物。宗教之外的人生体验、文学审美,往往被置于佛教的维度内审视。因此,脱离佛典、脱离宗教性,纯粹以文学性去评价佛教文学,是不合理的。

佛教文学的生成体系,决定了它的创作内容、形式、思想、表达方式等。以偈颂与诗歌意象为例,每一个系统的文学创作都有固定的"意象库",诗人、作家在创作时从中源源不断地吸取资源并结合时代、个人因素加以改造。如"浮云"有漂移不定之意,"日"有光芒普照之意。在传统文学中,"浮云蔽白日",比喻小人当道,奸佞之徒蒙蔽君主;两汉乐府中,"浮云蔽白日"则往往和女性闺怨有关,因"游子不复返";在佛教文学中,"浮云蔽白日"却和佛法被遮蔽有关。"宝珠"在传统文学中用来指珍贵的东西,买椟还珠被指是愚蠢的行为,宝珠市饼比喻杜绝贪心;在佛教文学中,"宝珠"通常指摩尼珠、如意珠,表示心性宝性无有染污,能除四百四病,净如宝珠,方能求佛道。不同体系的解读,往往会出现很大的误差。

从创作过程来说,无论是僧侣传法,还是诗人感悟,当他们用语言"来表达复杂的内心体验时,最先浮上脑海的应该有两种可能:一是自然物象;二是概念符号。诗人把所能感知的外部世界和内心的特定情感相关联,赋予自然物象特定的内涵,使之成为诗歌中的意象"②。所谓"自然物象",即眼睛所见之太阳、月亮、翠竹、黄花等;所谓"概念符号",

---

① 高华平:《中国佛教文学的概念、研究现状及其走向》,《郑州大学学报》(哲学社会科学版) 2007 年第 4 期。
② 戴莹莹:《意象复现和私设象征——再谈〈玉台新咏〉的文学价值》,《常州大学学报》(社会科学版) 2013 年第 1 期。

即文化体系赋予的佛性、般若、真如等含义。创作者、读者在面对文本时，更多地关注"翠竹黄花"后面所指的般若、真如，而忽略了物象本身。他们根据需要，有意选择不同意象内涵中极为相似的一部分，构成一个佛法普照、自性自觉的认知结构。这种结构在佛教文学，尤其是禅宗语录、公案解读中时有复现，佛教文学创作中对偈颂体系化、类型化的追求，客观上推动了常用意象的不断复现。也就是说，当你看到"翠竹""黄花"等词汇时，首先想到的是般若、真如。意象的不断复现导致了第二规约性和公用式固定象征的产生，"翠竹""黄花"正式成为佛性的代名词。"一个民族的文学发展到一定程度，就有足够的文化传统的积累来构成另一种象征——公用式固定象征。"[①] 因此，从意象来说，佛教文学与传统文学的重要不同处在于公用式固定象征的不同。

从评价体系来说，传统文学的评价标准是文学审美性，佛教文学的评价标准是宗教性与审美性兼具，但以宗教性为首。佛教徒重视判教与宗派、谱系与师承，佛教文学作品还常常被置于这些体系内考察。它们受到佛教教义、宗派的限制，文本形态、内容和数量皆有不同。从佛教宗派来说，净土宗大德强调往生净土、无五浊之垢染；禅宗高僧提倡静息念虑、见性成佛；华严宗大德指出万法理事无碍，入一真法界；天台宗高僧看重一心三观之说，密宗大德复言立十住心之意等。将这些思想付诸于文字，体现在文本之中，便有了千差万别。即使是禅宗一脉，也有五家七宗之说，虽然教义差别不大，但接引学人的方式各有不同。举例来说，唐代禅宗公案与宋代大德语录的详略不等，德山宣鉴和雪窦重显的偈颂风格差异，皆源于接引方式的不同。再如，隋唐五代之时，禅宗强调佛性本有、见性成佛，六祖曹溪慧能大师目不识丁，但洞彻佛法，不由文字。因此，唐代禅门语录并不多见。两宋时期，文字参禅之风盛行，禅门大德多有语录传世。

从结构体系来说，佛教文学的整体性很强。在上堂语、小参、佛事文之中，随处可见偈颂。离开偈颂的上堂语，将黯然失色；正如离开颂古、拈古的唐五代公案，文学审美性大大减少。同时，在佛教仪式的每个环节，在弘法传法的过程当中，各种文本之间相互关联，构成有机统

---

① 赵毅衡：《文学符号学》，中国文联出版公司1990年版，第183页。

一的整体。比如白杨法顺禅师介绍日常禅门生活和说法的一组偈颂——《早辰下床念偈》《披袈裟念偈》《入堂偈》《登床偈》《闻锤偈》《展钵偈》《施食偈》《折水偈》等，笔者所见两宋巴蜀僧侣语录之中仅存的一篇相对完整的佛事文。如果抽离其中一首来看，文本价值不高，言语突兀，难以理解。但是将其作为整体来看，则更具有阅读的价值。再如颂古，禅师一般先列公案，再列颂古之作。同时，围绕一个公案，很多禅师皆有颂古之作。将常见的公案和大德高僧的颂古辑录、缀合在一起，就是宋代释法应编集的《禅宗颂古联珠通集》。这种缀合，更能凸显禅僧领悟的差异及传教方式的异同。佛教文本与佛教经典、仪式、宗派之间相互依存，因此每一个文本的意义都因为与其他佛典、仪式、公案的联系而变得更加深刻和丰富。比如《禅宗颂古联珠通集》卷33的"如何是透法身句"的公案，下列汾阳善昭、雪窦重显、浮山法远、黄龙慧南、照觉常总、五祖法演、张商英七人的颂古，如果仅仅评价其中一首偈颂，倒也称不上优秀。然而，将其缀合，并置于公案之下，内涵和意义被叠加彰显，价值更高。七个禅师的解读和阐释，最终构建了这个公案的文学意义和佛学意义。从宋代巴蜀僧侣创作的作品来看，佛教文学的重要特点之一便是题材、体裁的统一性与整体性。

另外，佛教文学与传统文学还有一些形式上的不同。举例来说，最初翻译之时，汉译偈颂十分注重形式。无论是单首偈颂的形式，还是偈颂与偈颂之间的形式，都有固定的格式与规律，比如首句重复、末句重复等。再如韵散相间的说唱文本，一般先以散文叙说，再以韵文唱诵，变文更注重故事性和文学性，和传统文学结合比较紧密；讲经文更注重程序性和宗教性，但不乏文采的作品。变文和讲经文常用口语，文中常有"……处"等标志性语词，讲经文前有押座文、庄严文，后有解座文等，格式相对稳定。

当然，佛教中国化和三教合一进程的加剧，佛教文学与传统文学的差异会渐渐减少，互构会渐渐增多。

三　宋代巴蜀佛教文学的七个主要特征

两宋时期，佛教宗派没落，仅有净土宗与禅宗独盛。然而在文化思想领域，佛教的影响却日益增大。三教合一成为时代潮流，宋代佛教文学兼具传统文学与佛教文学的内涵、形式与特征，并在此基础上相互融合补充。同时，作为南禅重地的巴蜀地区，佛教文学与巴蜀禅宗、蜀学等又息息相关，主要呈现出七个不同的特点。

其一，从佛教文学的宗派性来说，宋代巴蜀佛教文学即宋代禅宗文学。两宋时期，从全国来说，禅宗兴盛，净土宗在民间流行；律宗、华严宗和天台宗尚有传承，但大多局限于京城和江浙地区；法相宗等宗派传承不明，三论宗、三阶教、密宗等失传。巴蜀虽不尽然，但大略如此，巴蜀禅宗杂糅净土、天台宗、华严宗等思想，在比较互构中不断更新体系。巴蜀地区兼修净土与禅宗的僧人和居士比较多，苏轼、张商英、冯楫等居士既修禅定，又参与结社念佛；禅宗曹洞宗大德真歇清了，又弘传净土，著《净土宗要》，并以"阿弥陀佛"四字为话头参究，形成了"看话念佛"的禅净双修之法。临济宗杨岐派的五祖法演，少年在成都学习《唯识》，后禅游各地。虽得法于白云守端，注重禅学，但是他很重视《百法》与《唯识》。因此，在他们的语录中还保留了"互参"的痕迹。在弘法类和自证类偈颂、诗歌及法语中，这种诸宗交融的痕迹比较明显，如《真歇清了禅师语录》。真歇清了禅师的佛学素养和文学素养皆属上乘，《真歇清了禅师语录》之中有不少作品兼具宗教性和文学性。此外，《净土宗要》则以净土思想为依归，《真歇清了禅师语录》中另有不少偈颂引用华严、法华术语。

同时，从禅宗内部而言，宋代巴蜀禅林大德喜好转益多师，因此禅风有杂糅之势，文本中也有体现。云门宗雪窦重显，曾在成都大慈寺学习《圆觉经大疏》，出蜀后先后参拜临济宗大德、汾阳善昭法嗣蕴聪禅师、曹洞宗高僧大阳警玄禅师，最后投云门宗智门光祚门下。他的《颂古百则》是效仿临济宗汾阳善昭而作，临济宗圆悟克勤的《碧岩录》是在雪窦重显的基础上发展而来的。在推进文字禅的形成与演变过程中，云门与临济禅学交相辉映。

其二，从学术环境来说，两宋巴蜀佛教文学是苏氏蜀学的重要组成部分。北宋中期，在党派相争和学术争鸣的背景之下，以苏轼、苏辙为首的具有政治意义的"蜀党"出现，作为学派意义的"蜀学"也随之产生。有宋一代，蜀学一般指苏氏蜀学。苏氏蜀学会通三教，援佛老入儒，别具体系，自成一家。佛老之中，苏轼又重佛。他既是临济东林常总法嗣，又与云门宗衲子相交甚多。终其一生，他与120余位禅门大德往来，并将交游经历、参禅悟道等体验付诸文字。据不完全统计，苏轼今存佛教偈颂130余首，禅诗500余首，佛教类文章270余篇。苏辙也与禅门渊源甚深，是上蓝景福法嗣，晚年尤好禅定，喜读经书。今存佛教偈颂十余首，禅诗320余首，佛教类文章40余篇。此外，蜀学代表人物李焘，《全宋诗》录其诗凡25首，今存佛教类诗歌8首，佛教类文章两篇；张栻，今存佛教类诗歌40余首。佛教经典的阅读、佛教文学的创作，为士人解读儒家经典提供了新的角度，为创新儒家理论提供了新的可能。

其三，从创作主体来说，宋代巴蜀佛教文学的创作者——具有较高文学素养的僧侣或居士，大多受过良好的儒学教育，或者世代习儒。如临济宗的万庵道颜禅师，世为名儒；临济宗的典牛天游禅师，世为鸿儒；北涧居简禅师，生于儒学世家；云门宗雪窦重显禅师，世以儒业相传等。虽然，他们在传法弘法、自证自悟和创作偈颂、文章的过程中并未过多提到儒学，但其优秀的文学素养却源于此。故《四库全书》在收录《北涧集》时，对其高度评价，认为将其置于明教契嵩与觉范慧洪之间也丝毫不逊色。

其四，从创作宗旨来说，巴蜀禅僧尤其注重文字与禅的关系，强调以语言文字为载体，解读禅宗公案的"言外之意"。以雪窦重显、圆悟克勤为代表的巴蜀禅僧认为，在坚持佛教义理的基础上，可以采用语言文字的形式参禅。雪窦重显认为语言乃"化门之说"，是教化众生的手段；圆悟克勤认为语言乃"入理之门"，是参禅了悟的法门，参禅者应当通过语言追求言外之意。这与先秦老庄哲学中的"言意之辩""得意忘言"有异曲同工之处。

其五，从创作内容来说，除士人作品外，宋代巴蜀佛教文学内容相对稳定，始终以佛教义理为首，很少涉及"三教合流"的内容。僧侣上堂语、普说、小参、示众等弘法类"载道"的作品和佛事类文章，内容相对固定，偈颂、僧诗注重自证自悟或接引后学，很少受到"三教合流"趋势的影响。虽然明教契嵩主张援儒入佛，会通三教，作《正宗记》《定祖图》《辅教篇》等，宋孝宗等君王、李纲等大臣强调三教合一，利于社会稳定，事实上宋代巴蜀籍禅门大德在传法、创作之时，留下的文本对此并未过多涉及。与此同时，巴蜀士人，尤其是苏轼、苏辙、张商英大量以禅、佛入诗、文，游戏于文字之中。一方面形成了苏氏蜀学杂糅三教的特色；另一方面推动了慧洪及以后禅林游戏文字之风。与苏轼、张商英等私交甚好的慧洪，《石门文字禅》保存了他的诗、词、偈颂、疏、记、题跋、墓志、碑铭等，以至于很多学者过分重视其文学性而忽略了宗教性。此外，三教合流的文本，大多集中体现在下层民众和民间艺人的创作作品中。虽然今存相关文献不多，但其演说方式、文本特征等可参照敦煌佛教文献和宋元时期的民间说唱文本的相关记载。

其六，从创作形式来说，宋代巴蜀佛教文学在偈颂、诗歌等文体方面皆有突破。宋代巴蜀偈颂多为五言、七言，一般为四句或八句，也有联章之作，这和六朝时期偈颂杂言等，少则百句、多至万句的情况不同。从语言来说，偈颂语言广泛采用俗语、俚语，通俗直白，和传统诗歌形成雅俗两个不同的发展方向。不同的是，部分偈颂与禅诗将社会生活、自然山水、佛教义理有机融合，以禅入诗，以诗说禅，禅境与诗韵水乳交融，训世与审美不可或缺。更为关键的是，蜀僧提倡以"拈古""颂古"等新的偈颂形式对先贤公案加以提炼、总结和赞颂，这是偈颂在宋代发展的新形式。它不仅改变了语录的创作方式，还改变了丛林说法、接引后学的方式。此后，颂古迅速风靡丛林。大德弘法时，一般先引用公案，介绍先贤接引学人的故事和方式，然后采用韵语、偈颂加以阐释，这种韵语称为"颂古"。颂古以五言、七言为主，注重格律，有的颂古甚至句句入韵。不仅如此，文人士大夫也纷纷效仿，作"颂古"之作。据《五灯会元》记载，无尽居士张商英，有《颂古》行于世[1]，后亡佚。朱熹《释氏论》卷下云："今其所为偈者，句齐字偶，了无余欠。至于所谓二十八祖所传法之所为者，则又颇协中国音韵，或用唐诗声律。"[2]

语录、佛事等不仅用于禅门弘法，还用于民间勾栏瓦肆。虽然未见现存巴蜀文本，但可据相关文献推测。

以禅宗语录对民间俗文学的影响为例。比如《问答录》，又名《东坡

---

[1] （宋）释普济：《五灯会元》卷18，中华书局1984年版，第1201页。
[2] （宋）朱熹：《释氏论》下，载曾枣庄、刘琳主编《全宋文》，上海辞书出版社、安徽教育出版社2006年版，第251册，第387页。

佛印问答录》,明陈继儒编《宝颜堂秘籍》存此书。书中收录东坡和佛印故事27则,多据东坡传记作品及相关资料附会增益而来。从内容来源来看,主要有三种:其一,东坡传记作品;其二,史料笔记;其三,民间传说。从形式来看,该书颇似禅宗语录,采用俚俗之语,多为问答嘲戏之作。同时,故事中穿插诗词和商谜行令,为民间话本惯用之法。[①] 张政烺先生认为此书是"南宋瓦舍说话人'说参请'者之话本也"。"此书托东坡居士佛印禅师为宾主,以参禅悟道之体述诙谐谑浪之言,其事皆荒谬无稽,其辞多鄙俚猥亵,虽以'语录问答'为名,纯属小说舌辩一流,故知是说参请人之话本也。"[②] 张斌先生认为"全书记东坡与佛印的问答,彼此皆为嘲戏之语,其事荒谬无稽,其辞鄙俚猥亵。它冠以'语录问答'之体,大约是'说经'艺人为了迎合听众的趣味而有意为之"[③]。

以《花灯轿莲女成佛记》为例。该文见《六十家小说》之《雨窗集》。全文讲述了宋代女娘子诵《妙法莲华经》修得正果之事。首先,该文以八句诗入话,讲述故事部分以散文为主,文中穿插诗歌(又称"词儿")《辞世颂》《下火文》等,结尾附以议论:"作善的俱以成佛,奉劝世人:看经念佛不亏人。"

下火文是在佛门火葬仪式上口占或宣读的文本,以韵文为主,旨在抚慰亡灵、弘扬佛法。巴蜀禅师语录之中,几乎皆有下火文。据《大正藏》的《续诸宗部》来看,日本僧人语录保存的下火文比较多,如《东阳和尚语录》收录106篇,《本光国师语录》收录153篇。虽为禅门用语,下火文却具有文学性与可读性。下火文在南宋民间"说唱"艺术中尤为常见,宋元时期屡屡作为"插词",出现在小说、话本、评话之中。因此,在亡佚、失传的巴蜀佛教文学文献中,应当也有此一类。

其七,从诗学理论来说,巴蜀士人尤其注重佛经对文学创作的作用。《云卧纪谈》卷上记载:"待制韩公子苍与大慧老师(宗杲)厚善……公因话次,谓:少从苏黄门问作文之法,黄门告以熟读《楞严》《圆觉》等

[①] 参见戴莹莹《隋唐五代"说话"考》,博士学位论文,四川大学,2013年。
[②] 张政烺:《问答录与说参请》,《历史语言研究所集刊》,商务印书馆1948年版,第2页。
[③] 张兵:《南宋的讲史和说经话本》,《安徽大学学报》(哲学社会科学版)1999年第1期。

经,则自然词诣而理达。东坡家兄谪居黄州,杜门深居,驰骋翰墨,其文一变,如川之方至。后读释氏书,深悟实相,参之孔老,博辩无碍,浩然不见其涯。"①

四 宋代巴蜀佛教文学的三个主要影响

宋仁宗嘉祐二年(1057),从四川眉山远赴京城赶考的苏轼,喜作《谢范舍人书》。书信中这样写道:"文章之风,惟汉为盛。而贵显暴著者,蜀人为多。盖相如唱其前,而王褒继其后。峨冠曳佩,大车驷马,徜徉乎乡闾之中,而蜀人始有好文之意。弦歌之声,与邹、鲁比。……尝闻之老人,自孟氏入朝,民始息肩,救死扶伤不暇,故数十年间,学校衰息。天圣中,伯父解褐西归,乡人叹嗟,观者塞途。其后执事与诸公相继登于朝,以文章功业闻于天下。于是释耒耜而执笔砚者,十室而九。比之西刘,又以远过。且蜀之郡数十,轼不敢远引其他,盖通义蜀之小州,而眉山又其一县,去岁举于礼部者,凡四五十人,而执事与梅公亲执权衡而较之,得者十有三人焉。"② 在一代文豪苏轼的眼中,蜀地弦歌之声,能与邹、鲁相提并论;蜀人善做文章,自两汉以来便有风采。两宋巴蜀文人雅士,雅好笔砚,兼融三教,创作了大量的佛教文学作品,对整个宋代佛教、宋代佛教文学史,乃至东亚佛教皆有重要的意义。

其一,宋代巴蜀佛教文学流传较广,影响较大。从创作主体来说,宋代巴蜀佛教文学主要包含三个方面的内容:士人所作,僧侣所作,下层民众和民间艺人所作。士人之中,除了苏轼、苏辙之外,张商英是著名的佛教护法,他的佛教注疏或文学作品在僧俗两道广泛流传。他自许参尽禅门公案,留下不少偈颂作品,可惜所存不多。此外,田锡被誉为宋代文学的奠基者和开拓者,苏易简被尊为一代文坛领袖,其文同受文彦博、司马光、苏轼、苏辙等推崇,王珪掌朝廷文诰20年享有盛誉,苏过有小斜川之誉,唐庚有小东坡之名,韩驹被列为江西诗派代表作家,

---

① (宋)释晓莹:《云卧纪谈》卷上,《卍续藏经》,台北:新文丰出版公司1997年版,第148册,第10页。

② (宋)苏轼撰,孔凡礼点校:《苏轼文集》卷49,中华书局1986年版,第1425—1426页。

张浚是朝廷重臣,史尧弼是天下名士,他们的文学作品驰誉当时,为士林传诵。

同时,两宋巴蜀地区产生了很多著名的高僧,他们的语录、别集等为僧俗二道流传。举例来说,临济宗之中,绵州巴西人五祖法演,弘法40年,极一时之盛。法嗣之中,佛果克勤、佛鉴慧勤、佛眼清远、开福道宁、大随元静、无为宗泰、五祖表自、龙华道初等皆为禅门龙象。法孙之中,圆悟克勤法嗣大慧宗杲、虎丘绍隆、大沩法泰、护国景元、育王端裕、灵隐慧远、华藏安民、华严祖觉等名重一时。其中,五祖法演、圆悟克勤、佛眼清远、大随元静、大沩法泰、灵隐慧远、华藏安民、华严祖觉等皆为蜀人,皆有语录传世。杨岐派虎丘绍隆门下松源、破庵二派,虎丘绍隆禅师下三代夔州卧龙山破庵祖先,广安人,有语录传世。破庵法嗣江州云居即庵慈觉禅师,杭州灵隐石田法熏禅师,无准师范禅师,皆有语录传世。无准师范,曾奉诏为宋理宗说法,被誉为"南宋佛教界泰斗"。与此同时,他们的语录也在全国流行,受到禅门弟子和世俗居士追捧。师范法嗣别山祖智禅师、环溪唯一禅师、剑关子益禅师、西岩了惠禅师、希叟绍昙禅师皆为蜀人,皆有语录传世。他们离开巴蜀后,在全国各地弘法,将巴蜀禅法、禅师语录等流传禅林,接引后学。云门宗之中,除智门光祚、雪窦重显外,洞山晓聪也曾是禅林泰斗,与临济宗汾阳善昭、曹洞宗大阳警玄鼎立。此后,闻名全国、会通三教的明教契嵩大师,即是他的法嗣。

举例来说,大随元静法嗣廓庵师远,合川人,在当时的佛学影响并不很大,今存《十牛图颂》一卷。自晚唐宗慧十首《牧牛歌》以来,宋代僧人作牧牛歌、牧牛图、牧牛颂及和牧牛相关的公案者很多。从图的种类来说,除了廓庵的《十牛图颂》外,还有杨岐法系雪庭元净的《四牛图》,曹洞法系自得晖的《六牛图》,清居皓升禅师的《牧牛图颂》,云门法系惟白禅师的《牧牛图颂》、普明禅师的《十牛图颂》等。在中国,清居皓升禅师的《牧牛图颂》比较流行。但是蜀人廓庵师远的《十牛图颂》一卷,前有师远《序》,内容相当完整,受到日本学者的高度重视。

其二,从宋代佛教文学来说,巴蜀禅僧,尤其是临济、云门禅僧,推动了宋代"文字禅"的形成与发展。在"文字禅"的形成过程中,临济宗僧人汾阳善昭首发其端。他注重文字参禅，强调语言和佛法相辅相成，作《公案代别百则》《诘问百则》，推崇公案及其言外之意，并以"代别"阐释补充，首创"颂古"之体，为文字禅的形成与发展奠定了理论基础。曾参汾阳善昭法嗣的云门蜀僧雪窦重显，认为语言乃"化门之说"，是教化众生的手段，以"颂古""拈古"的形式解读公案，编成《颂古百则》《拈古百则》。他旁征博引，文采斐然，成为宋代禅林的新风尚。此后，禅师相继而作，逐渐呈现扬才逞辞之势，甚至脱离公案。北宋末年，临济宗僧人圆悟克勤，认为语言乃"入理之门"，参禅者应当通过语言追求言外之意。他在重显"颂古"和"拈古"的基础上提倡考据实证之风，采用"评唱"与"击节"，著《碧岩录》《佛果击节录》，前者后成为"禅门第一书"。此后，善昭三世法孙慧洪等人以禅入诗、文，游戏于文字之中，《石门文字禅》《禅林僧宝传》《林间录》等开创了文字参禅的新形式，享誉禅林，流传至今。在文字禅的形成及发展过程中，蜀僧雪窦重显以《颂古百则》《拈古百则》掀起了文字禅之风，圆悟克勤以《碧岩录》《佛果击节录》将文字禅推向顶峰，体现了北宋时期巴蜀禅宗在禅宗史上举足轻重的地位，巴蜀佛教文学在宋代佛教文学史中的意义和价值。圆悟克勤之后，禅门反思文字参禅之风。

其三，宋代巴蜀佛教、佛教文学对日本佛教、佛教文学产生了深远的影响。

临济宗克勤法嗣灵隐慧远，前后九次奏对宋孝宗，声光炬赫，震动一时。他的佛法后经日本僧人觉阿传至日本，发扬光大。同时，慧远禅师语录也广传日本。南宋时期的禅宗，主要是指临济宗杨岐派的禅宗。其中，无准师范及其法嗣为重要的代表人物。此后，杨岐禅法传入日本，影响深远。据日本学者村上专精《日本佛教史纲》来看，日本镰仓时代的禅宗派别多出于杨岐法系。无准师范禅师及其法嗣的相关语录，也随之东传日本。兰溪道隆禅师，圆具后出蜀，先参无明慧性禅师，宋理宗淳祐六年（1246）东渡日本。他在日本诸寺大振禅风，为道俗所钦重。祥兴元年（1278），在日本建长寺圆寂，敕赠"大觉禅师"，这是日本禅师第一次获赐谥号。弟子苇航、桃溪、无及、约翁等24人，名重日本禅林，将日本禅法发扬光大。道隆禅师，有语录在日本流传。真歇清了禅师，会通净、教，兼融华严，在当时影响甚大，徒众达1700余人。传至日本人永平道元，道元将曹洞宗引入日本，并发扬光大。

北涧居简禅师，世代习儒，雅善诗文，精通内外典籍，今存《北涧诗集》《北涧文集》和《北涧居简禅师语录》。宋宁宗绍定五年（1232），日本僧人天佑思顺来华，投北涧居简门下，修行禅法13年，并将禅法带回日本。北涧居简等五山禅僧，对当时来华日僧及赴日传法的五山禅僧影响深远。所谓"五山"，乃南宋官寺制度，即朝廷任命住持的五所禅寺。镰仓、幕府时代，日本效仿中国，建立镰仓五山、京都五寺和京都南禅寺，又称"五山十刹"。中国五山禅法传入日本后，五山文化盛行。然而，日本五山僧人兼修禅宗与理学，以禅弘文，偏重诗文，脱离禅道。镰仓后期至"建武中兴"，"五山文学"被认为是日本汉文学的最高峰。[①]有一个现象值得思考，"五山文学"因道弘文，因禅弘文，独立于日本近古文学之外，这和中国佛教文学的独立十分相似。

[①] 参见［日］丸井宪《日本早期"五山汉文学"渊源之探讨——以中国宋元代"禅文化"东传为中心》，《北京大学学报》（哲学社会科学版）2003年第1期。

蜀学名家

学术自述

舒大刚

舒大刚，原名舒畅，男，1959年生，四川秀山（今属重庆市）人。1978年考入南充师范学院（今西华师范大学）历史系；1982年毕业，留校任教；1983—1984年，在四川大学古籍整理研修班学习，师从杨明照等先生研习古文献学，结业回校任助教；1988年作为访问学者前往吉林大学，师从金景芳先生治经学；1990年9月考入吉林大学研究生院，成为中国古代史专业"先秦文献方向"博士研究生，师从金景芳教授；1993年毕业，获历史学博士学位，同年分配到四川大学古籍整理研究所，担任助理研究员；1994年晋升副研究员；1996年破格评为研究员。1995年5月，被任命为古籍整理研究所常务副所长，1998年任所长，兼任历史文化学院（旅游学院）副院长。2003年，被评为历史文献学博士生导师。2009年10月，发起成立由国际儒学联合会、中国孔子基金会与四川大学联合组建的国际儒学研究院，担任院长。

主要从事历史文献学、中国儒学、国学研究，曾经完成国家社会科学基金规划项目"中国孝经学史"（成果获国家出版基金资助）、教育部重点研究基地重大项目"儒家文献学研究"（已经完成3卷本《儒学文献通论》，获国家出版基金资助）、国际儒学联合会2004年规划项目"历代学案"（已经完成《中国儒学通案》10种，由人民出版社陆续出版，已出版3种22册）等课题。发表论文130余篇，出版专著十余种。

目前正主持国家"211"工程、"985"工程、中国孔子基金会重大项目"儒学文献整理《儒藏》编纂"（已出版"史部"274册，"经部"89册），任首席专家兼总主编；国家社会科学基金重大项目、四川省重大文化工程《巴蜀全书》（已出版220余种），任首席专家兼总编纂；贵阳孔学堂重点项目"大众儒学"书系发起人，并担任主编。

主要兼职有国际儒学联合会理事兼学术委员会副主任、中国孔子基金会理事兼学术委员会副主任、中华孔子学会副会长、四川省中国哲学史研究会会长、四川省哲学社会科学重点研究基地——儒学研究中心主任等。

学术活动方面。作为改革招生制度后全国首批统一考试和招生的学员，工作30余年来，主要服务于高等教育、学术研究和文化建设等领域，沉潜涵咏于学术文献整理、儒学研究、儒学学科建设和传统文化普及等方面。在儒学学科重建和人才培养、儒学文献发展与流变研究、儒学流派梳理与重建、经学史研究与新经典体系构建等方面，有较为深入的思考和探索。

一是恢复儒学学科，重振此方学风。四川大学前身（锦江书院）是在汉文翁"石室精舍"基础上建立的，"七经"教育、重儒尚教是"蜀学"的传统，历史上曾诞生司马相如、严遵、扬雄、常璩、赵蕤、李白、"三苏"、张浚、张栻、魏了翁、杨慎、刘沅、廖平、龚道耕、蒙文通、刘咸炘等学术大家。自20世纪90年代始，在古籍整理研究所同仁的配合支持下，开始致力于儒学研究和学科重建，1997年正式启动"儒学文献整理与《儒藏》编纂"工程。2002年开始在历史文献学专业招收"儒学文献研究"方向的研究生；2004年招收"中国经学史"方向的博士研究生。2005年，申请并获教育部批准在"历史学"下增列"中国儒学"博士点。同时，争取国际儒学联合会、中国孔子基金会支持，与四川大学共建国际儒学研究院，并争取北京纳通集团在本校设立"纳通国际儒学奖"。五年多来，该专业共招收和培养硕士、博士研究生和博士后人员40余人（加上此前培养共50余人）。于2011年申请成立四川省哲学社会科学重点研究基地——儒学研究中心，负责指导和规划全省儒学研究。带领学术团队系统思考"中国儒学"学科建设和人才培养方案，在国际会议、著名刊物撰文，倡导儒学学科恢复。形成"儒学历史""儒学文献"

"儒学思想""儒学文化""儒学文选""经学概论""专经导读""儒学与当代社会""海外儒学"等课程结构和基础教案。

二是加强学术研究，建设重点学科。文献是学术的载体，学术文献更是中国哲学的主要依托。前人说"舍经学无理学"，经学在很大程度上又是文献学，故可以说"舍文献无儒学"。因此文献学学科建设对于整个史学、儒学研究十分重要。2007年，在本人带领及本学科全体同仁的共同努力下，所在专业"历史文献学"申报成为全国重点学科。本学科以"尚实学，重考据"为特征，相继完成《汉语大字典》《全宋文》《儒藏》《三苏全书》《朱熹集》《宋人年谱丛刊》《宋集珍本丛刊》《中国儒学通案》《宋会要辑稿》《廖平全集》《张栻集》等成果。自 2008 年以来，四川大学"历史文献学"专业一直居于全国 56 家设有该专业的大学前列（首位）。近年，本校还带头探索"中国儒学"学科建设问题，撰写《重建儒学学科，提高文化自觉》（《国际儒学研究》2012 年第 21 辑）、《把儒学从学科体制的束缚中解放出来》（《光明日报》2014 年 3 月 25 日）等，呼吁儒学学科重建。目前四川大学国际儒学研究院已成为山东大学儒家文明协同创新中心、贵州孔学堂等文化协同创新中心的合作共建单位。

三是研究传统文化，探索国学体系。自 20 世纪初对"国学"展开讨论以来，关于国学的定义和范围一直未有定论。本人认为，国学蕴含国家学术，它奠基了国人的知识结构；国学蕴含国家信仰，它维系着国民的精神家园；国学是国家道德，它决定了国民的基本素质；国学是国家价值，它关系着国人的处事态度；国学是国家礼仪，它影响着国民的行为举止；国学还是民族文化，它孕育了国民的文化基因；国学是国家艺术，它代表着国民特有的审美情趣和基本技能。根据这一理解，探讨国学的基本内涵和学术框架，认为今天讲国学，至少应当包括三个层面、六个方面。首先是信仰体系和价值体系，这关系到国人的精神家园和价值观，中国传统文化中的儒、释、道学说和孔子提出的"三统"理论，基本上可以满足终极关怀、现实关怀和临终关怀等需求。其次是伦理道德体系和行为守则，它决定了一个民族的理想人格和为人处事态度，中国文化中的"五常""八德""十义"及"君子"人格和众多的礼仪制度，基本可以解决这些问题。最后是知识文化和特有技能，它关系一个民族的学识修养和基本技艺，传统文化中的"六经""七学"及"诗词歌赋、琴棋书画、博雅、剑骑"等十艺，可以基本满足这些需求。对此，本人撰有《中华"国学"体系构建刍议》（《西华大学学报》2014年第5期），并举办多场讲座详加阐释，还在所负责的贵州全省通用"中华优秀传统文化读本"中予以贯彻。

四是探讨儒学义理，发掘核心精神。本人发现，以儒家为代表的古代思想家，曾构建自足完善的思想体系，在历史上起到过精神家园的作用，其中以孔子的"三统"思想最具代表。"三统"曾被理解成三种历法、三套舆服和三代革命等，其实这些都是其表现形式，不是精神实质。"三统"的本质是以夏、商、周三代为代表所积淀的先哲智慧、精神信仰和实践哲学。《礼记·表记》中载孔子说"夏道尊命，事鬼敬神而远之"，在价值观上"尚忠"，其哲学是重视天道；"殷人尊神，率民以事神，先鬼而后礼"，在价值观上"尚质"，其伦理是崇拜祖先；"周人尊礼尚施，事鬼敬神而远之"，在价值观上"尚文"，其规范是仁义礼乐，是谓"三统"（三种文化体系）。重"天命"和"天道"，重"鬼神"和"孝悌"，重"礼乐"和"仁义"等特点，构成了中华民族数千年的精神信仰和价值诉求，从而造就了中国人"天人相与""敬天法祖""鬼神无欺"的信仰系统，"仁民爱物""文明秩序""诗书礼乐"的文化系统，"孝悌忠信""礼义廉耻""博施济众""民本""德治""礼法并用"的政治系统，分别代表了尊重自然、尊重祖宗、尊重民意的价值取向，可以回答人类"从哪儿来""到哪里去"和"怎么办"等问题，能较为完善地解决中国人的"终极关怀"（敬天）、"临终关怀"（怀祖）和"现实关怀"（崇礼）等需求。

五是研究《孝经》传授，揭示文化特质。在经典研究中，本人尤倾力于号称"群经统类"的《孝经》的研究，撰写有20余篇论文和两部专著——《中国孝经学史》（国家社会科学基金规划项目、国家出版基金资助，福建人民出版社2013年出版）、《儒家孝悌文化》（中国孔子基金会项目，山东教育出版社2012年出版）。《儒家孝悌文化》对中华孝道的产生、《孝经》的形成、历代对《孝经》的研究和孝道的提倡及其实践效果等，进行了系统考述。得出孝悌之道基于尧舜，成于三代，系统于孔子，推广于汉代，影响及于整个中华文化两千余年。重新肯定了《孝经》讲于孔子，传于曾参，尊于汉代，推广于历朝的历史本相。同时，对《孝经郑注》之真，《古文孝经孔传》之伪，范祖禹书《古文孝经》之可贵，以及邢昺《孝经注疏》之抄袭，朱子《孝经刊误》之自我作古，等等，进行全方位的评点，澄清历史谜案，拨开历史迷雾。通过研究还发现，中国文化特质是以孝为根基的，有子称"孝悌为仁之本"，《孝经》称"夫孝，德之本也，教之所由生"，孟子说"尧舜之道，孝悌而已矣"，以及汉代以后"以孝治天下"等事实，就是最好的说明［《孝悌：中华文化的基本特征略论》，《四川大学学报》（哲学社会科学版）2013年第4期］。

六是调查儒学文献，发起《儒藏》编纂。儒学自汉武帝时即居于中国学术前列，儒家文献汗牛充栋，居于各部文献之首（如经学文献居"六略"和"四部"之首，儒家子学文献居"诸子略"或"子部"之首）。但由于儒学自古无"藏"，儒学文献的著录体系却长付阙如。本人自20世纪90年代初即从事儒学文献的调查研究和《儒藏》编纂等思考，发凡起例，主编并主撰《儒学文献通论》（3卷246万字，教育部人文社会科学重点研究基地重大项目，国家出版基金资助，福建人民出版社2012年出版），对儒学文献的源流衍变、分类著录、各类要籍的内容和体例，进行了系统的概论和评述，初具儒学文献学、目录学、史料学等多重功用。参照《大藏经》和《道藏》，提出《儒藏》"三藏二十四目"的著录方法，用"经藏"著录经学文献，"论藏"著录理论文献，"史藏"著录儒学史文献。既反映出儒家文献"由经而子，再由子而史"的演变过程，同时也使原本分散于四部的文本，各归部居，井然有序。又在"三藏"下设立"二十四子目"，可比较全面系统地反映现存儒学文献的历史面貌及其基本类型。为方便学人入门和利用儒学文献，在《儒藏》之首撰《总序》一篇，介绍儒学文献整理的意义和思路；在"三藏"之首各撰《分序》一篇，介绍本部文献源流和类型；在"二十四子目"前各撰《小序》一篇，介绍本类文献源流与演变。还为入藏的每一种文献撰写《提要》一篇，置于各书之首。尽量使儒学文献的源流明晰，内容清楚，著录有序，检索有方，使用快捷。

七是探讨师传授受，梳理儒学流派。儒学是以师徒授受为传承方式的学派，一定的师承就代表着一定的流派和思想体系，自宋明以来学人就十分重视学术渊源的探索。本人在从事儒学文献研究时，带头对历代儒学传承关系进行梳理，与课题组杨世文等专家一道，基本搞清楚了自孔子以下，迄于晚清，历代儒家在师承、家学、交游、讲友、论敌、传授，及其主要学术观点等方面的情况。在对黄宗羲、唐晏、徐世昌等所撰两汉三国、宋、元、明、清诸"学案"进行更精细整理的基础上，还仿其体例对周秦、魏晋、南朝、北朝、隋唐五代等时段的学案进行补撰，与杨世文教授合作主编"十种四十册"《中国儒学通案》（1700万字），由人民出版社陆续出版（已出3种22册），被誉为"儒学全史"。

八是整理巴蜀文献，继承蜀学传统。巴蜀是人类又一发祥地，也是中华文明的又一摇篮。在巴蜀地区形成的学术，既是中国学术的重要组成部分，也具有其自身的明显特色。如中原有"三皇五帝"（"三皇"谓伏羲、女娲、神农，"五帝"谓黄帝、颛顼、帝喾、帝尧、帝舜），巴蜀也有"三才皇五色帝"（"三才皇"即天皇、地皇、人皇，"五色帝"即青帝、赤帝、白帝、黑帝、黄帝）。儒家经典，汉廷传"五经"，蜀学传"七经"；唐重"九经"，蜀刻石经却成就了"十三经"体系。在核心概念上，汉董仲舒主张"三纲"（君臣、父子、夫妇）、"五常"（仁义礼智信）。蜀中严遵、扬雄、赵蕤、张商英、苏轼、杨慎、来知德等人，却主"三学"（易、老、儒）、"五德"（道、德、仁、义、礼）等。本人在从事全国性学术研究的同时，也关注本土文化研究，主撰、主编有《巴蜀文献要览》，对巴蜀各类文献的历史演变、基本类型和重要典籍，进行了系统的梳理和评述。还领衔向四川省委省政府建议"编纂《巴蜀全书》，重振巴蜀文化"，于2010年1月获四川省委常委会批准，将《巴蜀全书》纳入全省古籍文献整理规划项目。同年4月，又获全国哲学社会科学规划办公室批准为国家社会科学基金重大委托项目，2012年10月，该项目又被四川省委宣传部列为"四川省重大文化工程"，本人担任首席专家和总编纂。该工程已出版阶段性成果220余种，迄2016年止，已出成果获全国及四川省各类奖励和资助16项。

九是立足经典学术，发展大众儒学。儒学是学术的，但也是实践的；是精英的，也是大众的。本人借鉴学界政治儒学、宗教儒学、乡村儒学、民间儒学、生活儒学、制度儒学等学说，于2014年正式形成"经典儒学与大众儒学"双轨并进的构想。"经典儒学"即以儒家经典阐释与学术研究为根基，注重历史性、总结性研究，目标是产出藏之名山、传之永远的学术精品。"大众儒学"则从大众日用的需要出发，系统解读儒家的名著、名篇、格言、思想、伦理、道德、礼仪、文化等。我们主编《儒藏》，撰写《儒藏提要》《儒学通案》《儒学文献通论》《经学文献通史》，以及正在进行的"六书十三经"体系构建和新释等，即经典儒学的主要内容；领衔发起《大众儒学书系》《中华优秀传统文化读本》等编撰，即"大众儒学"的具体尝试。

人才培养方面。曾向本科生、研究生开设"周易讲座""孔子研究""群经概论""经典导读""儒学文献概论""巴蜀文献概论"等课程；撰写《儒学文献通论》《群经概论》《周易导读》《儒家孝悌文化》《孔子的智慧》《墨子的智慧》《说儒》《巴蜀文献通论》《文史工具书及文献检索》《史部目录学》等讲义。从1998年开始，招收和培养"历史文献学""中国儒学"等专业研究生；从2003年起招收博士研究生，目前已招收培养硕士研究生15人、博士研究生14人、博士后17人，为祖国（特别是西部）文教事业培养了人才。

路漫漫其修远兮，吾将上下而求索。人生六十一甲子，学业几番老未成。念予自1978年考入南充师范学院历史系学习以来，就与中华传统文化、中国古典文献结缘。近40年来，在这条道路上得遇明师，得助益友，不断学习，不停探索，虽然小有所得，但比之中华文化之博大精深，仍然是沧海涓滴，泰山鼠坻，吾之所得，实在微不足道。而今而后，生命虽会渐渐老去，但学习不会止息。唯有持之以恒，方能继续前进。

舒大刚学术论著目录

一 专著

《春秋少数民族分布研究》（博士学位论文），文津出版社1994年版。
《三苏后代研究》（独著），巴蜀书社1995年版。
《中国历代大儒》（第一主编），吉林教育出版社1997年版。
《诸子百家大辞典》（第三主编），四川人民出版社1999年版。
《北宋文学家年谱》（第二作者），文津出版社1999年版。
《金景芳学案》（第二主编），线装书局2003年版。
《忠恕与礼让——儒家的和谐世界》（第一作者），四川大学出版社2008年版。
《孔子的智慧》（独著），中央编译出版社2008年版。
《墨子的智慧》（独著），中央编译出版社2008年版。
《经学年报·2010年》（主编），四川文艺出版社2012年版。
《儒学文献通论》（3册，主编），福建人民出版社2012年版。
《至德要道：儒家孝悌文化》（独著），山东教育出版社2012年版。
《中国孝经学史》（独著），福建人民出版社2013年版。
《儒史杂谭：舒大刚说儒》（独著），孔学堂书局2015年版。
《中华优秀传统文化读本》（12册，第一主编），孔学堂书局2017年版。

二 古籍整理

《斜川集校注》（校注，第一作者），巴蜀书社1996年版。

《诸子集成》系列（40 册，参编），四川人民出版社 1997—1998年版。

《三苏全书》（20 册，第二主编），语文出版社 2001 年版。

《全宋文》（360 册，编委），上海辞书出版社，安徽教育出版社 2006 年版。

《宋集珍本丛刊》（108 册，主编），线装书局 2004 年版。

《儒藏·史部》（274 册，主编），四川大学出版社 2005—2014 年版。

《清儒学案》（10 册，校点，第一作者），人民出版社 2010 年版。

《宋元学案补遗》（9 册，校点，第二作者），人民出版社 2012 年版。

《苏过诗文编年笺注》（3 册，笺注，第二作者），中华书局 2012年版。

《宋会要辑稿》（16 册，校点，署名第三），上海古籍出版社 2014年版。

《金景芳全集》（10 册，第二主编），上海古籍出版社 2015 年版。

《廖平全集》（16 册，第一主编），上海古籍出版社 2015 年版。

《古史》（校点，署名第一），四川大学出版社 2016 年版。

《儒藏精华》（260 册，第一主编），齐鲁书社 2017 年版。

《三苏经解集校》（2 册，第一主编），四川大学出版社 2017 年版。

三　论文

《科举制的学位性质刍议》，《南充师范学院学报》（哲学社会科学版）1985 年第 6 期。

《苏辙"三教合一"哲学思想述评》，《南充师范学院学报》（哲学社会科学版）1987 年第 4 期。

《苏洵评传》，载贾顺先、戴大禄主编《四川思想家》，巴蜀书社 1988 年版。

《逸礼考略》，《四川师范学院学报》（哲学社会科学版）1992 年第 5 期。

《苏籀年谱》，载《宋代文化研究》第三辑，四川大学出版社 1993年版。

《马廷鸾马端临父子合谱》，载《宋代文化研究》第四辑，四川大学出版社1994年版。

《王若虚年谱》，载《宋代文化研究》第五辑，巴蜀书社1995年版。

《〈斜川集〉三补》，载《宋代文化研究》第六辑，四川大学出版社1996年版。

《〈易〉墨"义利观"略论》，《周易研究》1996年第2期，人大复印报刊资料1996年第8期全文转载。

《三苏后代补考》，载《宋代文化研究》第七辑，巴蜀书社1998年版。

《骊戎考》，载《吉林大学古籍所建所十五周年纪念文集》，吉林大学出版社1998年版。

《宋人"王弼传郑学"说辨正》，载《宋代文化研究》第八辑，巴蜀书社1999年版。

《〈易学集成〉序》，载杨世文等主编《易学集成》卷首，四川大学出版社1999年版，第1册。

《试论宋人恢复〈古周易〉的重要意义》，《四川大学学报》（哲学社会科学版）1999年第2期。

《王弼易学师承辨正》，《绵阳师范高等专科学校学报》1999年第4期。

《苏轼〈东坡书传〉述略》，《四川大学学报》（哲学社会科学版）2000年第5期。

《"推明上古之绝学"的东坡〈书传〉》，载《宋代文化研究》第九辑，巴蜀书社2000年版。

《"王弼传郑学"驳议》，《史学集刊》2001年第3期。

《苏轼〈论语说〉辑补》，《四川大学学报》（哲学社会科学版）2001年第3期。

《苏轼〈东坡书传〉叙录》，《西南民族学院学报》（哲学社会科学版）2001年第4期。

《苏轼〈论语说〉流传存佚考》，《西南民族学院学报》（哲学社会科学版）2001年第6期。

《从先秦早期文献看"孝"字的本来含义》，载万本根、陈德述主编

《中华孝道文化》，巴蜀书社 2001 年版。

《今传〈古文孝经指解〉并非司马光原本考》，《中华文化论坛》2002 年第 2 期。

《论日本传〈古文孝经〉决非"隋唐之际"由我国传入》，《四川大学学报》（哲学社会科学版）2002 年第 2 期。

《〈周易〉、金文"孝享"释义》，《周易研究》2002 年第 4 期。

《今传司马光〈古文孝经指解〉合编之时代与编者考》，《中国文哲研究通讯》2002 年第 3 期。

《青城论道，古堰颂德——"儒家德治思想与现代社会"国际学术研讨会评述》，《西南民族学院学报》（哲学社会科学版）2002 年第 12 期。

《〈毗陵苏氏宗谱〉宋代部分事迹考辨》，载《宋代文化研究》第十一辑，线装书局 2002 年版。

《试析宋代"古易五家"在恢复古周易上的重要成就》，载刘大钧主编《大易集义》，上海古籍出版社 2002 年版。

《〈续修四库全书〉收录"〈古文孝经〉汉孔安国注"辨误》，载《李衡眉先生纪念文集》，泰山出版社 2002 年版。

《〈孝经〉释名》，载《金景芳教授百年诞辰纪念文集》，吉林大学出版社 2002 年版。

《大足范祖禹书大足石刻〈古文孝经〉校定》，载《宋代文化研究》第十一辑，线装书局 2002 年版。

《司马光指解本〈古文孝经〉的源流与演变》，《烟台师范学院学报》（哲学社会科学版）2003 年第 1 期。

《试论大足石刻范祖禹书〈古文孝经〉的重要价值》，《四川大学学报》（哲学社会科学版）2003 年第 1 期。

《敦煌遗书"唐封国写本"并非〈古文孝经〉祖本考》，载武玉环、杨军主编《遯亨集》，吉林大学出版社 2003 年版。

《巴蜀"德孝"传统与〈古文孝经〉学述论》，载蔡方鹿、舒大纲主编《儒家德治思想探讨》，线装书局 2003 年版。

《宋邢昺"〈孝经〉章名起始于玄宗说"驳议》，载《宋代文化研究》第十二辑，线装书局 2003 年版。

《苏过年谱》（修订本），载吴洪泽、尹波主编《宋人年谱丛刊》，四川大学出版社 2003 年版，第 6 册。

《苏籀年谱》（修订本），载吴洪泽、尹波主编《宋人年谱丛刊》，四川大学出版社 2003 年版，第 7 册。

《马廷鸾、马端临父子合谱》（修订本），载《宋人年谱丛刊》，四川大学出版社 2003 年版，第 12 册。

《〈金景芳学案〉序》，载陈恩林、舒大刚、康学林主编《金景芳学案》，线装书局 2003 年版，上册。

《谢无量先生传略》，载陈恩林、舒大刚、康学林主编《金景芳学案》，线装书局 2003 年版，上册。

《敦煌文献伯 3382 号〈孝经注〉作者初探》，载《中华文史论丛》第七十六辑，上海古籍出版社 2004 年版。

《〈孝经〉名义考——兼及〈孝经〉的成书时代》，《西华大学学报》（哲学社会科学版）2004 年第 1 期。

《苏辙佚文二篇：〈诗说〉〈春秋说〉辑考》（第一作者），《文学遗产》2004 年第 1 期。

《论宋代的〈古文孝经〉学》，《四川大学学报》（哲学社会科学版）2004 年第 3 期，人大复印报刊资料 2004 年第 3 期全文转载。

《谈谈〈儒藏〉编纂的分类问题》，《四川大学学报》（哲学社会科学版）2004 年第 4 期。

《苏轼〈东坡易传〉特色小议》，载刘大钧主编《大易集奥》，上海古籍出版社 2004 年版，下册。

《〈儒藏〉编纂之分类体系初探》，载单纯主编《国际儒学研究》第十三辑，时代出版社 2004 年版。

《〈宋集珍本丛刊〉前言》，载舒大刚等主编《宋集珍本丛刊》卷首，线装书局 2004 年版，第 1 册。

《〈宋集珍本丛刊〉跋》，载舒大刚等主编《宋集珍本丛刊》，线装书局 2004 年版，第 108 册。

《〈儒藏〉"史部"编纂之基本构想》，载国际儒学联合会编《儒学与当代文明》，九州出版社 2005 年版，中册。

《论〈儒藏〉"史部"的分类问题》，《史学集刊》2005 年第 4 期。

《再论李白生卒年问题》，《四川大学学报》（哲学社会科学版）2005

年第5期,人大复印报刊资料2006年第1期全文转载。

《〈儒藏〉笔谈》(合作),《四川大学学报》(哲学社会科学版)2005年第6期。

《谁是〈中华儒藏〉编纂第一人——湖湘学人孙羽侯》,载《儒藏论坛》第一辑,四川大学出版社2006年版。

《〈儒林碑传〉小序》(合撰),载《儒藏论坛》第一辑,四川大学出版社2006年版。

《〈儒藏〉编纂之分类体系初探》,载《儒藏论坛》第一辑,四川大学出版社2006年版。

《"史部"分序》,载《儒藏论坛》第一辑,四川大学出版社2006年版。

《〈孔孟史志〉小序》(合撰),载《儒藏论坛》第一辑,四川大学出版社2006年版。

《〈历代学案〉小序》(合撰),载《儒藏论坛》第一辑,四川大学出版社2006年版。

《李白卒年史料新证》(第一作者),《社会科学研究》2006年第3期,人大复印报刊资料2006年第4期全文转载。

《试论〈儒藏〉"论部"的分论方法》,载《古籍整理研究学刊》2006年第1期。

《〈儒藏〉:中华学人的神圣使命——来自四川大学的〈儒藏〉报告》,《西南民族大学学报》(人文社会科学版)2006年第3期。

《谈谈〈孝经〉的现代价值》,《寻根》2006年第4期。

《儒藏总序——论儒学文献整理的必要性和紧迫性》,《西南民族大学学报》(人文社会科学版)2005年第9期。

《孔子儒学与中国现代高等教育》,《中国文化报》2006年11月23日。

《〈苏辙《诗集传》新探〉序》,载李冬梅著《〈苏辙《诗集传》新探〉·卷首》,四川大学出版社2006年版。

《宋代〈古文孝经〉的流传与研究述评》,载《宋代经学国际研讨会论文集》,"中央研究院中国文哲研究所"2006年版。

《〈儒藏〉"论部"编纂的基本构想》,载《儒教儒学儒商对人类的贡献》,中国香港孔教学院出版2006年版。

《一代文献巨编，百世学术典范》，《文学遗产》2007年第2期。

《晚清"蜀学"的影响与地位》，《社会科学研究》2007年第3期。

《李白生卒年诸说平议》（第一作者），《文学遗产》2007年第5期。

《"蜀石经"与〈十三经〉的结集》，《周易研究》2007年第6期。

《代序——论晚清"蜀学"》，载《儒藏论坛》第二辑，四川大学出版社2007年版。

《试论"蜀石经"的镌刻与"十三经"的结集》，载《宋代文化研究》第十五辑，四川大学出版社2008年版。

《中庸与中和：儒家的处世哲学》，载印度尼西亚孔教总会《国际儒学大会第四次会议论文集》2007年11月。

《一位不该遗忘的经学家——龚道耕经学成就述评》，载林庆彰等主编《变动时代的经学与经学家》2007年11月。

《四川大学〈儒藏〉报告》，《国际汉学论丛》第3期，乐学书局2007年版。

《〈周易〉为龙易说》，载刘大钧主编《简帛考论》，上海古籍出版社2007年版。

《〈儒藏·儒林年谱〉小序》，载《儒藏》卷首，四川大学出版社2007年版，第51册。

《龚道耕学术成就刍议》，《社会科学研究》2008年第2期，人大复印报刊资料2008年第6期全文转载。

《从"蜀石经"的刊刻看〈十三经〉的结集》，载《经学研究论丛》第十六辑，学生书局2009年版。

《百年学府开新运，再向儒林续逸篇》，载《经学研究论丛》第十七辑，学生书局2009年版。

《〈儒藏·儒林史传〉小序》，载《儒藏》史部《儒林史传》，四川大学出版社2009年版，第1册。

《虞、夏、商、周的孝悌文化初探》，《西华大学学报》（哲学社会科学版）2010年第4期。

《〈金景芳儒学论集〉序》，载舒星编《金景芳儒学论集·卷首》，四川大学出版社2010年版。

《〈龚道耕儒学论集〉序》（第一作者），载李冬梅编《龚道耕儒学论集·卷首》，四川大学出版社 2010 年版。

《邢昺〈孝经注疏〉杂考》，载《宋代文化研究》第十八辑，四川文艺出版社 2010 年版。

《读马一浮先生〈孝经大义〉二题》，载吴光主编《马一浮思想新探：纪念马一浮先生诞辰一百二十五周年暨国际学术研讨会论文集》，上海古籍出版社 2010 年版。

《朱熹的〈孝经〉学论析》，载《国际儒学研究》第十七辑，九州出版社 2010 年版。

《淑媛风范：明代女子〈孝经〉教育的历史借鉴》，载《儒学的当代价值——纪念孔子诞辰二五六〇周年国际学术研讨会论文集》，九州出版社 2010 年版。

《〈儒藏·学校史志〉小序》，《儒藏》史部《学校史志》，四川大学出版社 2010 年版，第 1 册。

《二十世纪儒学大师文库·总序》，"二十世纪儒学大师"各书卷首，四川大学出版社 2010 年版。

《编纂〈巴蜀全书〉，弘扬"蜀学"精神》，《光明日报》2010 年 7 月 7 日。

《古有"蜀学比于齐鲁"，今有〈儒藏〉弘扬文明——舒大刚教授谈〈儒藏〉编纂》，《中国社会科学报》2010 年 11 月 2 日。

《巴蜀文献：中华文明的重要记录》，《光明日报》2011 年 7 月 18 日。

《编纂〈巴蜀全书〉，促进文化建设》，《光明日报》2011 年 8 月 25 日。

《蜀学渊渊，历久弥新——〈巴蜀文献要览〉述要》，《中国社会科学报》2011 年 9 月 15 日。

《孝悌与功利：谈谈叶适的孝道观念》，《中共宁波市委党校学报》2011 年第 2 期。

《〈十三经〉：儒家经典体系形成的历史考察》，《社会科学研究》2011 年第 4 期，人大复印报刊资料 2011 年第 9 期全文转载。

《巴蜀易学源流考》（第一作者），《周易研究》2011 年第 4 期。

《典范初成：西汉儒学文献的发展与演变》，《西华大学学报》（哲学社会科学版）2011 年第 4 期。

《巴蜀文献叙论》，载蔡方鹿主编《存古尊经观澜明变》，四川文艺出版社 2011 年版。

《两宋时期的孝悌文化》，载《宋代文化研究》第十九辑，四川文艺出版社 2011 年版。

《明代〈孝经〉学述论》，载《孔子学刊》第二辑，上海古籍出版社 2011 年版。

《东汉儒学文献的新发展和新气象》，《西南民族大学学报》（人文社会科学版）2012 年第 1 期。

《百年学府，千载诗书》，载《儒藏论丛·总序》，吉林人民出版社 2011 年版。

《〈孝经郑注〉真伪诸说平议》，载《儒藏论坛》第六辑，四川文艺出版社 2012 年版。

《从鹤山书院富于典藏，看历代巴蜀学人的藏书传统》，载蔡方鹿主编《书院与理学》，四川大学出版社 2012 年版。

《汉代儒学文献的发展与演变》，载《历史文献研究》第三十一辑，华东师范大学出版社 2012 年版。

《宋代巴蜀学术文化述略》，《湖南大学学报》（社会科学版）2013 年第 1 期。

《〈合订删补大易集义粹言〉的渊源及构成辨正——兼及作者归属问题》（通讯作者），《陕西师范大学学报》（哲学社会科学版）2013 年第 1 期。

《苏东坡"经学"三书提要》，《湖湘论坛》2013 年第 3 期。

《宋代巴蜀经学述略》，载《宋代文化研究》第二十辑，四川大学出版社 2013 年版。

《从孔子"夫子志"看传统"中国梦"》，载《儒学天地》2013 年第 3 期。

《经学概念新探》（通讯作者），《孔子研究》2013 年第 4 期。

《金景芳先生生平与学术简论》，《周易研究》2013 年第 5 期。

《孝悌：中华文化的基本特征论略》，《四川大学学报》（哲学社会科学版）2013 年第 5 期。

《汉代巴蜀经学述论》，《四川师范大学学报》（社会科学版）2013 年第 6 期。

《谈谈孔门言"志"对实现"中国梦"的启迪》，载《儒藏论坛》第七辑，四川大学出版社 2013 年版。

《再论儒家经典体系的嬗变与当代启示》，载蔡方鹿主编《蜀学与中国哲学》，四川文艺出版社 2013 年版。

《〈老子〉与巴蜀文化二题》，载《〈老子〉思想与现代社会》，社会科学文献出版社 2013 年版。

《巴蜀学术源流史述略》，载朱汉民主编《湖湘文化与巴蜀文化》，湖南大学出版社 2013 年版。

《中华"孝治天下"历史片论》，载《"2013 年中国儒学与俄罗斯文明的对话"国际学术论坛论文集》2013 年 6 月。

《孔子治国理念及其当代意义》，载《2013 年儒学交流研讨会论文集》2013 年 11 月。

《〈周易〉复卦卦辞"七日来复"新诠》（第一作者），《周易研究》2014 年第 2 期。

《实现"中国梦"的传统途径》，《湖湘论坛》2014 年第 3 期。

《把"儒学"从学科体制的束缚中解放出来》（第一作者），《光明日报》2014 年 3 月 25 日。

《〈中庸〉成书新探——从范畴诠释的角度》（通讯作者），《孔子研究》2014 年第 3 期。

《中华"国学"体系构建刍议》，《西华大学学报》（哲学社会科学版）2014 年第 5 期。

《顾炎武"孝悌"论管窥——立足于〈日知录〉的考察》（第一作者），《西南民族大学学报》（人文社会科学版）2014 年第 5 期。

《"庙学合一"：成都汉文翁石室"周公礼殿"考》（第一作者），《四川大学学报》（哲学社会科学版）2014 年第 5 期。

《实现儒学的现代转化与当代创新》，《中国社会科学报》2014 年 11 月 14 日。

《南轩"孝悌"学案》，载《宋代文化研究》第二十一辑，四川大学出版社 2014 年版。

《中华美德现代转化与传承——儒学及其德性伦理》，载《光明日报》

2015 年 1 月 5 日。

《"蜀学"三事：成都文翁石室丛考》，《孔学堂》2015 年第 3 期；又载《川大史学·历史文献学卷》第二辑，四川大学出版社 2016 年版。

《近代蜀学大家龚道耕的〈诗经〉学研究》（通讯作者），《西南民族大学学报》（人文社会科学版）2015 年第 5 期。

《三统：中华民族的精神信仰》，载《中华信仰研讨会论文集》2015 年 6 月。

《从"三统"到"三本"：中华信仰的形成与普及》，载《国际荀子法治思想研讨会论文集》，2015 年 7 月；又载《孔子研究》2015 年第 4 期。

《"蜀学"五事论稿——读谢无量先生〈蜀学会叙〉札记》，《湖南大学学报》（社会科学版）2015 年第 6 期。

《梁山真儒天下来学》，载《巴蜀文献》第二辑，四川大学出版社 2015 年版。

《孔子的教育思想》，《人文天下》2015 年第 15 期。

《廖平全集整理与研究》，载《林庆彰荣休国际经学研讨会论文集》，2015 年 8 月；又载《巴蜀文献》第二辑，四川大学出版社 2015 年版。

《苏过遗文拾补》（第一作者），载《宋代文化研究》第二十二辑，四川大学出版社 2015 年版。

《下学上达：孔子的教育思想论稿》，载《儒藏论坛》第十辑，四川大学出版社 2016 年版。

《重建经学，实现传统文化的"两创"》，"国际儒学联合会第二次务虚会议"论文，2015 年。

《孔子"三统"：中华民族信仰略论》，《西华师范大学学报》（哲学社会科学版）2016 年第 2 期；又载《多学科视野下的丰都民间文化研究》，重庆出版社 2017 年版。

《〈关学文库〉的学术成就刍议》，《唐都学刊》2016 年第 3 期。

《谈谈儒学学科建设的必要性和可能性》，《孔子研究》2016 年第 4 期。

《论孝为八德之首》（通讯作者），《孔子研究》2016 年第 5 期。

《前后蜀经学发展概论》（通讯作者），《西南民族大学学报》（人文社会科学版）2016 年第 6 期。

《一枝寒梅报新春——吴光先生新著〈国学新讲〉述评》，《儒学天地》2016 年第 37 期。

《有一种传统叫〈儒藏〉》，《光明日报》2017 年 11 月 25 日。

《共产党人应做现代君子》，《人民日报》2017 年 8 月 23 日。

《"三才皇"与"五色帝"——巴蜀的古史体系与古老信仰》（第一作者），《西南民族大学学报》（人文社会科学版）2017 年第 1 期。

《道德仁义礼："蜀学"核心价值观论》（第一作者），《社会科学研究》2017 年第 2 期，又载《当代社会科学》（Contemporary Social Sciences）2017 年第 5 期。

《"蜀学"的特征与贡献》（第一作者），《中国哲学史》2017 年第 4 期。

《"五行""五常"与"五德"——试论蜀学与诸学道统论之异同》（第一作者），《湖湘论坛》2017 年第 3 期，又载《道统思想与中国哲学》，人民出版社 2017 年版。

《蜀学的流变及其基本特征》，《江苏科技大学学报》（社会科学版）2017 年第 3 期；又载《巴蜀文献》第四辑，四川大学出版社 2017 年版。

《蜀学主体精神论》（第一作者），《孔学堂》2017 年第 2 期。

《学统四起百花齐放》，《孔学堂》2017 年第 2 期。

《志道据德：儒家的德教及其当代价值》，《黄河科技大学学报》2017 年第 5 期。

《"蜀学"与"儒学"——"蜀学"历史及其对儒学的贡献》，（日）《中国研究集刊》第 63 号，2017 年。

《苏辙佚文八篇》，载《巴蜀文献》第四辑，四川大学出版社 2017 年版。

《试论国际宗教信仰视域下丰都鬼神文化的传统信仰》（第一作者），载丰都县文化委员会、丰都县非物质文化遗产保护中心主编《多学科视野下的丰都民间文化研究》，重庆出版社 2017 年版。

《天道与天命：浅谈中华民族信仰的本质根源——立足于〈周易〉等经典考察丰都鬼神信仰》（第一作者），载丰都县文化委员会、丰都县非物质文化遗产保护中心主编《多学科视野下的丰都民间文化研究》，重庆出版社 2017 年版。

《鬼神与阴阳——从〈周易〉看中国鬼神文化的本质》（第一作者），载丰都县文化委员会、丰都县非物质文化遗产保护中心主编《多学科视野下的丰都民间文化研究》，重庆出版社 2017 年版。

附录：已发表参会论文提要

20 世纪中国《左传》整理成就评析

张尚英　四川大学古籍整理研究所

　　文献的注释与整理是中国传统学术研究的重要方式，古代的文献尤其是经典文献能流传至今，并能为现代人所用，主要依赖整理之功。就《左传》而言，如果没有杜预、孔颖达及其他人的整理，《左传》及其他相关文献很可能已淹没无存了。进入 20 世纪，随着政局的变化、中西方文化的交融、中国学术的转型、西方新式标点的引入、白话文运动的兴起及最终以白话文代替文言文成为主要的应用语言，《左传》的整理取得了很多成果，呈现出与以往时代不同的特色，也呈现出一定的阶段性。

　　本文根据中国 20 世纪政治、社会、思想文化等各方面的变化与发展，分 1900—1949 年、1949—1976 年、1976—1999 年三个阶段分析评论了 20 世纪的《左传》整理成就。因政治制度、学术环境的变化，与以往时代整理的主要目的以研究为主不同，20 世纪的《左传》整理，重在普及。受西方学术与白话文推广的影响，这时的整理出现了新式标点、白话翻译这样以前没有的形式。因重在普及，以研究为目的的整理很少，虽然具有学术影响力的著作相对较少，但其促进了《春秋》经传的普及，为推动"《春秋》学"的研究奠定了良好的基础。同时，由于《左传》的独特价值，学界对之研究的坚持，也产生了廖平《春秋左氏古经说义疏》、吴静安《春秋左传旧注疏证续》、杨伯峻《春秋左传注》等优秀的注本。

原文刊于日本大阪大学《中国研究集刊》第 63 号，2017 年 6 月

论孝为八德之首

申圣超　舒大刚　四川大学

《管子·牧民》将"礼义廉耻"视为"国之四维"，《孟子·梁惠王上》则从"孝悌忠信"出发，提出"仁政"主张。孝于亲、悌于兄、忠于上、信于友，本属五伦范畴，却被孟子引入政治领域。此后"孝悌忠信"与"礼义廉耻"结合成为八德。八德之中，孝居首位。作为诸德之本，多种德行皆由孝生；作为八德之首，孝又与悌、忠、信、礼、义、廉、耻七种德行有着密切的关系。其关系主要体现在：兄友弟悌、移孝作忠、诚孝为信、敬孝合礼、净孝谓义、以孝养廉、孝则知耻。

作为中华传统美德之一，孝在中国历史上曾经起到过积极的作用，对今天家庭的和睦、社会的和谐、国家的稳定依然有着十分重要的借鉴意义。但在经济全球化、文化多元化的今天，如何深入挖掘传统孝文化的合理价值、建设中国特色社会主义孝文化，仍然是一个值得深思的问题。建设中国特色社会主义孝文化，绝非复古守旧，对"陈旧过时或已成为糟粕的东西"应予以舍弃，而对其中有益的成分应当吸收并进行现代转化等。总之，我们应以马克思主义为指导，做到古为今用、以古鉴今，坚持有扬弃地继承，最终实现传统孝文化的创造性转化和创新性发展。

原文刊于《孔子研究》2017 年第 5 期

《中庸》成书新探——从范畴诠释的角度

张　卉　西南财经大学

舒大刚　四川大学古籍整理研究所

　　《中庸》乃孔门传授心法之书，是儒家心性哲学的代表作之一。《中庸》的成书问题是研究《中庸》的首要和基础的问题。本文采用比较研究的方法，把《中庸》中最重要的范畴——"天命"与"性""慎独""中和""诚"与郭店楚简、上博简、长沙马王堆帛书中所涉及的相关范畴进行比较分析，或可揭开《中庸》成书问题的面纱。通过分析，我们认为郭店楚简的《教》篇、《六位》篇是对《中庸》首句的承接和展开。《中庸》之"慎独"指的是内心对"道"的敬畏。《五行》之"慎独"指的是内心对"五行"的认知而达于"道"，"五行"与"道"是圆融共通的。且《五行》篇之"慎独"比《中庸》之"慎独"更为丰富，故《五行》篇之"慎独"是对《中庸》之"慎独"的合理发展。《中庸》、《性》篇都表达了"性情"之意，而《性》篇进一步发展了"中和"之意，并把"中和"与"性""情"联系起来。通过对《中庸》、《教》篇、《孟子》之"诚"的分析，可以得出《教》篇是接续《中庸》之"诚"而发展成"反本"，到了《孟子》，"诚"的理论体系则更加丰富和系统了。郭店楚简和上博简是战国中晚期的作品，其重要意义是证明了子思学派的存在，其中多篇发展了《中庸》的思想，故《中庸》应在竹简之前，因此我们可以推定《中庸》为子思所作，是战国早期的作品。

原文刊于《孔子研究》2014年第3期

新时代大禹文化旅游资源开发利用的三大向度

张 卉 西南财经大学
刘平中 四川省社会科学院

岷江是中华文明发展形成的重要源头,是中华人文始祖大禹的故乡。大禹"随山刊木""决川浚浍",治理九州、九河,治水兴农,既是融合华夏各部族奠定华夏国家雏形的历史过程,也是大勇无畏、舍我其谁,凝聚形成中华大一统民族精神的文化过程,蕴含着丰富的历史价值与哲理内涵,为新时代大禹文化旅游资源创新开发与利用提供了丰富的历史经验与智慧。要想更好地开发与利用大禹文化旅游资源,就有必要再认识、再出发。

(一)深度提炼与整合文旅资源要素。要从大量的信息中理清大禹治水文化的历史脉络、文化要素与文化基因,提炼其特有的文化内涵、特点与旅游价值资源,核定其最具有可开发价值的资源类型。

(二)建构特色开发与高效利用体系。立足中华文化多元一体、源远流长的历史根脉,破除地域文化、民族文化的狭隘局限,建构以岷江上游羌人集聚的茂县、理县和汶川为原始基点的核心区域,体现中华民族文化团结一心共治水患的中华治水文明体验旅游圈。

(三)形成"多态"融合的发展模式。对于大禹治水精神文化价值与历史经验智慧,可采取"文态+"的模式,通过文态、生态、业态、形态的"四态融合",突出大禹治水精神文化在形成民族共识、民族团结与民族发展中的灵魂作用与价值导向作用。

原文刊于《中华文化论坛》2018 年第 8 期

从杀身成仁到舍生取义

——孔孟生死观发展研究

屈永刚　西南政法大学

孔子强调个体应珍惜自然生命,但亦主张在必要时"杀身成仁"。不过"仁"的核心本质是爱人。就作为一种个体的道德评判而言,"仁"的主体性十分明显,适用范围由亲而疏,无论是"己欲立而立人,己欲达而达人",还是"己所不欲,勿施于人"都是"由己"而推及他人,这种理路符合人之性,易行而贴近生活。但是由"推己及人"的思路却很难推及"杀身成仁"。按照推己及人的"恕道",充其量也只是"爱人如己",不能推导出爱人逾己,牺牲自己而为他人的可能。

正是因为看到孔子的"仁",在现实中不能对某些仁人志士为坚持理想而付出生命的行为进行囊括和解释,孟子才进一步把"义"作为"仁"的补充凸显出来,将"仁""义"并举。孟子虽然继承了孔子的仁论,但在其"四端说"中,"仁"之端的含义乃是恻隐之心,"义"之端则是追求合理性的价值意识。正是基于对合理价值的追求意识,人类的种种道德行为方能得到解释与囊括。"义"的内涵和外延对"仁"是一种补充与发展。不唯如此,孟子通过性善论对"义"存乎于心进行了存有论证明,为个体"行义"奠定了道德自觉的基础。孟子对"义"的凸显,强调了人可以为了某种正义的价值取向而放弃自己的生命,实现"生不为苟得""患有所不避"的舍生取义之境界,进一步发展了孔子的生死观。

原文刊于《西南政法大学学报》2016年第2期

论周代人口的增长及其对生态环境的影响

李金玉 新乡学院

无论古今中外，人口增长对生态环境都必然产生影响。周代人口的变化对当时生态环境变化的影响十分明显。人口的增长导致居住环境变得促狭而恶劣，人口的增多也加剧了对自然资源的索取，林木出于生产和生活需要更多地被焚烧砍伐，野生动物出于食物和衣着需求更多地被捕杀。人类的活动最终导致生态资源枯竭，生态环境局部恶化。

原文刊于《中学地理教学参考》2017 年第 22 期

《周易集解纂疏》版本考述

陈冬冬 华中师范大学历史文献研究所

李道平《周易集解纂疏》是清代易学的代表作，其版本有有获斋本、思贤书局本及三余草堂本三种。本文详细查考了三种版本，特别是利用了国家图书馆藏的有获斋本，对《周易集解纂疏》的版本系统、特点做了分析。认为有获斋本、思贤书局本同属三十六卷本系统，三余草堂本属于十卷本系统。十卷本系统刊刻较晚且改动了原数分卷，故三十六卷本更佳。在三十六卷本系统中，有获斋本系初刻本，思贤书局本为精校本，不易取舍。有获斋本作为初刻本保留了独特异文，而思贤书局本喜以他校资料擅改原书，故有获斋本更佳。现有《周易集解纂疏》的影印、排印本，多选择三余草堂本作为底本，未反映出该书的原貌。如有重新整理《周易集解纂疏》的可能，应当选择初刻本有获斋本作为底本。

原文刊于《中国典籍与文化》2018 年第 2 期

魏了翁《周易要义》版刻流传与节录体例考

陈旭辉　四川大学历史文化学院

魏了翁谪居靖州期间，对《九经》历代注释加以节录整理而成《九经要义》。《周易要义》即易类注释文献节录，成稿于 1230 年，其子魏克愚在 1252 年首刻，徐拱辰在 1300 年重印。印量较小，流传较少，明清之际已无完整宋本。《四库全书》本《周易要义》据范懋柱天一阁本抄入，其异文、脱落之处较多，存在批注格式、增衍与考订之误。光绪江苏书局本《周易要义》据钱塘丁丙八千卷楼本刊印，强汝询认为"讹舛特甚"。两者的底本皆抄本，与宋本出入较大。考今存宋残本，存卷一、卷二、卷七至卷十，凡六卷。《周易要义》的节录范围主要包括《周易注》《周易略例（邢璹注）》《周易正义》《周易音义》，考察历代监本刊刻体例演变与其可能接触到的义疏，将以今存《周易要义》宋残本及各种抄本，结合《周易》存世宋本，分析魏氏之节录体例。从《周易要义》的卷次结构，《略例》的内容范围，《音义》的节录体例、疏文格式与出字异文比较，推测其以经注附释文本《周易注》为底本并散插入单疏本《周易正义》完成。因此，宋版残缺部分的复原，重点在经注附释文本和单疏本上，同时应尊重魏氏的节录体例。《周易要义》的整理与复原对研究魏了翁易学及其经学思想有重要意义，同时也对研究《周易正义》有着借鉴意义。

原文刊于《周易研究》2017 第 5 期

元代蜀学述论

马 琛 四川大学古籍整理研究所

  宋代巴蜀地区学者辈出，学派众多，学术有"造极于赵宋"的美称。1235年，蒙古攻宋，巴蜀儒士大多背井离乡，元代巴蜀学术成为受战火荼毒而衰败的典型。本文通过研究巴蜀学术中的家学特色，说明元代外迁的巴蜀学人没有因居住地变化而改变其治学传统，因此，蜀学的特色没有随着蜀人的流散而消融。本文还关注元代统治者在恢复巴蜀地区文教事业上的努力，元代中后期，巴蜀地区不少学校、书院得以恢复，原本隐居在山林中的学者出山投身于教育事业。此外，元代巴蜀地区出现文化程度很高的少数民族学者，并且著有水平很高的儒学著述。笔者搜录《元史》、《宋元学案补遗》、元人文集序跋及地方志等资料，得元代巴蜀籍学者30余人，他们主要由两个部分组成：一是其主体部分——蜀籍流寓学者，指原籍四川而流寓外地的学者；二是巴蜀本土学者，指元代在巴蜀地区定居的学者。本文述评这些学者的生平、学术著述，在此基础上总结出元代蜀学的总体成就与特色，即家学渊源深厚，义理、考据兼具，《易》《春秋》并重，视野开阔，兼容并蓄，经世致用等。

  原文刊于《湘学、蜀学与区域学术文化——第三届湖湘文化与巴蜀文化高端论坛论文集》，湘潭大学出版社2017年版

廖平"穀梁学"体系研究初探[*]

郑 伟 四川师范大学 四川文化教育高等研究院

"《春秋》三传"之中，以《穀梁传》发展最为沉寂，虽然代有传授，却终未成为"显学"以行世，晋元帝称其"肤浅"，梁启超谓之"微微不足道"，历代评价甚低。然揆诸史实，清代中叶以后，"穀梁学"迎来了继西汉、隋唐之后发展的最高峰，在文献类型、种类、数量等方面，清代"穀梁学"呈现出"井喷"态势。廖平"穀梁学"作为一种新的经学研究范式，其"穀梁学"体系分为"内学"和"外学"两部分，其主要文献类型包括注疏类、义理类、书例类、论说类和辑佚类等。该体系以遵循鲁学师法、家法为原则，以阐发"微言大义"为旨归，以"尊孔尊经"为基调，以"素王说"作为理论内核，系统总结出了14类书例。

在继承前代"穀梁学"学者研究方法和研究成果的基础上，借鉴"公羊学"的相关理论，对"穀梁学"进行创造性的转化，系统总结并提出了基于本传传义的大义和书法体系，实现了《穀梁传》研究的新突破，树立了新典范，是一个内涵清晰、理论完备的经学体系，成功解决了"穀梁学"理论化和系统化的问题，使"穀梁学"成为能与"公羊学""左传学"比肩的专经之学，成为清代"穀梁学"的一座高峰。

原文刊于《古代文明》2013年第4期

---

[*] 本文系国家社会科学基金重大委托项目"巴蜀全书"子课题"廖平全集"的阶段性成果（10@ZH005）；2012年四川省哲学社会科学重点研究基地儒学研究中心资助项目"廖平文献著述考"的阶段性成果（RX12Y12）。

论徐复观的大学教育成就

许　松　陕西理工大学文学院

徐复观不仅以 28 部学术著作展现了他在中国思想史、文学理论、艺术批评三大领域的精深思考与卓越才华，而且历任"台中省立农学院"、东海大学、香港中文大学新亚研究所教授，在教育实践上的成就卓著。这卓越的成就体现在课堂内良好的教学效果、课堂外的学术启发与人格润化、主持建设东海大学中文系并使其达到鼎盛、教学相长下丰厚的教学成果四个方面。徐复观的学生遍布中国香港、中国台湾与欧美，许多学生如杜维明、翟志成在学术上已在卓然成家。杜维明在《徐复观先生的人格风范》中评价徐氏："在发展东海大学的中文系，可以说真是处心积虑、不遗余力，在很多地方很像以前蔡元培先生发展北京大学的方式，他是希望东海大学能够在义理、在考据、在词章上面三途并进。"这是徐复观在教育上的滋兰树蕙之功与器宇鸿远之识。蔡仁厚在《敬悼徐复观先生》中说："大度山头，嶙峋当风立；东海路上，能毅直道行。"翟志成评价道："当代海外新儒家三大师中，唐君毅先生中道而行，牟宗三先生有所不为，唯徐先生最有开拓和进取的雄心及知其不可为而为之的豪迈之气。"徐复观先生在教育上的卓越成就，始终与他的仁厚之怀、豪迈之气、民族国家之爱相呼应、相映照，并为后来者提供可借鉴的价值。

原文刊于《现代大学教育》2018 年第 1 期